W9-APA-807

MYTHES ET RÉALITÉS
DANS L'HISTOIRE DU QUÉBEC
LA SUITE

MARCEL TRUDEL

Mythes et réalités dans l'histoire du Québec

LA SUITE

BIBLIOTHÈQUE QUÉBÉCOISE

BQ BIBLIOTHÈQUE QUÉBÉCOISE est une société d'édition administrée conjointement par les Éditions Hurtubise inc. et Leméac Éditeur. BQ reconnaît l'aide financière du gouvernement du Canada par l'entremise du Fonds du livre du Canada pour ses activités d'édition et remercie le Conseil des Arts du Canada, la Société de développement des entreprises culturelles du Québec (SODEC) et le Programme de crédit d'impôt pour l'édition de livres du Québec (Gestion SODEC) du soutien accordé à son programme de publication.

Les textes contenus dans ce second tome ont été sélectionnés à partir des tomes 2 et 3 de *Mythes et réalités dans l'histoire du Québec* (Hurtubise HMH, 2004 et 2006).

Conception graphique : Gianni Caccia
Typographie et montage : Yolande Martel

Catalogage avant publication de Bibliothèque et Archives nationales du Québec et Bibliothèque et Archives Canada

Trudel, Marcel, 1917-

Mythes et réalités dans l'histoire du Québec : la suite

Choix de textes tirés des t. 2 et 3 de : Mythes et réalités dans l'histoire du Québec. Montréal : Hurtubise HMH, 2004-2006, dans la coll. : Les cahiers du Québec. Collection Histoire.

ISBN 978-2-89406-294-4

1. Québec (Province) – Histoire.
2. Canada – Histoire – Jusqu'à 1763 (Nouvelle-France).
3. Québec (Province) – Historiographie. I. Titre.

FC2911.T782 2008   971.4   C2008-940816-0

Dépôt légal : 2e trimestre 2008
Bibliothèque et Archives nationales du Québec

© Éditions Hurtubise HMH, 2004 (tome 2) et 2006 (tome 3)
© Bibliothèque québécoise, 2008, pour la présente édition

IMPRIMÉ AU CANADA

AVANT-PROPOS

Un octogénaire plantait un arbre en espérant jouir un jour de son ombre, et le fabuliste se moque à bon droit d'une telle présomption; mais le nonagénaire qui livre son manuscrit à l'édition semble bien s'illusionner lui aussi sur le temps qui lui reste pour voir ce qu'il advient de son produit.

L'auteur de plus de 90 ans se souvient aujourd'hui avec amertume que ses yeux ne lui ont pas permis de compléter sa grande œuvre sur la Nouvelle-France et qu'il doit se contenter de sujets moins ambitieux, plus exigus, comme il le fait dans cette seconde édition de format poche de ses *Mythes et réalités dans l'histoire du Québec*.

Comme vous avez marqué un certain intérêt pour cette série et notamment le premier volume en poche dans la Bibliothèque québécoise, j'ai pensé — les têtes blanches ont de ces rêveries! — que d'autres sujets de notre histoire nationale pourraient aussi vous captiver. Ainsi ont été réunis ces 14 articles, tirés des 27 textes originellement publiés dans les tomes 2 et 3 de mes *Mythes et réalités dans l'histoire du Québec*, parus respectivement en 2004 et en 2006.

Quoi qu'il en soit, le lecteur qui m'a suivi jusqu'ici remarquera peut-être, en cette nouvelle livraison, un changement de ton et de préférence pour des sujets à intérêt particulier. Dans cette nouvelle édition, on s'arrête et se questionne avec plus d'insistance sur le peuplement de la Nouvelle-France, les hivers québécois, les premières revendications des Mohawks, le régime seigneurial, les frontières du Québec, le racisme, mais également sur les aventures de Champlain, Lord Durham, Dollard des Ormeaux, Voltaire, Garneau... Par ailleurs, il convient de vous rappeler les rivalités entre nos deux plus importantes villes historiques, Québec et Montréal, l'une se flattant sans cesse de supériorité sur l'autre.

Vous croyez la Nouvelle-France tout à fait disparue ? Vous vous trompez, je vous la ferai voir autour de vous.

Bonne lecture.

Marcel Trudel

I

La première expérience de bilinguisme : la rencontre de la langue française et des langues amérindiennes

L'HONNÊTE HOMME D'AUJOURD'HUI n'a pas le choix, il doit être au moins bilingue. Les relations se faisant de plus en plus étroites entre nos civilisations française et anglaise, il nous faut recourir aux langues qui les véhiculent. Ne connaître qu'une seule langue serait s'isoler de la société et s'imposer le rachitisme de l'esprit. La connaissance de deux langues n'est qu'un minimum : mieux vaut, si l'on va de par le monde, se présenter en polyglotte.

Les Français qui exploraient le golfe du Saint-Laurent en 1534 sous la conduite de Jacques Cartier n'étaient ni polyglottes ni même bilingues : leur langue, que les élites de l'Europe se piquaient de bien parler, étant alors d'usage international, ils ne connaissaient que la langue de leur pays. N'est bon bec que de Paris, disait-on de la table ; et l'on pensait aussi : n'est bonne langue que de France. Dans ces conditions, quand Cartier rencontre dans la baie de Chaleur des Autochtones de l'Amérique, la conversation ne peut se faire qu'avec force gestes des bras, des mains et des doigts.

Il s'agit d'abord de Micmacs. Ils n'en sont pas à leurs premiers Européens, puisque de loin ils montrent leurs pelleteries. Ces indigènes du littoral voyaient depuis longtemps de ces étrangers aborder leur rivage, car les pêcheurs de morue venaient à terre installer des échafauds pour la longue opération du séchage ; et ces pêcheurs repartaient avec, par surcroît, quelques pelleteries, en attendant que les nécessités économiques leur en fassent rapporter plus que de poissons.

Ces Micmacs voient en Cartier un nouveau client et, zélés dans la vente, ils poussent l'impudence jusqu'à entourer la barque du visiteur. Cartier s'énerve et ne connaissant pas le micmac, il ne peut leur crier : «Ne poussez pas, Messieurs.» Il recourt à un moyen tout aussi expressif : il tire du mousquet, langage international tout de suite compris. Le lendemain ramène les Micmacs ; quelque peu assurés, les Français pratiquent un autre langage international, le troc. Cartier s'éloigne, emportant des fourrures avec, dans ses bagages, six mots de micmac qu'il a fini par comprendre. Ce qui constitue notre plus ancien lexique franco-américain.

Dix jours plus tard, à Gaspé, rencontre d'un autre groupe d'Autochtones. Las! Son vocabulaire micmac ne lui est d'aucune utilité : ce sont des Iroquoiens venus de l'arrière-pays faire leur pêche annuelle. On recourt encore à la conversation par gestes.

Cette gymnastique ne pouvant se faire indéfiniment, il fallait bien mettre un jour en service des interprètes. Solution que Cartier veut appliquer le plus tôt possible. Or, il faut que le Français apprenne la langue de l'Amérique ou que l'Autochtone se mette à celle de la France. Cartier décide que l'autre aura le fardeau. Comme le Malouin ne peut compter sur le volontariat, il capture deux Iroquoiens. Prochaine étape, la France, d'où, l'année suivante, ils pourraient revenir assez francisés pour œuvrer comme interprètes. On connaît les noms de ces premiers étudiants en langue étrangère : Domagaya et Taignoagny.

Ils sauront suffisamment de français pour collaborer, semble-t-il, à la rédaction d'un lexique franco-iroquoien d'au moins 50 mots, tout de même un progrès notable sur le lexique franco-micmac ; et c'est encore parce qu'on se comprend mieux que Cartier peut en 1535 faire sa plus importante découverte, celle du fleuve Saint-Laurent, et parvenir dans l'intérieur du continent, dans la région actuelle de Québec, qui porte alors le nom de *Canada*, avec une capitale qu'on appelle *Stadaconé*. Les relations se gâtent toutefois dès le début entre Français et habitants iroquoiens. Malgré la promesse qu'ont faite les interprètes de conduire Cartier en amont, à une autre bourgade iroquoienne dite *Hochelaga*, les Stadaconéens imaginent une scène de sorciers pour effrayer les Français et leur ôter l'envie de passer l'hiver dans le Saint-Laurent. Cartier va quand même à Hochelaga sans interprète et perd ainsi presque tout le bénéfice de son exploration. Et il revient passer l'hiver, fort pénible, à Stadaconé.

Ses deux interprètes profitent de leur position stratégique : ils ont appris en France, en sus d'un peu de français, à jouer le jeu du commerce et ils montrent à leurs congénères qu'il faut exiger davantage pour leurs articles de traite ; ils veulent aussi que Cartier ramène avec lui à son départ un prétendant qui se pose en rival face à leur chef Donnacona. Or, ces gens dont la fidélité n'est plus sûre ont affaire en Cartier à un homme plus rusé qu'eux. À l'occasion de l'érection solennelle d'une croix par les Français, il s'empare des interprètes et de Donnacona, dont l'alliance chancelle, et repart pour la France!

Cartier ne reparaît dans le Saint-Laurent qu'en 1541. À la suite du précédent voyage, on a rédigé un lexique encore un peu plus fourni: on en est à 168 mots ou expressions. Ce n'est quand même pas suffisant pour faire durer la conversation... Les Français, revenus sans interprètes, changent de méthode: au lieu d'amener des Iroquoiens à apprendre le français, Cartier inaugure un système qui sera en vogue au XVIIe siècle: l'immersion en pays de langue étrangère.

En conséquence, Cartier confie à un chef d'Achelacy, bourgade voisine de Stadaconé, deux jeunes garçons pour apprendre la langue. En paiement des droits de scolarité, il laisse «un manteau de drap écarlate de Paris, lequel était tout garni de boutons jaunes et blancs d'étain et de petites clochettes», deux bassins de laiton, des hachots et des couteaux. L'histoire n'a pas conservé les noms de ces premiers étudiants à adopter, au nord de la Floride, la vie des indigènes pour apprendre la langue selon la méthode directe. D'ailleurs, l'entraînement sera de courte durée: peu de jours après, Cartier se rend compte que le professeur d'iroquoien est parti conspirer à Stadaconé, et c'est bientôt l'état de guerre entre indigènes et Français.

Sous Roberval en 1542, on ne parle plus d'interprètes et l'on ne semble guère faire de progrès en iroquoien. Puis, par manque d'intérêt, l'Europe se retire du Saint-Laurent pendant une cinquantaine d'années, jusqu'au XVIIe siècle.

Le problème linguistique se pose de nouveau au tout début du siècle suivant, lorsque les Français reviennent pour s'établir d'une façon définitive. Surprise: les

Iroquoiens n'y sont plus, ils ont migré vers les Grands Lacs dans des circonstances que nous ignorons. Les lieux sont occupés à Stadaconé comme à Hochelaga par une autre civilisation, celle des Algonquiens. Les toponymes ont changé : Honguedo est devenu *Gaspé* ; Stadaconé est désormais *Québec*, appellation montagnaise ; Hochelaga a disparu. Les indigènes que rencontre Champlain parlent montagnais ou algonquin. Le maigre vocabulaire amassé chez les Iroquoiens est devenu inutile. Tout est à recommencer.

Un incident tragique illustre ce bouleversement ethnique. Le scorbut, dû à l'absence de légumes dans le menu, se déclare au cours du nouvel « hivernement » à Québec en 1608-1609. Les hommes de Cartier avaient fini par s'en tirer en 1535-1536, grâce à une infusion de cet *annedda* que les Iroquoiens utilisaient. Champlain, qui a lu le récit de Cartier, veut se procurer cette plante miraculeuse. Hélas, les Montagnais ne savent pas l'iroquoien : impossible de retrouver l'*annedda*. Des 26 personnes présentes à Québec à l'automne 1608, il n'en reste plus que 8 au printemps 1609.

Quoi qu'il en soit, pour résoudre le problème linguistique, les Français recourent désormais à une double formule : se mettre à l'école chez les Amérindiens ou tenter d'en franciser quelques-uns qui puissent faire fonction d'interprètes.

La première méthode est appliquée par Dugua de Mons en juillet 1605, lorsqu'il confie un jeune Français aux indigènes de la baie de Casco, en Acadie. Ce Français (on ignore son nom) est le premier au xviie siècle à se faire « sauvage » un temps pour apprendre une langue amérindienne. Par la suite, il y en aura toujours chez les indigènes en Acadie ou dans la vallée du

Saint-Laurent. Ainsi, en 1610, Étienne Brûlé est envoyé hiverner chez les Algonquins, à l'île aux Allumettes, dans les hauts de la rivière des Outaouais. Quand il revient le printemps suivant, il est habillé «à la sauvage». Il a tellement goûté son expérience qu'il repart pour la Huronie y apprendre une langue iroquoienne : il y fera carrière d'interprète et de diplomate, avec un fort salaire annuel, chargé qu'il est de pousser les Amérindiens des Grands Lacs à venir à la traite dans le Saint-Laurent. Il devient un vrai Huron, à tel point que, poussant l'intégration jusqu'au bout, ces anthropophages finiront par le mettre dans leur pot-au-feu.

Dans le Saint-Laurent, Brûlé est donc en tête de liste des interprètes de nom connu qui se font «sauvages» pour mieux maîtriser la langue et servir d'agents permanents de liaison. Nous connaissons aussi dans ces débuts Richer, Godefroy, Vignau, Marsolet, Nicollet, Letardif et encore ce Simon qui accepte la fonction d'interprète dans la colonie de Saint-Sauveur (en Acadie), à condition que les chirurgiens qui viennent en traite prennent bien soin de sa personne. On fait mention d'un Grec qui, en 1627-1628, sert d'interprète aux Amérindiens et, comme l'avait fait Ulysse avec beaucoup de ruse dans *L'Odyssée*, s'est déguisé.

Ou bien on imagine, à l'instar de Cartier, d'emmener des Amérindiens en France d'où ils reviendront francophones. Au XVIIe siècle, on les choisira tout jeunes, donc plus souples à former. Après ce Huron, du nom de Savignon, qui va en France bien choyé, les Récollets y envoient en 1620 le petit Montagnais Patetchouan. On le met au collège où il apprend le français et même le latin. Quand on le ramène au bout de cinq ans, on est convaincu qu'il sera d'une grande utilité : hélas ! Il revient bien malgré lui et on s'aperçoit qu'il a déjà perdu son montagnais : il faut lui faire violence pour le remettre parmi les siens à réapprendre sa langue maternelle.

Chez les Français, à part ceux qui sont au service de la Compagnie de la Baie d'Hudson qui possède le pays à titre seigneurial, les laïcs n'ont pas souci d'apprendre les langues amérindiennes. Champlain se le fera reprocher par les indigènes : ils regrettent que depuis ces 20 ans qu'il les fréquente, il «ne s'était point étudié à leur langue» pour communiquer directement avec eux, au lieu de recourir à des interprètes que les Amérindiens ne jugent pas toujours fidèles.

Les missionnaires récollets et jésuites, pour faire œuvre évangélique, devaient s'astreindre à apprendre les langues d'une façon systématique. Ils ne pouvaient attendre qu'on ait francisé ces petits Amérindiens qu'on envoyait en France. D'ailleurs, la mort fauchait dans les rangs de ces écoliers ou bien le naturel «sauvage» reprenait vite le dessus.

Quant aux interprètes des compagnies de commerce, les missionnaires butaient sur eux comme sur le cap. *Non,* ainsi que le dit un bon père. Marsolet, par exemple, refuse carrément d'aider les Récollets, ayant juré, paraît-il, «de n'enseigner rien de la langue à qui que ce fût», moins par secret professionnel, pense le récollet Sagard, que pour «ne laisser personne empiéter sur son office». Il n'y aura que les Jésuites à pouvoir l'amadouer et à se faire donner tout ce qu'il sait.

Des missionnaires iront donc vivre parmi les indigènes pour accomplir la première démarche apostolique, une démarche linguistique. Le jésuite Massé sera ainsi le premier prêtre en Amérique du Nord à vivre « à la sauvage » parmi les Amérindiens pour en apprendre la langue : en 1612, il passe quelque temps chez eux à la rivière Saint-Jean.

On pouvait aussi retenir chez soi les services d'un Amérindien, qui jouait alors le rôle d'un « maître en langue sauvagine ». Les cours privés à domicile ! Or, le professeur improvisé manque parfois de la rigueur intellectuelle caractéristique de l'Européen : « Je fais, écrit le jésuite Le Jeune, des conjugaisons, déclinaisons, quelque petite syntaxe, un dictionnaire avec une peine incroyable, car il me fallait quelquefois demander vingt questions pour avoir la connaissance d'un mot, tant mon maître peu [in]duit à enseigner, variait » ; et pour rendre le maître plus attentif, l'élève doit de temps à autre lui donner du tabac. Ou le professeur amérindien, conscient de la dignité de son rôle, ne veut parler que devant un plat bien rempli. Quand on ne pouvait plus nourrir cette bouche supplémentaire d'où sortaient quelques maigres mots, mais où s'engouffraient les vivres les plus précieux, le cours prenait fin.

Par surcroît, il arrivait à ces professeurs de bien s'amuser pour mieux digérer. Ainsi, se plaint le jésuite Biard, dans les phrases que nous faisions traduire, l'enseignant glissait des paroles indécentes « que nous allions innocemment prêchotant pour belles sentences de l'Évangile… ».

S'il n'y avait que cela ! Si la bouche amérindienne pouvait mâcher les mêmes mets que l'européenne, elle ne pouvait pas toujours prononcer les mêmes syllabes. Le montagnais n'avait pas les sons F, L, V ; le L devenait R. Quant au huron, il n'avait aucune labiale : P devenait T ; F tournait en un S ; M se confondait avec

N. Un jeune Huron tenta 300 fois de prononcer P et n'aboutit toujours qu'à un T : au lieu de *Père Gabriel*, les Hurons ne pouvaient dire que *Tère Gaviel*.

Plus grave encore : ces langues amérindiennes ne se prêtaient guère à la traduction d'un vocabulaire théologique. La langue huronne, écrit Sagard, est « assez pauvre et disetteuse de mots en plusieurs choses, et particulièrement en ce qui est des mystères de notre sainte religion » ; même pour notre *Pater*, il fallait recourir à des périphrases. De même, remarque le jésuite Biard, la langue micmaque n'a rien d'abstrait ni de spirituel, elle est incapable d'exprimer la vertu ni le vice, et l'on cherche encore à savoir si les Micmacs ont un vocable « qui corresponde droitement à ce mot *Credo*, Je crois ». Et l'on sait, d'après le jésuite Le Jeune, que faute de vocables correspondants, il fallait enseigner le signe de croix en français. On comprend que les Micmacs n'aient longtemps vu dans le sacrement de baptême qu'un signe d'alliance avec les traiteurs de Normandie.

La pauvreté du vocabulaire entraînant l'incompréhension, les Jésuites (ces éternels persécutés) faillirent soulever contre eux dans le Saint-Laurent une lutte aussi dangereuse que celle de l'*Anti-Coton*. Le père Massé dit un jour au Montagnais Mecabau : « Donne-moi ton âme, aussi bien mourras-tu bientôt », voulant plutôt dire « et tu seras sauvé » ; et fier de son montagnais tout neuf, il donne à Mecabau des pois qui, mal apprêtés par l'Amérindien, le conduisent presque au tombeau. Grande fut la fureur des Montagnais contre les Jésuites : des canots allèrent à Tadoussac et aux Trois-Rivières prévenir tout le monde de se garder désormais des *robes noires*. Il faudra de longs palabres du récollet Le Caron pour convaincre que c'était là, en plus d'une mauvaise recette de cuisine, une trahison de la traduction.

Il fallut des années de labeur pour surmonter l'obstacle linguistique. Le récollet Le Caron commence en 1615 un dictionnaire de la langue huronne. De son côté, en 1623-1624, le récollet Sagard, qui avait tenté d'assimiler en un même temps le montagnais, le népissingue et le huron, dut vite se contenter du huron. Il s'applique alors à en rédiger un vocabulaire en le répétant à mesure devant des Hurons. De cet effort conjugué résultèrent en 1625 l'ébauche d'un lexique algonquin et d'un lexique montagnais, et surtout un premier dictionnaire huron que Le Caron présenta au roi Louis XIII. Et lorsque Sagard publie en 1632 un dictionnaire de la langue huronne en 132 pages, on n'avait jamais vu œuvre aussi considérable sur une langue de l'Amérique du Nord. Ce sera, du reste, la seule de cette importance sur le huron.

Mais pourquoi réserver tant d'efforts à la langue de cette toute petite Huronie qui tiendrait aujourd'hui dans les limites de l'une de nos villes moyennes? C'est que le huron était, pourrait-on dire, la langue commerciale de la région des Grands Lacs. Selon le récollet Sagard, les Pétuns, les Cheveux-Relevés (nos Outaouais), les Népissingues et même les Algonquins de l'île aux Allumettes se servaient du huron dans leurs voyages ou dans la traite des fourrures. Les habitants de la Huronie, dépositaires d'une langue pour ainsi dire internationale, se dispensaient donc d'apprendre une autre langue; savoir le huron, c'était pouvoir entrer en relation avec nombre de nations. Malheureusement, une quinzaine d'années plus tard, quand on sera en mesure de maîtriser cette langue, la Huronie sera effacée de la carte par les Iroquois ; avec elle disparaît dans cette région clé des Grands Lacs le précieux avantage d'une langue commune.

Pour assurer l'éducation des Amérindiennes, les Ursulines se sont mises comme les missionnaires à l'étude des langues, dès leur arrivée à Québec. Mère Saint-Joseph apprend rapidement, écrit-on, les langues huronne et algonquine et s'en sert avec facilité. Mère de l'Incarnation, écrit-on encore, sait bientôt l'algonquin et le montagnais. À 50 ans, elle se met au huron à cause des nombreux réfugiés qui arrivent de la Huronie. Elle rédige des catéchismes en huron et en algonquin, et même un gros dictionnaire en cette dernière langue.

À la même époque, la francisation des Amérindiens, qu'on avait cru pouvoir accomplir pour s'éviter d'apprendre leurs langues, se révèle être un échec complet. Ils s'étaient habitués aux interprètes, comme ils avaient pris l'habitude de se faire prier dans les opérations de traite, eux, les fournisseurs indispensables de la fourrure. D'ailleurs, les Français, soumis par leurs curés aux exigences d'une morale rigoriste, aimaient bien vivre comme interprètes chez les Amérindiens, où ils échappaient à la surveillance religieuse, ce que constate l'ursuline Mère de l'Incarnation quand elle écrit qu'un Français devient plutôt «sauvage» qu'un «sauvage» devient Français.

Champlain, dès 1618, en commençant une «habitation» aux Trois-Rivières (car c'est lui le fondateur des Trois-Rivières, et non ce Laviolette dont on ne sait rien à part le nom de famille) et en prédisant aux Amérindiens que les Français parleraient leur langue, avait ajouté, les faisant bien rire : « Nos garçons se marieront à vos filles et nous ne serons plus qu'un peuple. »

De ce programme rien ne s'était encore réalisé dans le dernier tiers du xviie siècle, la barrière linguistique entre Français et Amérindiens ne se franchissant toujours que grâce aux interprètes. Colbert, qui rêvait lui aussi de voir Français et indigènes de la Nouvelle-France ne former « qu'un même peuple et un même sang », se plaint à l'intendant Talon en 1666 qu'on n'ait pas obligé les Amérindiens à « s'instruire dans notre langue, au lieu que pour avoir quelque commerce avec eux, nos Français ont été nécessités d'apprendre la leur ».

Dans cette rencontre de la langue française avec une langue indigène, c'est cette dernière qui demeure, au xviie siècle et dans une large partie du xviiie siècle, la langue que les Français se doivent d'apprendre. La première expérience de bilinguisme a donc été soumise aux exigences des Amérindiens. Comment l'expliquer ? Entre le français et toute langue indigène, aucune similitude, aucune parenté ; le passage de l'une à l'autre requérait un effort intellectuel intense et de longue durée : effort que les Amérindiens pouvaient fournir, puisqu'ils étaient polyglottes dans leurs relations intertribales. En revanche, dans le commerce avec les Français, ces derniers sont en position d'infériorité : les maîtres de la scène économique sont les Amérindiens et non les Français. Les Amérindiens viennent à la traite en se faisant prier, en réclamant des présents avant toute opération. Dès que leur zèle refroidit, le monde français de la traite s'inquiète. On verse à Étienne Brûlé un salaire élevé pour être sûr que chaque printemps il amènera les Hurons à la foire annuelle du Saint-Laurent. Les Amérindiens n'avaient pas à apprendre la langue d'un client qu'ils tenaient à leur merci. Il y a donc eu pour les Français de Nouvelle-France nécessité de se soumettre à la langue des Amérindiens.

Nécessité encore pour ces Français de pratiquer le bilinguisme avec d'autres Européens de passage ou en voie de s'établir en Amérique. Notamment, comme Français et Anglais fréquentent depuis longtemps à peu près les mêmes nations amérindiennes, ils peuvent communiquer entre eux par le truchement de l'une ou l'autre des langues indigènes à laquelle ils ont pu s'habituer. Une langue «sauvage» qui permet aux Français et Anglais de se comprendre!

Puis, survient au Canada, d'une façon définitive, la compréhension mutuelle entre Français et Anglais, non plus au moyen d'une langue amérindienne, mais compréhension mutuelle parce que les uns ont appris plus ou moins la langue des autres. Nous en constatons le début en 1759, lorsque la ville de Québec entre sous occupation anglaise.

En cette première manifestation, trois langues sont en scène: le français, l'anglais et le latin. L'Hôpital-Général, qui de par sa nature était un hospice, avait été transformé un temps en hôpital pour les officiers blessés des armées française et anglaise. Ceux de l'une et de l'autre se retrouvaient parfois dans les mêmes salles. Comme le raconte le capitaine Henry Knox dans son *Historical Journal,* un jour qu'ils causaient entre eux, les officiers français s'aperçoivent que les Anglais suivent leur conversation. Pour échapper aux oreilles indiscrètes de l'ennemi, on passe du français au latin. Surprise! Voilà que du côté anglais, on se met à réciter des vers de Virgile : eux aussi avaient fait des études en latin. Déçus dans leur stratégie, les Français durent ravaler leur latin et revenir à leur langue usuelle.

À la suite de la Conquête de 1760 et du traité de 1763, l'anglais et, par conséquent, le bilinguisme, deviennent courants, ce dont témoigne la *Gazette de Québec* qui, dès sa fondation en 1764, publie ses nouvelles dans les deux langues, en colonnes parallèles. Le bilinguisme est en place pour de bon et l'est encore. On aurait tort toutefois de penser que tout anglophone comprend le français et que tout francophone sait l'anglais, même si ses nom et prénom font croire qu'il est Anglais : un de mes élèves s'appelait *Norman* (prononcé *Normeune*) *Redburn* : c'étaient les seuls mots anglais qu'il pouvait dire...

Notes bibliographiques

Sur les difficultés linguistiques de l'œuvre missionnaire en Acadie, voir notre *Histoire de la Nouvelle-France*, vol. II, p. 141-146 ; qui veut une idée de la façon dont se présente le vocabulaire d'une langue amérindienne, par exemple celui de l'algonquin, peut se reporter au *Dictionnaire français-algonquin* de l'oblat Georges Lemoine (Québec, Imprimerie de l'Action sociale, 1911).

Pour les premières relations sociales anglo-françaises après la prise de Québec en 1759, voir notre ouvrage *L'Église canadienne sous le Régime militaire, 1759-1764*, Québec, Les Presses de l'Université Laval, 1957, vol. II, p. 291-299.

II

L'hiver, élément gênant dans
la propagande pour le peuplement
du Canada

L'HIVER A TOUJOURS PRÉSENTÉ une mauvaise image du
Canada. Du temps même où Voltaire, qui faisait for-
tune dans les sucres des Antilles, exprimait son mépris
pour ces « quelques arpents de neige », l'homme d'État
américain John Dickinson s'indignait que l'Angleterre
soumît les colonies à un impôt qui servirait à garder
sous sa couronne « les sables brûlants de la Floride et
les rocs glacés du Canada » ; il joignait dans un même
dédain deux contrées dont la seconde allait finir par
s'associer à l'autre pour oublier les grands froids ; et
c'est ainsi que deux siècles plus tard, on verrait tant
d'habitants du Canada, ayant atteint l'âge de la retraite
et venus les mois d'hiver, partir en longues files de
voitures pour chercher refuge en Floride, comme ces
grandes volées d'oiseaux migrateurs, ce qui d'ailleurs
leur a valu le surnom de *snowbirds.*

Mauvaise image que projette le Canada dès son
apparition dans les récits des premiers voyageurs. En
remontant le Saint-Laurent en 1535, Jacques Cartier
s'arrête à Stadaconé (où est la ville actuelle de Québec),
capitale d'une petite région qui porte alors le nom de
Canada. Il vient pour y passer l'hiver. Les Amérindiens

veulent bien commercer avec ces étrangers, mais à condition qu'ils ne s'installent pas en permanence. On va donc essayer de les décourager en les avertissant que le dieu Cudouagny (le dieu Météo, autrement dit) prévoit une saison rigoureuse avec «tant de glaces et de neiges que, rapporte Cartier, nous mourrons tous». Celui-ci leur rit au nez, car il a l'expérience des hivers de sa Bretagne : il sait bien qu'en hiver il tombe un peu de neige, mais pas assez pour que les bêtes doivent être retirées des champs ; pour se protéger du froid, il suffit d'un bon petit feu de fagots. Et de leur répondre : «Votre dieu n'est qu'un sot. »

Las ! ce dieu n'était pas si sot, les Amérindiens savaient de quoi ils parlaient. Le Canada n'était pas la Bretagne. L'hiver dura de longs mois avec un froid si intense que même le vin gelait dans les fûts. La neige tomba, tomba, il s'en accumula plus d'un mètre de hauteur. Et comme on ne mangeait guère que des salures, ainsi privé de la vitamine C, on contracta le scorbut sans que l'on connût d'abord de remède contre la maladie : des 110 Français, 25 en moururent et une quarantaine d'autres ne valurent bientôt plus rien. Heureusement, en rusant, Cartier apprit des Amérindiens une potion magique : une infusion d'écorce et d'aiguilles d'un arbre appelé *annedda* (le cèdre blanc, selon une identification récente) ; elle mit fin à la crise, l'expédition fut sauvée.

Le récit de cet hivernement, répandu en France par les matelots de Cartier, puis par une relation de 1545, va laisser du Canada une impression rebutante. Certes, l'été il fait bon y vivre, mais l'hiver est une saison mortelle.

Impression que va confirmer l'hivernement de 1542-1543, au cours duquel périt le quart des colons de Roberval. Autre confirmation en 1600-1601, à Tadoussac, lorsque la colonie de Chauvin de Tonnetuit doit se réfugier chez les Montagnais en attendant de se faire rapatrier. Le drame se répète en 1604-1605 à l'île Sainte-Croix, en Acadie : le scorbut éclate là aussi ; pour avoir lu le récit de Cartier, Champlain savait qu'on se guérit par une infusion d'*annedda*, mais les Amérindiens d'Acadie n'étaient ni de même civilisation ni de même langue que les Iroquoiens de Stadaconé, de sorte que périrent la moitié des 80 colons.

Trois ans plus tard, à Québec, pourtant logés dans une «habitation» bien conçue et pourvus de vivres suffisants, Champlain et ses gens subissent encore un hivernement tragique. La saison est d'un froid rigoureux et le scorbut réapparaît. On était sur les lieux mêmes où Cartier avait trouvé un remède ; malheureusement, les Amérindiens de Cartier (des Iroquoiens) avaient été remplacés par des Montagnais, de langue différente : ceux-ci n'ayant pas non plus le mot *annedda* dans leur vocabulaire, on ne pouvait identifier le moyen de se guérir. Des 28 Français de cette colonie, 8 seulement survécurent. Tragédie que fit amplement connaître le récit de Champlain dans ses *Voyages* qu'il publie en 1614 et réédite en 1619 et 1632, pendant qu'à la même époque, Marc Lescarbot reprenait de son côté la relation de la catastrophe de 1535-1536 et que le récollet Sagard racontait les misères qu'il avait connues dans les Grands Lacs.

En ce premier tiers du XVIe siècle, ce qu'on écrit sur le Canada lui donne fort mauvaise réputation : y passer l'été, d'accord, mais il faut ensuite rentrer en Europe.

Publicité de très mauvais effet que vont entretenir pendant un certain temps les premières *Relations* des Jésuites. Comme elles ont pour objectif de faire connaître en France les grands mérites des premiers établissements et des débuts missionnaires, elles ne ménagent pas les détails sur les duretés de l'hiver canadien. Le récit rédigé par le jésuite Le Jeune de son terrible hivernement quand il accompagne les Montagnais dans leurs chasses, demeure en ce domaine l'exemple classique d'une saison extrêmement éprouvante.

Après 1634, au temps où débute une campagne de recrutement en colons pour le Canada, il arrive encore aux *Relations* de consacrer à l'hiver canadien quelques pages sinistres, mais elles sont exceptionnelles et veulent surtout montrer combien souffrent les missionnaires qui partent à la rencontre des Amérindiens en dehors du pays organisé. Les Jésuites ne parlent pour ainsi dire plus dans leurs *Relations* des misères que subissent les colons du fait de l'hiver.

Pour voir se prolonger dans la colonie laurentienne les dures conditions de l'hivernement, c'est leur *Journal* qu'il faut consulter. On y apprend, par exemple, qu'il y eut en 1649-1650 un froid excessif; qu'en 1656-1657, l'hiver a été pénible; qu'en 1660, il fut «fort rude et fâcheux». Or, ce journal, écrit au jour le jour par le supérieur, n'était pas destiné à la publication, ces détails ne pouvaient donc pas nuire à la propagande.

Si la publicité des Jésuites cesse très tôt en ce qui touche au quotidien des colons à l'intérieur du pays organisé et, par conséquent, d'en colporter une vision pessimiste, ce serait peut-être parce que (pour parler comme la presse d'aujourd'hui) l'hiver ne fait plus «nouvelle». Pourtant, si c'était bien le cas, la banalisation s'appliquerait aussi aux hivernements des missionnaires chez les Amérindiens ; or les *Relations* ne cessent aucunement de nous raconter ces hivernements sur un ton pathétique. Si donc elles ne parlent à peu près plus de l'aspect pénible de l'hiver pour les colons, nous sommes tentés de voir là un dessein volontaire de ne pas faire obstacle à la propagande coloniale. Vous voulez des colons ? Donnez de ce pays une image attrayante ou parlez d'autre chose.

Ce que fait le jésuite Le Jeune dans sa *Relation* de 1636. Il y remplit un chapitre de «quelques avis pour ceux qui désirent passer en la Nouvelle-France», en s'adressant à la fois aux «gens moyennez» (c'est-à-dire, qui en ont les moyens) et aux chefs de familles pauvres. Ceux-ci, surtout s'ils sont chargés de femme et d'enfants, doivent d'abord trouver à s'engager pour subsister ; les autres, les «moyennez», doivent se faire concéder des terres, recruter de la main-d'œuvre pour les exploiter et apporter des vivres pour les deux premières années. Si tous viennent «avec envie de bien faire», la Nouvelle-France pourra devenir un «Paradis terrestre»… Des conditions pénibles de l'hiver, il n'est évidemment pas question.

Si nous parcourons les *Relations* du temps des Cent-Associés (1627-1663), avec pour critère la seule façon de vivre des colons, elles passent sous silence l'aspect rebutant de l'hiver. Quand elles parlent de cette saison, c'est plutôt pour la présenter sous son plus beau jour. En mars 1637, en raquettes et par un «froid fort véhément», le gouverneur Huault de Montmagny, Derré de Gand et d'autres se rendent pour leur plaisir au lac Saint-Charles à quatre lieues de Québec (soit à une vingtaine de kilomètres) pour y pêcher sous la glace ; on n'y trouva point pour la nuit « d'autre hôtellerie que la neige », mais tous revinrent « sans autre mal qu'une grande lassitude ». Déjà l'hiver se prête à des excursions sportives. Vive l'hiver !

La *Relation* de 1642 fait savoir à la France que toute la colonie a passé l'hiver en bonne santé. Quant aux religieuses arrivées trois ans plus tôt, elles ne trouvent, selon cette même relation, qu'à se louer de l'hiver. Relisons ce passage poétique : « Les filles tendres et délicates qui craignent un brin de neige en France, ne s'étonnent pas ici d'en voir des montagnes. Un frimas les enrhumait en leurs maisons bien fermées, et un gros et grand et bien long hiver, armé de neiges et de glaces depuis les pieds jusqu'à la tête, ne leur fait quasi autre mal, que de les tenir en bon appétit. Votre froid humide est importun, le nôtre est plus piquant : mais il est coi et serein et à mon avis plus agréable quoique plus rude. »

Nous voilà loin des pages terribles que l'on écrivait après les premières expériences ; on en est rendu à dire : l'hiver canadien vaut mieux que votre hiver de France...

Avantage donné au Canada, mais on se garde bien de publier les plaintes de Mère de l'Incarnation sur le froid qu'il fait dans la chapelle des Ursulines à Québec, froid au point qu'il y a « des temps que les prêtres sont en danger d'avoir les mains et les oreilles gelées », que les religieuses couchent dans des sortes d'armoires bien closes (comme d'ailleurs les colons de cette époque) et que Mère de l'Incarnation doit garder ses gros souliers pour dormir.

Autre bon point en faveur de notre hiver dans la *Relation* de 1659-1660 : «Quoique l'hiver soit long, et que les neiges couvrent la terre cinq mois entiers, à trois, quatre et cinq pieds de profondeur, toutefois je puis dire que les froids y paraissent souvent plus tolérables qu'ils ne sont dans la France, soit à cause que les hivers ne sont plus ici pluvieux et que les jours ne laissent pas d'être agréables, soit à cause que l'on a le bois à sa porte.» Sur quoi, l'auteur enchaîne à des conclusions mirifiques : «Plus on fait grand feu jour et nuit pour combattre le froid, plus on abat de la fôret voisine, et l'on se fait des terres nouvelles, pour labourer et pour semer, qui rendent de bons grains, et qui enrichissent leurs maîtres.» Bref, plus l'hiver est rigoureux, plus on brûle de bois et plus progressent défrichement et culture.

La *Relation* ajoute que, pour les Français qui ont dû s'habituer comme les Amérindiens à poursuivre les orignaux sur les neiges, cette chasse qui nourrit et enrichit est désormais une «récréation». Activité sportive qui s'ajoute à l'excursion de pêche sous la glace. Encore une fois, vive l'hiver !

En 1662-1663, la *Relation* se termine sur un autre bon point de l'hiver, en reprenant des arguments que nous avons déjà entendus : malgré sa rigueur et sa durée, l'hiver paraît plus supportable au Canada qu'à Paris, le bois ne coûte que l'effort de le couper, l'hiver permet aux chasseurs de s'enrichir, il facilite le transport des fardeaux (on n'a qu'à les faire glisser) ; «et les promenades pour ceux qui cherchent leur divertissement, y sont pour lors très belles, et d'ordinaire favorisées d'un beau soleil, et d'un temps fort serein.» Qui continuerait de croire que l'hiver canadien traîne son lot de misères, que la coupe du bois par moins 20 degrés Celsius peut être fort pénible, que la chasse dans les forêts et montagnes enneigées est un gagne-pain épuisant? Les *Relations* qui ne donnaient naguère de l'hiver que l'image sinistre, n'en donnent plus qu'une vision charmante. On est en pleine propagande.

Heureusement, la synthèse des deux regards, le tragique des premières *Relations* et l'autre optimiste à l'époque de l'adaptation, se fait dans un livre qui est aussi une œuvre de propagande, mais se veut d'information rigoureuse, *L'Histoire véritable et naturelle* que Pierre Boucher publie à Paris en 1664 et qu'il a probablement rédigée lorsqu'il y a séjourné en 1661-1662.

Au Canada, selon Boucher, il y a seulement deux saisons: «Nous passons tout d'un coup d'un grand froid à un grand chaud, et d'un grand chaud à un grand froid; c'est pourquoi on ne parle que par hiver et été; l'hiver commence incontinent après la Toussaint; c'est à dire les gelées, et quelque temps après, les neiges viennent, qui demeurent sur la terre jusque environ le quinzième d'avril pour l'ordinaire.» Puis, «dès le commencement de mai, les chaleurs sont extrêmement grandes, et on ne dirait pas que nous sortons d'un grand hiver: cela fait que tout avance, et que l'on voit en moins de rien la terre parée d'un beau vert». Le plus embarrassant est «qu'il faut nourrir les bestiaux à l'étable plus de quatre mois».

En revanche, corrige Pierre Boucher, l'hiver a ses bons aspects. «Les neiges sont ici moins importunes, que ne sont les boues en France»; on va partout sur les neiges «par le moyen de certaines chaussures faites par les Sauvages, qu'on appelle raquettes, qui sont fort commodes»; on transporte les fardeaux sur des traînes, «cela glisse sur la neige, et un bœuf seul en mène autant que deux bœufs feraient en été dans une charrette». Le froid y est «un peu âpre, il n'est pas toutefois désagréable : c'est un froid qui est gai, et la plupart du temps ce sont des jours beaux et sereins»; quelques journées peuvent être «bien rudes, mais cela n'empêche point que l'on ne fasse ce que l'on a à faire; on s'habille un peu plus qu'à l'ordinaire [et]l'on fait bon feu dans les maisons, car le bois ne coûte rien ici qu'à le bûcher et à apporter au feu».

À ceux qu'intéresse un établissement au Canada et qui l'interrogent sur la fertilité du sol, sur l'alimentation, sur le climat, sur les avantages et les incommodités du pays, Boucher répond ainsi sans effort de style, mais avec précision, sans rien cacher ni exagérer. Pour la première fois en Nouvelle-France, dans une seule et même publication de propagande, le lecteur européen sait exactement à quoi s'en tenir sur l'une des «deux saisons» de la vallée laurentienne.

Notes bibliographiques

Pour plus de détails sur les difficiles hivernements des débuts de la Nouvelle-France, on peut lire les deux premiers volumes de *L'histoire de la Nouvelle-France* par Marcel Trudel : *Les vaines tentatives* et *Le comptoir* publiés aux éditions Fides respectivement en 1963 et 1966. L'hiver canadien a fait l'objet de deux publications : Pierre Deffontaines, *L'homme et l'hiver au Canada* (Paris, Gallimard, 1957) ; Pierre Carle et Jean-Louis Minel, *L'homme et l'hiver en Nouvelle-France* (Montréal, Hurtubise HMH, 1972), ce dernier livre est une édition de textes d'époque sur l'hiver laurentien. En outre, l'ouvrage de Pierre Boucher, *Histoire véritable et naturelle*, publié en 1664 et réédité avec notes et commentaires en 1964 par la Société historique de Boucherville, est un témoignage fort intéressant des conditions d'établissement au XVIIe siècle.

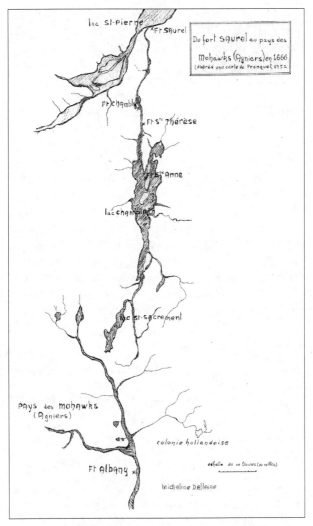

3.1 Du lac Saint-Pierre à la colonie hollandaise (d'après une carte de Franquet, 1752. Reproduction, Micheline D'Allaire).

III

Une marche militaire de 1000 kilomètres en plein hiver

L'ÉPOPÉE, SELON VICTOR HUGO, c'est l'histoire écoutée aux portes de la légende. Homère en avait donné le ton en chantant la guerre de Troie, puis sa suite, le retour d'Ulysse en son île. Des siècles plus tard, Virgile prend la relève pour célébrer les aventures d'Énée : «*Arma virumque cano*» (je chante les faits d'armes et ce héros). Certes, à écouter ces longs récitatifs à voix unique et monotone, on risque d'avoir sommeil ou que l'aède lui-même se fatigue : «*Quandoque bonus dormitat Homerus*» (il arrive au bonhomme Homère de roupiller) ; ou bien qu'un poète s'attarde à des faits peu dignes de ses vers, Virgile alors le rappelle à l'ordre : «*Paulo majora canamus*» (chantons des sujets plus relevés).

Ou encore que quelque mauvais esprit se moque des grandeurs passées en parodiant le genre épique. Malgré le peu de sérieux dont on l'a marquée, la parodie s'est assurée une place bien en vue : l'austère Boileau du XVIIe siècle n'a-t-il pas en forme de badinage écrit en vers de douze pieds (dont le nom même, alexandrin, annonce le maintien solennel) une parodie d'épopée au sujet d'un lutrin âprement revendiqué par le grand-chantre des chanoines de la Sainte-Chapelle?

La parodie de l'épopée a même traversé de France en Nouvelle-France avec les premiers colons, à l'époque justement où Boileau composait son *Lutrin*. L'auteur de cette première parodie canadienne est René-Louis Chartier de Lotbinière, descendant en ligne directe d'un poète de la Renaissance, Alain Chartier. Il a pris pour sujet un événement dramatique de 1666, l'expédition militaire entreprise en plein hiver contre des Iroquois, appelés Mohawks, de New-York : un voyage à pied de 1000 kilomètres aller-retour. Ce qui n'est guère habituel dans le poème épique, l'auteur est lui-même un participant de l'expédition. Il ne pousse toutefois pas la moquerie jusqu'à emboucher la trompette épique que constitue le vers dit alexandrin : il se contente dans une œuvre de 512 vers, d'un instrument moins solennel, le petit vers de huit pieds.

DONNER UNE LEÇON AUX MOHAWKS

L'objectif de l'entreprise : aller dans le pays des Iroquois leur montrer que la colonie française a désormais les moyens de se protéger contre eux. Car, depuis que des colons sont établis dans la région de Québec et sur deux points en amont du Saint-Laurent (aux Trois-Rivières et à Montréal), les Iroquois ne cessent d'attaquer et empêchent ainsi la colonie de se répandre dans les campagnes.

Depuis les premières années de sa fondation, cette colonie réclamait de la métropole un secours militaire plus consistant, ni les alliances avec les Amérindiens du Saint-Laurent (Montagnais et Algonquins) ni la milice des colons eux-mêmes ne suffisant à une défense efficace. La France promettait chaque année de venir à la rescousse, mais chaque année passait sans qu'arrivent les renforts. Enfin, en 1665, elle envoie un régiment, le Carignan-Salière (20 compagnies de 50 hommes chacune), outre 4 compagnies supplémentaires venues aussi de la métropole, mais par les Antilles. Soit une force militaire de 1200 hommes comme on n'en avait encore jamais vu en Amérique française. De quoi désormais donner une bonne leçon aux Iroquois.

Ces ennemis qui harcèlent les colons ne sont pas tous les Iroquois dits les Cinq-Nations, mais ceux de la nation des Agniers ou Mohawks. Alors que les autres Iroquois se prêtent plus facilement à la paix avec les Français, ceux-là sont intraitables : lorsqu'on veut conclure un traité avec les Cinq-Nations, il manque toujours un signataire, cette nation des Agniers. Elle est d'ailleurs quelque peu à l'écart de ses congénères : les Tsonnontouans, les Goyogouins, les Onontagués (chez qui est fixée la capitale de la confédération) et les Onneyouts vivent sur la rive sud du lac Ontario, mais les Agniers habitent l'arrière-pays, au sud-est, sur la rivière dite depuis toujours rivière des Mohawks qui se jette dans le fleuve Hudson, là où les Hollandais, puis les Anglais ont le poste appelé Albany (aujourd'hui la capitale de l'État de New York).

Ces Agniers sont, pour ainsi dire, à portée de flèche de la colonie française. De ce fleuve qui coule près de leur habitat, ils passent par des portages dans le lac Champlain qu'ils n'ont qu'à naviguer jusqu'à son déversoir, la rivière Richelieu, et ils se laissent descendre jusqu'au Saint-Laurent ; ils se trouvent ainsi tout de suite au milieu du couloir Québec-Montréal. C'est exactement la route, mais à rebours, que les Français adoptent pour porter la guerre dans le pays des Agniers.

Route qu'ils vont prendre, cette première fois, dans la plus mauvaise saison, celle de l'hiver. À cette époque et selon la coutume européenne, on ne fait pas de campagne militaire en hiver : l'automne venu, l'armée prend ses quartiers d'hiver et les opérations de la guerre ne reprennent qu'au printemps.

Or, le gouverneur Rémy de Courcelle brûlait d'imposer enfin la force des armes françaises à l'Iroquoisie. Les renforts arrivant de la mi-juin à la mi-septembre, le gros des troupes débarque trop tard pour entreprendre tout de suite un mouvement de grande ampleur ; comme l'écrit l'intendant Talon, il « ne resta pas assez de belle saison » pour l'expédition projetée. D'ailleurs, dès leur arrivée à Québec, les premières troupes ont été envoyées à la rivière Richelieu pour la verrouiller avec une série de forts ; à l'embouchure, là où la rivière se déverse dans le fleuve, on reconstruit le fort qui naguère avait tenté de barrer la route aux Iroquois (ce sera le fort Saurel) ; aux premiers rapides un peu en amont, on dresse le fort de l'Assomption ; aux seconds, où coule « un courant impétueux rempli de rochers », le fort Saint-Louis ou Chambly ; à la sortie du lac Champlain, à 15 kilomètres en amont, en face d'une île, le fort Sainte-Thérèse.

Au lieu donc de prendre ses quartiers d'hiver et d'attendre la venue du printemps, on opta pour une campagne qui se ferait à compter de janvier. Les responsables en haut lieu risquaient gros. Arrivés au cours de l'été, aucun d'eux n'avait encore fait l'expérience de l'hiver canadien, ni Prouville de Tracy venu à Québec pour un séjour temporaire avec les pouvoirs d'un «presque roi», ni le gouverneur Rémy de Courcelle, ni l'intendant Talon, ni le colonel Chastelar de Salière qui commandait le régiment. Ni non plus les soldats, qui arrivaient eux aussi d'Europe. Tous ces nouveaux venus ignoraient comment se vivait un hiver au Canada.

Heureusement, aux 300 soldats du Carignan-Salière qui prendront part à cette expédition, se joindront une centaine d'habitants du pays: ils pourront fournir de précieux conseils sur la façon de survivre l'hiver. Et c'est l'un d'eux, ce Chartier de Lotbinière, qui tient en vers comiques le journal de cette aventure.

SAC AU DOS ET RAQUETTES AUX PIEDS

Le poème épique ne s'ouvre pas comme l'*Iliade* ou l'*Énéide* sur le traditionnel premier vers: «Je chante le héros Un Tel...»; il interpelle tout de suite le personnage principal:

> La victoire aurait bien parlé
> De la démarche et défilé
> Que vous avez fait, grand Courcelle [...]

Or, le chant qui devait décrire notre victoire, s'il n'avait pas embelli les faits, aurait bien fait rire le roi par le contraste avec le déroulement de «la démarche et défilé» qui, comprenant d'ordinaire cavalerie et artillerie, n'en fait parader ici ni l'une ni l'autre. Et ce chant de victoire nous eût fait rire, nous aussi, de la troupe. Parade risible que la nôtre, avoue le poète: en tête, un général qui porte sur son dos ce qu'il faut pour son dîner et qui, lui et ses soldats, au lieu d'aller sur de fiers coursiers, sont montés sur ces «chevaux de ficelles», c'est-à-dire que ce qui leur tient lieu de montures sont des raquettes. Le poète prend la peine, dans une note, de nous expliquer ce que sont ces raquettes : semblables aux raquettes qui servent au jeu de paume, leur fond est tissé de lanières de cuir d'orignal ; on les attache aux « souliers sauvages » qu'il faut chausser, souliers qui sont « comme des chaussons de peau » sans talons.

Point de « fiers coursiers », donc. Le pays vient tout juste de recevoir un petit nombre de chevaux, mais pour une première expérience d'acclimatation, il n'est pas question de s'en servir à la guerre, encore moins dans une campagne d'hiver. Bref, la déesse Victoire,

> … en voyant votre harnois
> Et votre pain plus sec que noix
> Elle n'aurait pu nous décrire
> Sans nous faire pâmer de rire.

On se mit en marche, troupe de 300 hommes tirés du Carignan-Salière, outre une centaine d'habitants du pays. Avec eux, le gouverneur Rémy de Courcelle, son lieutenant Dugua des Monts, l'aumônier jésuite, le père Pierre Raffeix ; et parmi tous ces piétons, notre poète. Le gouverneur, selon une *Relation* des Jésuites, portait un havresac de 25 ou 30 livres de « biscuits, de couvertures, et des autres provisions nécessaires ». Une partie des bagages était transportée sur des traînes tirées par des chiens. Et le poète qui tient à ce que ses lecteurs ne perdent rien du cortège, précise que la traîne est un « assemblage de petites planches longues de 8 ou 10 pieds et de 2 ou 2 ½ de large ».

La « gendarmerie », c'est-à-dire les « gens d'armes » (nos guerriers) purent dès le départ constater que ce n'était pas là qu'un mauvais songe, on affrontait la dure réalité :

Ce fut la veille d'un dimanche
Qu'en vous foulant un peu la hanche,
Votre dos chargé d'un bissac,
Pour mettre l'Iroquois à sac,
Fit voir à la gendarmerie
Que ce n'était point rêverie.

Après cette salutation en hommage au héros, le poète commence son récit, date en tête :

Donc, le neuvième de janvier,
Comme [v]autour ou comme épervier,
Sans considérer votre charge,
Vous volâtes à ce carnage
Avec d'assez mauvais garçons
Qui n'avaient que leurs caleçons,
Leurs capots et leurs ceintures,
Leurs fusils et leurs couvertures
Et qui traînaient avidement
La charge de leur aliment.

Et, en plus, ajoute l'auteur, tout le monde veille à ce que suive l'intendance en tirant sa part des bagages :

À la traîne, chacun s'attelle.

Tout de suite, en cette épopée, le merveilleux vient se mêler à l'action, on marche sur les eaux :

Mais qui croirait la façon neuve
Dont vous courûtes notre fleuve
Et vous marchâtes sur les eaux
Sans bacs, sans barques et sans bateaux.

On a trouvé plus commode d'utiliser la voie du fleuve, la plus facile à suivre et d'ailleurs encore la seule route du pays en 1666. On marche sur les eaux, chante le poète : en ce mois de janvier, le plus dur de l'hiver, le froid fait des merveilles...

Cette dureté de la saison, on l'éprouve dès cette première étape, Québec-Sillery :

> Aucuns criaient : «Il fait grand froid»;
> D'autres disaient avec courage :
> «Il fait si grand froid que j'enrage».
> Quelques-uns, prenant à deux mains,
> Ce que cachent tous les humains,
> Malgré leur généreuse envie,
> Pensèrent perdre la vie

En perdant ce que nous appelons aujourd'hui pudiquement «les bijoux de famille». Le poète revient là-dessus dans une note pour expliquer que le nordet est un vent très froid l'hiver et qu'il gèle «même les parties honteuses si elles ne sont bien couvertes».

> Ils en furent tous étonnés,
> L'un croyait n'avoir plus de nez,
> L'autre, sentant flétrir sa joue,
> Ne songeait pas à faire moue.
> Enfin, presque tous estropiés,
> D'oreilles, de mains ou des pieds...

Ils franchirent donc cette étape par un vent «froid et contraire», c'est-à-dire «par vent devant».

Ce n'est qu'une première étape, et de seulement cinq petits kilomètres dans un pays habité. Le lendemain, on affronte le vaste désert entre Sillery et, à plus de 100 kilomètres de là, l'établissement dit Champlain, en amont des Trois-Rivières. Dans l'intervalle, nous rappelle le poète, on ne trouve à se loger qu'à l'abri d'une souche... on couche à la belle étoile. Après quelques jours de marche, nous voici tout de même chez le seigneur de Champlain, Étienne Pézard de Latousche :

> Et chacun trouva son abri,
> Plus gaillard et sain qu'un cabri.
> Ce ne fut pas près d'une souche,
> Mais un bon logis chez La Touche
> Où vous pûtes mettre à raison
> Les rigueurs de cette saison.

« Chacun trouva son abri », voyons bien les limites de l'hospitalité : il n'y a place dans le manoir que pour un petit groupe d'invités, celui des haut gradés ; les autres se mettent encore à l'abri « près d'une souche ». En tout cas,

> Ce gentilhomme eut bonne grâce
> À vous régaler de sa tasse.

Il faut repartir dès le lendemain, toujours sur la glace du fleuve, jusqu'au Cap-de-la-Madeleine (à quelque cinq kilomètres des Trois-Rivières), où l'on arrive, semble-t-il, par temps plus doux :

> Et ce lieu joli de nature
> Fut un Cap de Bonne Aventure,
> Vos soldats y sont fortunés
> Et s'y refont un peu le nez.

Car, ce 15 janvier, sixième jour depuis le départ, on arrive dans un village où toute la troupe peut enfin se loger. Le lendemain, après la traversée de la rivière Saint-Maurice, on entre dans le bourg des Trois-Rivières :

> Chacun s'y trouve délassé,
> Le pot bout, on emplit l'écuelle.

Surtout, le corps expéditionnaire se grossit de 4 compagnies du Carignan-Salière (soit 80 hommes de plus) et de 45 habitants. Mais il faut bien, de dire le poète, « reprendre chemin », tout ce monde se remet en route pour une étape d'une cinquantaine de kilomètres : route glacée du fleuve et du lac Saint-Pierre, en direction du fort Saurel, sur l'autre rive, jusqu'à l'embouchure de la rivière Richelieu.

Dès le lendemain, écrit la *Relation* jésuite, le froid mit la troupe « plus mal qu'il n'avait fait tous les jours précédents, et l'on fut contraint de reporter plusieurs soldats, dont les uns avaient les jambes coupées par les glaces et les autres les mains ou les bras, ou d'autres parties du corps entièrement gelées ». De plus, le fort de Saurel n'étant pas terminé, il ne put loger tout le monde :

> Fallut y faire des remparts
> De neige et de glaçons épars,
> À l'abri de la belle étoile
> Bâtir maisons d'un peu de toile
> Et se composer des hameaux
> Avec buchettes et rameaux.

Dans ce logis improvisé, « chacun faisait sagamité », c'est-à-dire, se mitonnait une bouillie faite d'eau et de farine de blé d'Inde :

> Et mangeait-on de la bouillie
> Plus enfumée que momie ;
> et puis, l'on dort
> Le dos au froid, le nez au feu
> Et sans vous plaindre de ce jeu
> Charmer votre mélancolie.

«De bon matin», hommes et chiens s'attellent de nouveau:

La traîne glisse sur la neige
Plus froide que dans la Norvège.

On remonte ainsi la rivière Richelieu en s'arrêtant selon les circonstances aux forts dont l'érection avait débuté l'été précédent: l'Assomption, Chambly, Sainte-Thérèse. L'étape la plus importante avait été celle de Chambly, où avait été fixé le rendez-vous général de toutes les troupes, en particulier celles de Montréal, car cet établissement apportait, sous les ordres de Charles Lemoyne, un renfort d'une centaine d'hommes, ces Montréalistes que le poète surnomme «les capots bleus»; comme les habitants du pays, ils sont vêtus, écrit-il, de capots «au haut desquels il y a des capuchons dans lesquels ils mettent leurs têtes pour éviter que le vent ne leur nuise»; ils sont venus rejoindre ceux de Québec et des Trois-Rivières par un chemin qu'ils ont tracé du Saint-Laurent au Richelieu, le premier chemin de longue distance (une vingtaine de kilomètres) à être établi en rase campagne et qui est demeuré sous le nom de chemin de Chambly.

Tout le monde rassemblé, armée de 500 à 600 hommes, on reprend le 28 janvier la montée de la rivière Richelieu sur un autre parcours de plus de 50 kilomètres, en direction des lacs Champlain et Saint-Sacrement, lacs sur la glace desquels, à compter du 30 janvier, il faudra marcher encore quelque 120 kilomètres.

Notre gourmand de poète suspend un moment son sentiment épique à l'occasion d'un repas:

On remplissait un peu sa panse,
Mais honni soit qui mal y pense…

Il s'attarde en particulier et longuement (sur 30 vers) à un festin d'orignal qu'on bouffe en cours de route :

Mais ce fut un pauvre orignac
Qui remplit premier le bissac.
On en fit un peu de cuisine
Et quoiqu'on n'eût point de voisine
Pour accommoder proprement
Ce petit rafraîchissement,
On ne laissa pas à la mode
Qui vous était plus commode
De trancher avec les couteaux
Les meilleurs et tendres morceaux.
À la main, chacun la jambette
Eut bientôt broché sa brochette
Et fait son régal assez bon
Sur la flamme et sur le charbon,
Mais faute de poivre en l'office,
La cendre y courait pour épice,
Et si vous ne laissâtes pas
D'en faire un bien joli repas.
Il y eut matière de rire
Que je ne saurais vous décrire,
Car on voyait ces fiers-à-bras,
Pour nettoyer leurs museaux gras,
Se torcher, au lieu de serviette,
De leur chemise ou chemisette,
Et quelquefois de leur capot
Dont ils frottaient souvent leur pot.

Enfin, en terminant ce banquet :

Pour dessert vivant de fumée
Ou de substance de tabac…

Passé les lacs Champlain et Saint-Sacrement, on approchait du pays des Mohawks… à condition, au sud de ces lacs, d'opter pour la bonne direction. Le poète nous avertit :

Voici le pays ennemi,
Qu'aucun ne soit endormi
Et que l'on marche en diligence
Pour écraser cette engeance.

On comptait sur des chasseurs algonquins pour guider le corps d'armée : ils ne furent pas au rendez-vous. Pour ne pas voir son projet ruiné si près du but, Rémy de Courcelle décide de poursuivre la route sans guides amérindiens. Attention, nous crie le poète :

Cependant prenez garde à vous,
Vous vous allez égarer tous.
Je vois déjà que votre guide,
Quoique assez fier et non timide
Ne tire pas au droit chemin,
Encore qu'il ait boussole en main.
Consultez donc un peu l'oracle
Pour ne trouver aucun obstacle.
On dit que vous avez trop fait,
Qu'on entend chanter un cochet,
Que l'on aperçoit quelque grange,
Que même l'on voit la vidange
D'un peuple qui vit avec soin,
Encore quelque mulot de foin,
Et qu'il y a grande apparence
Que ce sont alliés de France,
Les Hollandais, bien fort voisins,
Mais non pas bien fort les cousins
De l'Iroquois votre adversaire.

Résultat aberrant, donc. Au lieu de tirer vers l'ouest pour atteindre à trois jours de marche le pays des Agniers ou Mohawks, on persiste vers le sud et l'on arrive tout près d'un petit village de colons hollandais, dans ce qui était devenu tout récemment la colonie anglaise du New York.

L'information française va tenter de sauver l'honneur. Selon la *Relation* jésuite, Rémy de Courcelle apprit du commandant hollandais que les Mohawks étaient absents de leurs villages et qu'il ne valait plus la peine de pousser l'expédition plus loin, qu'elle avait eu sur l'ennemi l'effet de terreur qu'on avait (selon cette désinformation) voulu seulement produire. Comme si l'on avait mis en marche cette expédition tout juste pour faire peur aux Iroquois.

La *Relation* concède bien quelques pertes chez les Français, au cours de ce qu'elle appelle une poursuite contre les Iroquois, alors qu'il s'agit exactement d'une fuite ; et elle veut laisser croire que la troupe de Rémy de Courcelle détient la maîtrise des lieux, qu'elle se retire seulement «après avoir tué plusieurs sauvages qui paraissaient de temps en temps à l'entrée des forêts pour escarmoucher avec les nôtres». Le poète se moque bien de cette «victorieuse» poursuite ; les Français, écrit-il, rencontrent des Mohawks qui s'étaient cabanés près des Hollandais. Puisqu'on a enfin des Mohawks sous la main, autant en profiter : sus à l'ennemi ! et quel triomphe, nous chante ce moqueur de poète ; on en tue plus de deux, outre une vieille iroquoise :

> En riant on dit la vérité.
> Je dirai donc en liberté
> Que nos gens forçant la cabane,
> Moins forte qu'une tour de ganne[1],
> Des ennemis fiers et hideux
> Il en fut tué plus de deux,
> Et même qu'une vieille femme

---

1. Tour de ganne : tour d'une certaine époque, d'après le nom du baron de Ganne.

Y vomit son sang et son âme.
On pouvait lui faire pardon,
Mais l'âge en refusait le don,
Car la vieillesse décrépite
Craignait moins la mort que la mite.
Afin de ne nous tromper pas,
Nos gens ne s'en contentent pas
Et continuant leur ravage
Dans une autre ils firent carnage
Et rasèrent avec raison
Ceux de dedans et la maison
Dont une femme étant blessée,
Ne pouvant marcher, fut percée.
Ces cabanes ou ces paniers
Vous donnèrent des prisonniers
Et quelques femmes prisonnières
Plus affreuses que des mégères.

Moins comique et moins triomphal, un rapport issu des autorités anglaises du New York. Selon cette version, la troupe française d'invasion rencontre un parti de guerre iroquois, celui-ci simule la retraite; 60 Français se lancent alors à sa poursuite et tombent dans une embuscade de 200 Mohawks qui leur tuent 11 hommes et en blessent d'autres. Les survivants des Français se retirent. Les Mohawks victorieux, qui n'ont perdu que trois des leurs, s'en retournent avec les têtes de quatre Français.

Les autorités de la colonie anglaise envoient demander des explications à Rémy de Courcelle sur ces attaques; le gouverneur répond qu'il n'en voulait qu'aux Mohawks et nullement aux Hollandais. Ceux-ci acceptent de lui vendre des provisions et de faire soigner chez eux sept blessés. Puis, les Français font semblant de se diriger vers le pays des Mohawks, mais ne pouvant plus rien faire de ce côté, rebroussent chemin et s'en retournent vers le lac Champlain :

Les Agniers ayant fait retraite,
Vous délogeâtes sans trompette.

Mais pour refaire la route du retour, il fallait aussi manger ; donc, retrouver ces vivres qu'on avait laissés dans un dépôt secret :

Vous marchiez cherchant le secours
De cette cache fortunée.

Hélas ! quelqu'un s'en était emparé :

Mais elle était bien détournée
Et le chemin étant bien fini,
Vous ne trouvâtes que le nid.
Un quidam, plus vite qu'un barbe
S'en était donné par la barbe.
Vous en fîtes moins d'un repas
Et ce jeu-là ne vous plut pas.
De cette façon ménagère,
Votre marche en fut plus légère.

Il fallut donc jeûner jusqu'à ce qu'on fît rencontre d'Algonquins qui revenaient de leurs chasses : ils fournirent aux soldats «à suffisance de viande pour les empêcher de mourir», sinon, assure le colonel du régiment, on n'en sauvait pas un seul. C'est ainsi qu'avec bien des misères, les membres de l'expédition purent rejoindre les forts du Richelieu. Il leur restait ensuite à retourner, les uns à Montréal, les autres aux Trois-Rivières et, pour le gros de la troupe, à l'endroit le plus éloigné, Québec, où ils revinrent à la mi-mars, après cette randonnée de 1000 kilomètres en plein hiver, raquettes aux pieds et sac au dos.

Retour sans gloire. Au cours de cette expédition, on n'avait pas, faute de guides, trouvé le pays des Mohawks : on avait plutôt abouti dans une autre colonie européenne ; on revenait après s'être fait tuer six Français, en avoir eu une soixantaine morts de faim et laissé chez les Hollandais des blessés à soigner. L'entreprise avait tourné au désastre.

On n'osait plus trop se montrer, avoue le poète :

Vous vous cachiez comme un momon

c'est-à-dire comme quelqu'un qui cherche à se déguiser,

Mais les enfants dans leur sermon,
Criant tout haut votre venue,
Elle nous fut bientôt connue.

Le *Journal* que tient le supérieur des Jésuites et que l'on ne destine pas à publication, avoue une retraite précipitée et la fin tragique de l'expédition, mais la *Relation* jésuite, rédigée pour le public, s'efforce d'atténuer les mauvaises nouvelles : elle parle d'un retour « après avoir tué plusieurs Sauvages », elle reconnaît la perte de quelques-uns des nôtres, mais « en poursuivant les Iroquois ». Et, pour notre poète, toujours moqueur, tout finit à Québec par un chant d'action de grâces :

Et le *Te Deum* fut chanté,
Comme vous l'aviez mérité.

Bon courtisan, Chartier de Lotbinière termine son chant épique en adressant à Rémy de Courcelle un compliment de forte enflure, 10 vers qu'il rédige en alexandrins, plus solennels que l'octosyllabe :

Après ces beaux exploits et ces travaux guerriers,
Grand Courcelle, admirant l'objet de vos lauriers,
En sérieux je dirai que les peines d'Hercule,
Que celles d'Alexandre et d'Auguste et de Jules
Ont eu beaucoup d'éclat, mais leur ont moins coûté ;
Qu'après tant d'accidents n'étant point rebuté,
La victoire vous doit ce qu'elle a de plus rare,
Puisque vos actions, en domptant ce barbare,
Ont eu pour fondement au sortir de ce lieu
Le service du prince et la gloire de Dieu.

Or, en fait, ce n'est nullement cette expédition ratée qui a «dompté» l'Iroquois, mais celle de l'automne suivant, lorsque toute l'armée de la colonie envahit et dévasta sans opposition le pays des Mohawks. Quant à la comparaison avec Alexandre, Auguste et Jules César, elle peut aussi bien s'interpréter comme une cruelle moquerie. Et nous ne voyons pas en quoi Dieu ou le roi ont tiré profit de l'aventure, mais dans ce dernier vers, «Le service du prince et la gloire de Dieu», on avait un alexandrin tout à fait digne de clore une épopée.

Notes bibliographiques

Pour les circonstances de cette entreprise militaire, voir *La Seigneurie de la Compagnie des Indes occidentales, 1663-1674*, tome IV de notre *Histoire de la Nouvelle-France*, p. 167-231. Sur le régiment de Carignan-Salière : Benjamin Sulte, *Le Régiment de Carignan* (Montréal, G. Ducharme, 1922) ; J. Verney, *The Good Regiment. The Carignan-Salières Regiment in Canada, 1665-1668* (Montréal et Kingston, McGill-Queen's University Press, 1992). Le poème épique de Chartier de Lotbinière a été publié dans *Les textes poétiques du Canada français, 1606-1867*, vol. I (Montréal, Fides, 1987).

IV

L'histoire falsifiée :
les revendications des Mohawks

À MESURE QU'ELLES PROGRESSENT vers leurs centenaires, les nations, comme des individus qui vieillissent, ont tendance à ne plus voir leur passé qu'à travers la buée d'un souvenir plus ou moins fidèle.

Dans leur recherche du passé, les Amérindiens du Québec ont eux aussi, comme les Québécois, cultivé certains mythes. Nos Mohawks ont imaginé qu'ils avaient jadis occupé les rives du Saint-Laurent : ils ont donc revendiqué des droits qualifiés d'ancestraux sur le territoire du Québec. Il y avait là plus de rêve que de réalité.

Qui dit *Mohawks* (jadis appelés *Agniers*) doit se remettre en mémoire un point important d'histoire : les premiers à s'établir au Québec, sur la rive sud du Saint-Laurent, y sont arrivés à partir de 1668, quittant leurs congénères mohawks de la vallée du fleuve Hudson dans ce qui est aujourd'hui l'État de New York, pour, dit-on, pratiquer ici plus à l'aise leur religion chrétienne.

Avant d'examiner le fondement de ces revendications territoriales, situons ces Mohawks en regard des autres Amérindiens, nous limitant d'abord aux seuls

Autochtones du Québec et en répartissant ces derniers comme autrefois en deux grandes familles selon le mode de civilisation et l'origine linguistique : les Algonquiens (dits aussi *Algiques*) et les Iroquoiens.

Sous le nom d'Algonquiens, on groupait des Amérindiens qui, parlant des langues issues d'un même tronc, habitaient des tentes unifamiliales en forme de pyramides, ce qui leur permettait de se déplacer plus librement à l'intérieur d'un territoire plus ou moins vaste ; ils vivaient de chasse, de pêche et de cueillette sans travailler la terre ; nomades, donc.

Les membres de cette famille constituent la très grande majorité des Amérindiens du Québec. D'abord en Gaspésie, les *Micmacs*, environ 2600, dont 40 % parlent encore le micmac, mais pour une bonne moitié des enfants, ce n'est plus la langue maternelle. Sur la côte nord du golfe du Saint-Laurent, les *Naskapis*, environ 400, qui parlent encore le naskapi. De là, en allant vers la baie de James, les *Montagnais*, plus de 8000, tous de langue montagnaise. À l'ouest, les *Cris* (les Cristinaux de jadis) de la baie de James, environ 8500, qui parlent le cri. En descendant vers le sud, dans les hauts de la rivière des Outaouais, les *Algonquins*, environ 4000, dont moins des deux tiers ont conservé leur langue. Dans les hauteurs de la rivière Saint-Maurice, les *Attikamewks*, quelque 3200, qui parlent toujours l'attikamègue. Enfin, sur la rive sud du Saint-Laurent, vis-à-vis des Trois-Rivières, les *Abénaquis* des rivières Bécancour et Saint-François, peut-être 800, dont seule une poignée connaissent encore la langue abénaquise. En tout, 27 500 Amérindiens d'origine algonquienne, les 74,4 % des Amérindiens du Québec.

L'autre famille amérindienne, les Iroquoiens, était d'un autre tronc linguistique et d'une autre civilisation : habitant la longue cabane multifamiliale, à la fois cultivateurs et chasseurs, on les qualifiait de sédentaires parce qu'ils se fixaient dans une région donnée.

De cette famille iroquoienne, dont diverses tribus habitaient autour du lac Ontario et que l'on appelait *Iroquois*, étaient arrivés au Québec, depuis 1650, les Hurons ou Wendake à la recherche d'un refuge contre le groupe des Cinq-Nations, leurs congénères et voisins. Après divers essais, ils se sont établis à la Nouvelle-Lorette, à quelques kilomètres au nord de Québec. Ils sont aujourd'hui environ 200, ne parlant plus le huron (on a cessé de le parler au début du XXe siècle). Un rapport du gouvernement en 1843 affirmait déjà qu'il n'y avait plus un seul Huron, voulant dire un «vrai Huron» non métissé ; aujourd'hui, il n'est pas toujours facile de distinguer descendant de Huron et descendant d'Européen.

Puis, il y a trois groupes d'origine iroquoienne qui se disent *Mohawks* : sur le lac des Deux-Montagnes, au nord de Montréal, à Oka appelé Kahnesatake, une population d'environ 900 ; sur la rive sud du Saint-Laurent, en face des rapides de Lachine, à Caughnawaga devenu Kahnawake, quelque 6000 Amérindiens ; enfin, aux confins du Québec, de l'Ontario et de New York, à Saint-Régis changé en Akwesasne, environ 3600. Ces trois groupes de Mohawks forment un total de 10 500 ; le tiers peut-être utilisant encore le mohawk comme langue maternelle, mais les moins de 30 ans ne le parlant plus.

Notons enfin que parmi les Amérindiens ici énumérés comme habitant le Québec (Micmacs, Naskapis,

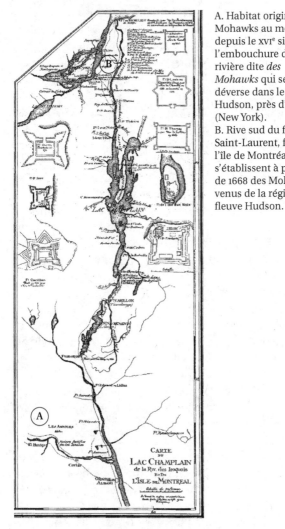

A. Habitat originel des Mohawks au moins depuis le XVIe siècle à l'embouchure de la rivière dite *des Mohawks* qui se déverse dans le fleuve Hudson, près d'Albany (New York).
B. Rive sud du fleuve Saint-Laurent, face à l'île de Montréal, où s'établissent à partir de 1668 des Mohawks venus de la région du fleuve Hudson.

Illustration 4.1 : Le lac Champlain et la rivière des Iroquois, 1762.

Montagnais, Cris, Algonquins, Attikamewks, Abénaquis, Hurons et Mohawks), seuls les Abénaquis, les Hurons et les Mohawks ne sont pas des Autochtones du Québec ou, en d'autres termes, du Canada du Régime français : les Hurons chassés des Grands Lacs par les Iroquois et arrivés à compter de 1650 ; les Mohawks qui ont migré au Québec depuis 1668 ; les Abénaquis venus des côtes de l'Atlantique vers la fin du XVIIe siècle.

Nos Mohawks sont donc comme nous des descendants d'immigrants. Leur histoire québécoise commence comme la nôtre au XVIIe siècle. Leur point d'arrivée se situe sur la rive sud du Saint-Laurent, en ce coin de terre qui fait face aux rapides de Lachine et s'appelle *La Prairie de la Madeleine*. Aucune nation amérindienne n'habitait alors cette région ; aucune, semble-t-il, n'y demeurait non plus du temps de Jacques Cartier, au XVIe siècle. Quand les Français explorent cette rive sud en 1642-1643, c'est une terre inhabitée, d'où leur premier projet d'en faire un « lieu de refuge » pour les Algonquins et autres Amérindiens. Et quand les Jésuites installent leurs premiers colons dans ce même lieu devenu leur seigneurie, il n'y a toujours pas d'Amérindiens. Ni l'histoire ni l'archéologie n'y ont trouvé trace d'une occupation antérieure à celle des Français.

C'est donc en l'automne 1668 que des Amérindiens arrivent du pays des Mohawks près du fleuve Hudson (dans ce qui était New York) et se fixent à La Prairie. Ils se transportaient ainsi, au-delà de la chaîne des Alléghanis, à quelque 350 kilomètres de leur lieu d'origine.

Une vingtaine de familles s'installent d'abord. En 1671, s'y produit déjà, notent les *Relations* des Jésuites, un «grand concours de peuples sauvages qui y abordent de toutes parts». La migration importante s'opère surtout dans les années 1672-1674. En 1676, il y aurait une population de 300 Iroquois et, cette même année, les Jésuites décident de les séparer des Français, en les établissant en amont des rapides, dans la mission dite Saint-François-Xavier. Pour ces Iroquois, elle porte le nom de *Kahnawake*, qui signifie *près des rapides,* celui-là même du lieu originaire des Mohawks, en amont de la rivière des Mohawks, elle aussi marquée de rapides.

L'importance de cette mission amène les autorités françaises à concéder aux Jésuites une seconde seigneurie en amont de la première : c'est en 1680 la seigneurie du Sault-Saint-Louis. Cette nouvelle concession contient une clause particulière : la seigneurie n'est pas accordée en simple don aux Jésuites, mais pour y «retirer les Iroquois et autres Sauvages» aux fins de leur conversion et instruction. L'acte précise que si les Amérindiens venaient à quitter ces lieux, la seigneurie retournerait au roi.

Les Jésuites ne sont donc pas ici les vrais propriétaires, puisque la terre leur est accordée au profit des Amérindiens, et ceux-ci n'en sont pas non plus les propriétaires au sens absolu, ils n'en sont que les usufruitiers sous la dépendance des Jésuites. L'État n'a pas voulu, semble-t-il, renouveler l'expérience de Sillery, dont les Amérindiens chrétiens avaient été les seigneurs en titre et s'en étaient retirés tout à fait une quarantaine d'années plus tard.

À l'intérieur de cette seigneurie, où ces Mohawks en 1668 ne sont, à vrai dire, que des réfugiés, la population amérindienne va continuer de croître en nombre : de 600 en 1711, elle est d'un peu plus de 1000 à la fin du Régime français. Mais de qui est-elle encore composée?

Ces Amérindiens, qui se qualifient d'Agniers ou Mohawks, sont-ils encore en 1760 un groupe vraiment mohawk? ou même un groupe rigoureusement iroquois?

Déjà, dans l'Iroquoisie des Cinq-Nations, au sud du lac Ontario, il y avait mélange de diverses nations. Les *Relations* des Jésuites exagèrent-elles en affirmant que, pour repeupler leurs rangs dévastés par les guerres et les maladies, les Iroquois ont intégré diverses nations amérindiennes? Selon ces *Relations*, les Onontagués (l'une de ces Cinq-Nations), comptant «plus d'étrangers que de naturels du pays», auraient reçu chez eux sept nations différentes. Les Tsonnontouans, autre nation de l'Iroquoisie, en auraient accepté jusqu'à 11. Les *Relations* affirment encore: «Qui ferait la supputation des francs Iroquois, aurait de la peine d'en trouver plus de douze cents en toutes les cinq nations, parce que le plus grand nombre n'est composé que d'un ramas de divers peuples qu'ils ont conquis.»

Dans ces conditions, on peut se demander si les Mohawks de Kahnawake sont de «francs Iroquois», selon l'expression des *Relations*, ou selon une expression populaire actuelle, des «Iroquois pure laine».

En effet, selon les *Relations*, les premiers Iroquois à venir s'établir à La Prairie de la Madeleine sont déjà de différentes langues. En 1672, on y décrit une colonie amérindienne composée d'Iroquois et de Hurons, et le missionnaire, exagérant peut-être, y compte jusqu'à 22 nations. En tout cas, il énumère Algonquins, Montagnais, Népissingues, Outaouais, Hurons, Iroquois, Loups, Mahingans, Socokis. Certes, dès les débuts et par la suite, c'est la langue iroquoise qui prévaut, sans que l'on sache de quelle langue iroquoise il s'agit, car il n'y avait pas partout uniformité linguistique. C'est aussi une civilisation iroquoise qui se met en place, mais sans qu'on sache là encore quelle civilisation iroquoise : celle des Mohawks de l'Hudson, celle des Onontagués chez qui se trouvait la capitale des Cinq-Nations, ou celle des Onneyouts ? Car chaque nation iroquoise avait ses mœurs particulières, ses coutumes, sa mentalité.

À ce brassage de populations, il faut ajouter le métissage. L'ingénieur Franquet, qui visite Kahnawake par deux fois en 1752, écrit : « Il y a parmi eux plusieurs bâtards français et beaucoup d'enfants anglais faits prisonniers en la dernière guerre et qu'ils ont adoptés. Ces enfants sont élevés avec les façons et les inclinations sauvages. » Ce métissage va s'accélérer en raison des relations continues avec les Français et les Anglais, comme le laissent croire tous ces noms de famille, en particulier anglais, que l'on relève aujourd'hui chez les Mohawks.

C'est pourquoi, lorsque ces mêmes Mohawks font grand état de ce qu'ils appellent leurs traditions ou leur culture, on est en droit de se demander jusqu'à quel point tout cela est vraiment mohawk ou même vraiment iroquois.

Qu'ils ne s'offusquent pas de ces questions : on les pose pour toute société en voie d'évolution. Nous les posons sur nous-mêmes, Canadiens francophones, depuis l'arrivée au Québec d'immigrants de toutes origines : Britanniques, loyalistes migrés des États-Unis, Irlandais (ceux-ci venus de façon massive), Écossais, Italiens, Allemands et tant d'autres, même Asiatiques.

Nous ne pouvons plus prétendre que notre culture et nos traditions sont toutes conformes à nos origines françaises. De même, les Mohawks doivent reconnaître chez eux le mélange et le métissage qui en font un groupe humain guère semblable à celui qu'ils formaient au xviie siècle.

Ce que nous disons de leur établissement du Sault-Saint-Louis, on doit le dire aussi des Mohawks du lac des Deux-Montagnes, un lieu appelé jusqu'à nos jours *Oka* (nom algonquin qui révèle bien le mélange culturel qui s'y est produit) et changé récemment en l'iroquois *Kahnesatake*.

Son histoire commence à Montréal, au pied du mont Royal, où quelques Hurons étaient venus des Grands Lacs trouver refuge. Les Sulpiciens en font une mission en 1677 et y accueillent «des Iroquois, des Hurons, des Loups, des Algonquins». On déménage ensuite cette mission au Sault-au-Récollet, sur les bords de la rivière des Prairies, puis, au début du xviiie siècle, en ramassant les Algonquins et les Népissingues de l'extrémité ouest de l'île de Montréal, on regroupe tout ce monde disparate au lac des Deux-Montagnes.

Cet établissement fait suite à la concession en seigneurie faite aux Sulpiciens en 1717. Le but de cette concession par le roi: y aménager une mission amérindienne. Alors que la seigneurie du Sault-Saint-Louis avait été accordée aux Jésuites seulement en usufruit et à la condition expresse que la terre soit destinée aux «Iroquois et autres Sauvages», la seigneurie du lac des Deux-Montagnes est donnée aux Sulpiciens en toute propriété; ils sont seulement tenus d'y installer des Amérindiens (le texte de concession ne parlant nullement

Illustration 4.2: Les seigneuries
des Mohawks, 1763
A. Sault-Saint-Louis, sur la rive
sud, en face de Montréal
B. Lac des Deux-Montagnes, au
nord de Montréal

d'exclure les Français), d'y bâtir un fort de pierre et une église. Donc, des Amérindiens une fois établis, fort et église construits, les Sulpiciens sont maîtres de faire de leur seigneurie ce qu'ils voudront, comme de concéder des terres de préférence aux Français plutôt qu'aux Amérindiens s'ils y voient un avantage.

Nous touchons le nœud du drame qui, depuis le XVIIIᵉ siècle, secoue de ses violences l'histoire d'Oka, comme l'a démontré Gilles Boileau dans son livre *Le silence des Messieurs*. La démonstration est probante : dans l'esprit des autorités françaises, cette seigneurie était manifestement accordée aux Sulpiciens pour le bénéfice des Amérindiens, mais le texte même de l'acte de concession en fait la propriété des Sulpiciens. La seigneurie s'est trouvée largement peuplée de Français. Les Mohawks de Kahnesatake, malgré la lettre du texte de la concession de 1717, continuent cependant de réclamer toutes les terres de la seigneurie pour leur usage exclusif.

Pourtant, lors de son aménagement, cette mission du lac des Deux-Montagnes comprend des Iroquois, des Hurons, des Loups, des Algonquins et des Népissingues. En 1752, selon l'ingénieur Franquet, outre les Français, il y a là, d'une part, des Algonquins et des Népissingues (donc, de civilisation algonquienne) qui comptent pour une moitié de la population ; d'autre part, des Iroquois qui constituent l'autre moitié, chacun des deux groupes formant un village distinct. Pour diverses raisons, Algonquins et Népissingues iront bientôt s'établir hors de cette seigneurie. Au milieu du XIXᵉ siècle, la mission d'Oka devient en majorité iroquoise comme elle l'est encore aujourd'hui. Étant donné le métissage biologique et culturel qui s'est produit entre les Blancs (francophones ou anglophones) et ces Amérindiens, on peut se demander à nouveau dans quelle mesure ceux qui se disent Mohawks sont vraiment mohawks ou même vraiment iroquois.

D'autres Mohawks ont fait parler d'eux, ceux d'Akwesasne ou Saint-Régis, dont le territoire fait partie à la fois du Québec, de l'Ontario et de New York. Ils formaient à l'origine une autre mission des Sulpiciens, de nature fort composite, une partie venant de Kahnawake et de Kahnesatake. Ces Mohawks d'Akwesasne n'occupent pas une terre qu'ils pourraient revendiquer comme domaine ancestral antérieur à l'arrivée des Français. Ce n'est pas non plus une terre qui aurait fait l'objet d'une concession en seigneurie : elle est terre qui a toujours relevé de la Couronne. Ces Mohawks sont plutôt aux marges de notre problème. Nous nous en tiendrons donc ici aux deux groupes proprement québécois : Kahnawake et Kahnesatake, qui revendiquent aujourd'hui des droits ancestraux sur une large partie de la vallée du Saint-Laurent, en se réclamant de ces mêmes Iroquoiens qui occupaient cette vallée avant la venue de Cartier en 1535.

On sait de façon certaine que les Amérindiens rencontrés alors par Cartier à Stadaconé (Québec) et à Hochelaga (Montréal) étaient de civilisation iroquoienne. Ils habitaient le Saint-Laurent depuis au moins l'île d'Orléans jusqu'à Montréal, formant diverses petites nations, plus ou moins indépendantes les unes des autres. Or, quand les Français reviennent dans le Saint-Laurent une cinquantaine d'années plus tard, ces Iroquoiens ont disparu des rives du fleuve dans des circonstances demeurées inconnues.

Que sont-ils devenus? Ont-ils été éliminés par les Algonquiens qui occupent ensuite les lieux? Ont-ils rejoint leurs congénères sur les Grands Lacs en fusionnant avec l'une des autres nations iroquoiennes? Avant de tenter de s'identifier aux Iroquoiens que Cartier a rencontrés dans le Saint-Laurent en 1535, les Mohawks doivent se remémorer la situation des Iroquoiens lors du retour des Français, c'est-à-dire à la charnière des XVIe et XVIIe siècles.

Où sont alors les Amérindiens de civilisation iroquoienne? Pour les retrouver, il faut aller plus à l'intérieur du continent. D'abord, sur la rive sud du lac Ontario, la Confédération des Cinq-Nations, comprenant, en allant d'est en ouest, les Onneyouts (ou Oneidas), dans un habitat qui correspondrait aujourd'hui à l'espace entre les villes actuelles de Rome et de Syracuse; les Onontagués (ou Onondagas), dans la région de l'actuelle Syracuse; les Goyogouins (ou Cayugas), au sud de l'actuelle Auburn; les Tsonnontouans (ou Senecas) au sud-est de Rochester; puis, en retrait, au sud-est de ces nations iroquoises, les Mohawks (ou Agniers) sur la Mohawk River qui se déverse dans le fleuve Hudson, à quelque 50 kilomètres en aval de leur lieu d'habitation appelé Kahnawake.

Plus en amont de la Confédération dite des Cinq-Nations, sont établis les Neutres dans la région du Niagara; au sud du lac Érié, les Ériés; à l'est du lac Huron, les Pétuns et les Hurons. Ces Neutres, Ériés, Pétuns et Hurons sont tous de civilisation iroquoienne.

Dans ce tableau de la famille iroquoienne du début du XVIIe siècle, les Mohawks qui se réclament des Iroquoiens qu'a rencontrés Cartier en 1535 se heurtent à une grande difficulté. Comme l'a démontré l'historien Grassmann dans son livre *The Mohawk Indian and Their Valley*, des fouilles archéologiques, pratiquées de 1950 à 1956, ont prouvé qu'à l'époque de Cartier, du temps même que les Iroquoiens recevaient l'explorateur malouin, la nation mohawk était bien sur les bords de cette Mohawk River, près du fleuve Hudson, dans le New York d'aujourd'hui.

Elle est donc dans cet habitat au cours du XVIe siècle, elle y est encore dans le premier quart du XVIIe. La plus ancienne carte à porter le toponyme Mohawk (sous la forme Maquaas) est une carte hollandaise de 1614, situant ces Mohawks près des rives de l'Hudson. D'autres cartes postérieures, mais toujours antérieures à la migration des premiers Mohawks en direction du Saint-Laurent, situent encore cette nation au même endroit : une carte hollandaise de 1656, celle de Du Creux en 1660 ainsi qu'une carte des *Relations* des Jésuites en 1664-1665. Et à l'époque où des Mohawks continuent de migrer au Sault-Saint-Louis, leur nation d'origine se maintient près du fleuve Hudson, ce que prouvent encore des cartes dont celles de Franquelin en 1688, de Lahontan en 1703, de l'ingénieur Franquet en 1752 et de Popple en 1775. Ces cartes montrent que la majorité de la nation des Mohawks se situe constamment près du fleuve Hudson. Il faut distinguer, par conséquent, le petit nombre de Mohawks venus se réfugier sur les bords du Saint-Laurent et y fusionner avec les divers Amérindiens qui les rejoignent.

C'est pourquoi, lorsque sous le Régime français les Mohawks veulent s'attaquer à la colonie laurentienne, ils ne viennent pas du lac Ontario : ils rejoignent plutôt le fleuve Hudson, près de leur habitat, le remontent jusqu'au lac Saint-Sacrement, traversent le lac Champlain en direction du nord et descendent ensuite la rivière Richelieu, qui d'ailleurs porte le nom de rivière des Iroquois. Et lorsque les Français veulent porter la guerre dans le pays des Agniers, ils ne passent pas non plus par le lac Ontario : ils remontent le Richelieu et le lac Champlain pour rejoindre le fleuve Hudson et le pays des Mohawks. De plus, quand les Agniers qualifient leur pays de «porte d'entrée» de l'Iroquoisie, c'est que, situés à proximité des Hollandais et des Anglais de New York, ils se trouvent véritablement à la porte d'entrée de l'Iroquoisie pour le commerce des fourrures avec ces Européens.

Or, en se prétendant aujourd'hui les descendants des Iroquoiens rencontrés par Cartier, sans que les études les plus poussées aient pu établir un lien entre nos Mohawks et ces Iroquoiens, la nation des Mohawks a voulu revendiquer des droits ancestraux sur les terres du Québec. Ils ont invoqué l'exercice de ces droits ancestraux dans l'exploitation de territoires de chasse. Encore sur ce point, l'histoire ne parvient pas à leur donner raison.

C'est un fait avéré que les nations iroquoises sortaient régulièrement de leur habitat pour aller au loin faire leurs chasses, mais encore faut-il distinguer sur quels territoires, car ces nations ne fréquentaient pas toutes les mêmes régions. C'est ainsi que vers 1650, lorsqu'ils eurent éliminé leurs concurrents pourtant congénères (Hurons, Pétuns et Neutres) de même que plusieurs nations algonquiennes, les Iroquois des rives du lac Ontario purent se réserver d'immenses territoires de chasse au nord et à l'est des Grands Lacs.

Ce n'était pas le cas des Mohawks. Chaque nation iroquoise ayant son territoire à peu près exclusif, les Mohawks situés dans les environs du fleuve Hudson avaient aussi leur territoire propre et pour ainsi dire à leur portée: la région du lac Champlain. Certes, ils envahissaient régulièrement le pays du Saint-Laurent, mais chaque fois pour défendre cette région du lac Champlain que Montagnais, Algonquins et Français avaient l'habitude d'envahir pour y faire eux aussi la cueillette de fourrures.

Ces invasions se poursuivirent en 1603 lorsque les Algonquiens (Montagnais et Algonquins) demandèrent le concours des Français lors de la rencontre à Tadoussac, que Champlain leur accorde par son expédition de 1609 sur le lac auquel il donne son nom. C'est de ce côté que se feront pendant des années les premières guerres franco-iroquoises amenant la construction d'une série de forts sur le Richelieu.

Que cette région du lac Champlain, riche en chevreuils et en castors, soit le territoire de chasse que les Mohawks entendent bien se réserver est confirmé par les nations amérindiennes, dont celle-là même des Mohawks, dans le traité de paix de 1701, qui est d'abord un règlement général entre les nations du nord-est de l'Amérique. Un article délimite ce territoire de chasse des Mohawks avec certaines précisions qui nous aident à le situer géographiquement. Certes, l'interprétation n'en est pas aisée, mais la compréhension nous en est facilitée par la description qu'en a laissée un haut responsable de cette époque, l'ex-gouverneur du Massachusetts, Thomas Pownall, dans son ouvrage de 1765, *The Administration of the Colonies,* description que nous pouvons suivre grâce à une carte de Lewis Evans dressée en 1755.

De la lecture de cet article, nous retenons les points qui importent ici. Le lac Champlain est le territoire traditionnel de chasse des Mohawks, sans toutefois comprendre l'ensemble de la région. Sa frontière nord correspond en théorie à une ligne qui passe à la hauteur de ce qui sera Crown Point (dans New York), à plus d'une centaine de kilomètres au sud du lieu où ce lac se déverse dans le Richelieu. Toujours limité au nord par la même ligne, le territoire s'étend vers l'ouest jusqu'au haut Saint-Laurent, non loin de l'embouchure du lac Ontario. Dans la pratique, évidemment, les chasseurs ne devaient pas s'en tenir d'une manière bien rigoureuse à ces limites théoriques, mais si l'on cherche à fonder des droits, il faut tenir compte du document officiel qui peut les établir.

Territoire de chasse donc fort étendu. Et inhabité par les Européens, à l'exception de quelques forts que Français et Anglais mettent en place ; et fréquenté seulement par les chasseurs amérindiens. Inhabité encore en 1749 quand le naturaliste Kalm le parcourt en partie à pied et en partie en canot de New York vers le Saint-Laurent ; de même à son retour, du Saint-Laurent vers New York. C'est une région toujours inhabitée selon la description qu'en fait en 1764 l'ex-gouverneur Pownall.

Comme l'établit le traité amérindien de 1701, ce territoire est bien loin de faire partie du territoire actuel du Québec, l'un étant distant de l'autre par plus d'une centaine de kilomètres. De sorte que l'Anglais J. Long peut écrire avec raison en 1791, dans ses *Voyages and Travels,* que le territoire de chasse des Mohawks du Sault-Saint-Louis est à l'intérieur des États-Unis.

Les Mohawks ne peuvent revendiquer des droits en se fondant sur leur territoire de chasse : il leur faut plutôt tenter de les faire valoir auprès de New York. Sur ce point comme sur le lien qu'ils tentent d'établir avec les Iroquoiens de Cartier, les Mohawks font encore erreur : ils ne peuvent, contre le Québec, invoquer des droits ancestraux.

En se réclamant de ces droits, les Mohawks ont cultivé un autre mythe : l'absence chez eux de toute forme d'imposition. Ici encore, les faits démontrent l'inanité de ces revendications.

Le dictionnaire *Robert* définit ainsi l'impôt : « Prélèvement (pécuniaire, de nos jours) que l'État opère sur les ressources des particuliers, afin de subvenir aux charges publiques. » Il précise « pécuniaire, de nos jours », parce que, à certaines époques, cet impôt a pu être en nature. *Mutatis mutandis*, cette définition peut s'appliquer à ce qui a été pratiqué chez les Amérindiens, en y rattachant les tributs imposés ou versés, les droits de passage, les contributions en dédommagement ou à d'autres fins. Qu'il s'agisse d'une perception symbolique ou onéreuse, les Amérindiens ont pratiqué la formule de l'imposition.

Le tribut, cette contribution imposée par le vainqueur au vaincu, par le plus fort au plus faible, par un peuple à un autre en signe de dépendance (selon le dictionnaire cité), a été en usage entre les Amérindiens.

C'est le cas chez les Iroquois. Le jésuite Druillettes écrit dans son *Narré* du voyage qu'il a fait en Nouvelle-Angleterre en 1650 : les Sokokis « sont bien aises de se délivrer du tribut annuel de porcelaine que l'Iroquois exige ».

Par ailleurs, les Iroquois eux-mêmes ont déjà eu à payer un tribut, et il s'agit bien ici des Mohawks. Se fondant sur des sources hollandaises, l'historien Delâge affirme, dans son livre *Le pays renversé*, que les Iroquois se sont d'abord vu imposer par les Mahicans «un fort tribut pour le droit d'accès à la traite du fort Orange». Ils ne se libérèrent de cette obligation qu'en 1624.

Les Hurons aussi, de famille iroquoienne, acquittaient à l'égard des Algonquins un droit de passage lorsqu'ils descendaient la rivière des Outaouais. Les Hurons reconnaissaient, au dire des *Relations* des Jésuites, que «la rivière n'était pas à eux». Ces Algonquins, affirme encore cette source, voudraient bien se réserver tout le commerce. Ils font tout pour «boucher le chemin»: «les présents pour l'ordinaire ouvrent cette porte», mais quand on ne fait que passer aux «marches», c'est-à-dire aux limites de leur pays, on ne paie que «le tribut ordinaire».

Barrières payantes donc qui existent pour des nations iroquoiennes, dont celles de l'Iroquoisie, comme le laisse entendre la *Relation* de 1653-1654 par le jésuite Lemercier qui écrit que les Mohawks, jaloux des Iroquois de l'ouest, ne souffrent pas aisément que ces derniers viennent faire la traite avec les Français parce que ces Iroquois de l'ouest «ne seraient plus contraints de passer par leurs bourgades, à quoi le chemin les oblige quand ils vont porter leurs marchandises aux Hollandais» de New York. Les Mohawks tiennent à conserver leur lucratif droit de passage.

D'autres historiens que nous ont constaté l'existence et l'importance du droit de passage chez les nations amérindiennes. Parmi ceux-ci, l'Américain

George T. Hunt dans son *The Wars of the Iroquois,* le Canadien Bruce G. Trigger dans *Les Indiens. Les fourrures et les Blancs* et Craig Brown dans *Histoire générale du Canada.*

Autre impôt : les présents en compensation. Quand les Amérindiens traitent de paix ou d'affaires entre eux ou avec les Français, ils recourent d'abord aux présents. La réciprocité est alors de loi, les uns devant donner autant de présents que les autres. Tout le monde satisfait, on passe à la discussion. Toutefois, ce n'est pas à ces seuls présents préalables que nous voulons nous arrêter, mais à ceux que des Amérindiens sont tenus de présenter sans en recevoir en échange, et qui tiennent lieu de compensation.

Ainsi, des Hurons, de même civilisation que les Iroquois, ayant assassiné le Français Jacques Douart, il fut convenu, écrit le jésuite Ragueneau en 1647-1648, « qu'on nous satisferait au nom de tout le pays pour ce meurtre arrivé ». Les capitaines de la Huronie offrirent un certain nombre de présents. En 1655, les Iroquois tuent le jésuite Garreau, mais peu après, écrit-on dans les *Relations* et dans le *Journal* des Jésuites, ils offrent des présents en compensation.

D'autres dispositions peuvent être assimilées à une forme d'imposition. Selon le jésuite Chaumonot dans la *Relation* de 1669-1670, les Hurons de la paroisse de Sainte-Foy se soumettent d'eux-mêmes à une contribution en castors pour la décoration de l'église, contribution que le jésuite appelle *dîme,* tout comme s'il s'agissait de la dîme régulière exigée des paroissiens ordinaires.

Les Mohawks du Sault-Saint-Louis (qui deviendra Kahnawake) ont eux aussi accepté cette forme de dîme en contribuant pendant trois ans au soutien de leur église, par des dons en castors. C'est ce qu'ils affirment en Cour en 1762 devant le gouverneur Gage pour faire valoir leurs droits sur cet édifice.

Le pain bénit que les fidèles doivent présenter à tour de rôle lors de la grand-messe paroissiale est en quelque sorte une imposition. Encore ici, le jésuite Chaumonot rapporte qu'à Sainte-Foy, les Hurons, suivis par les Iroquois et les Algonquins de leur groupe, se sont soumis à cette contribution en y ajoutant, au lieu d'argent, « de la porcelaine, qui est la monnaie de leur pays ».

Le bois de chêne que les censitaires d'une seigneurie doivent réserver est une autre imposition obligatoire qu'exige l'État, car il se réserve, en principe pour la construction des vaisseaux, le bois de chêne que l'on rencontre dans une seigneurie. En octobre 1743, l'intendant Hocquart envoie en faire l'examen sur la rive sud du Saint-Laurent, depuis La Prairie de La Madeleine jusqu'au Long-Sault en amont du lac Saint-Louis, donc dans la zone où habitent les Mohawks.

Ces règles de l'imposition auxquelles se soumettent les Iroquois, dont les Mohawks, sont bien secondaires en regard des droits territoriaux que revendiquent ces derniers. Nous ne les signalons qu'en passant, pour montrer à quel point les Mohawks peuvent errer dans certaines prétentions.

N'en rappelons que la plus importante : leurs ancêtres mohawks auraient occupé les rives du Saint-Laurent du temps de Cartier. Selon les preuves de l'archéologie, ces ancêtres mohawks habitaient au XVIe siècle à l'embouchure de la rivière qui se déverse dans le fleuve Hudson, à Albany dans l'État de New York actuel ; et, selon les cartes d'époque, la majorité de cette nation est toujours là durant les xviie et xviiie siècles. Même s'ils étaient de la civilisation de nos Mohawks, il n'est pas établi que les Iroquoiens de Cartier en étaient les ancêtres.

Notes bibliographiques

Sur les Iroquoiens et Cartier, voir Trudel, *Histoire de la Nouvelle-France* (Montréal, Fides, 1963), vol. 1 : *Les vaines tentatives* ; sur les Mohawks au xviie siècle, Thomas Grassmann, *The Mohawk Indians and Their Valley. Being A Chronological Documentary Record to the End of 1693* (New York, Self-Published Fonda, 1969).

Le manuel suivant, en usage chez les Mohawks, est un bon exemple du ton et du caractère excessif de certaines revendications des Mohawks : David Blanchard, *Seven Generations : A History of the Kanienkahaka*, Kahnawake Survival School, Kahnawake, 1980, xxii-548 p.

Sources des illustrations

Illustration 4.1 : Le lac Champlain et la rivière des Iroquois, 1762
   Reconstitution d'une carte moderne d'après une carte réalisée par Franquet en 1752 (Archives du Séminaire de Québec).
Illustration 4.2 : Les seigneuries des Mohawks, 1763
   Marcel Trudel, *Atlas de la Nouvelle-France*, Québec, Presses de l'Université Laval, 1968.

V

« Nulle terre sans seigneur »
Droits et devoirs du régime seigneurial en Nouvelle-France

Jeune, j'ai un temps habité le rang de la Grand'Ligne à Saint-Narcisse-de-Champlain. Le rang de la Grand' Ligne : la ligne de quoi ? On me répondait toujours : « Ça s'appelle comme ça. » Finalement, à l'université, je l'ai découvert : j'avais vécu à la limite de ce qui avait été une seigneurie, celle de Batiscan, naguère propriété des Jésuites. Mais qu'est-ce qu'une seigneurie ? Qu'est-ce qu'un seigneur ? « Nulle terre sans seigneur », « À tout seigneur tout honneur », comme on disait au XVIIe siècle : que veut dire ce langage courant de nos arrière-grands-pères, issu d'un régime dont l'abolition officielle ne date que de 1854, après avoir marqué les Canadiens pendant plus de deux siècles et laissé son empreinte sur notre paysage ?

Il faut d'abord se rappeler cette prémisse : toute terre qui n'est encore possédée par aucun individu ni aucune communauté appartient au roi (nous disons « à la Couronne ») et c'est à lui d'en disposer. Ce qu'il a fait au bénéfice de la Compagnie des Cent-Associés en 1627 : il lui a concédé la Nouvelle-France avec le pouvoir d'en distribuer les terres, nanties de titres d'honneur, à qui elle le jugerait bon.

Le système de répartition du sol que met en place la Compagnie des Cent-Associés reproduit le système féodal d'Europe, ainsi appelé parce que le sol est possédé en fief, ce qui signifie que le titulaire, à titre de vassal, est soumis à un suzerain (le roi ou un autre personnage) par le lien qu'établit un acte dit de «foi et hommage». Système qu'on adopte en Nouvelle-France et appelé seigneurial, le titulaire d'une terre étant dit d'ordinaire seigneur et la terre qui sert de base à son titre, qualifiée de seigneurie.

Nous disons «d'ordinaire» parce qu'il y a divers niveaux de fiefs. D'abord, les fiefs dits de dignité: c'est-à-dire, par ordre décroissant de hiérarchie, le duché, le marquisat, le comté, la vicomté, la baronnie, la châtellenie. De ces fiefs de dignité, nous n'avons eu en Nouvelle-France qu'une châtellenie (celle de Coulonge) et de rares baronnies, dont la baronnie de Longueuil. Les titulaires de ces fiefs de dignité sont de la noblesse. Quant à la seigneurie, qui ne fait pas partie des fiefs de dignité, on peut la détenir avec ou sans noblesse et, doit-on le rappeler à certains descendants de seigneurs, sa possession ne fait pas du titulaire un noble. Autre source de méprise: la terre élevée à la seigneurie est dite fief noble, que le titulaire soit noble ou pas; elle s'oppose au fief roturier, terre qui n'a de qualité que le simple habitant qui l'exploite à l'intérieur d'une seigneurie.

La forme géométrique imposée à la seigneurie est dès l'origine conforme au besoin qu'on a du fleuve, route essentielle de communication. La seigneurie, du moins au premier rang, aura sa façade parallèle au fleuve, donc orientée nord-est sud-ouest comme lui; de plus, elle sera d'une largeur moins importante que sa profondeur afin que plus de seigneuries aient accès à la route d'eau. Cette profondeur se prolongera dans l'arrière-pays selon une orientation nord-ouest sud-est. Ce qui produit la forme de fief la plus répandue : un rectangle plus ou moins étroit, perpendiculaire au fleuve. L'application de cette forme géométrique est visible dès 1641 dans la carte de Jean Bourdon. Elle l'était toujours en 1791, lorsqu'on a tiré les frontières des circonscriptions électorales basées sur les limites des seigneuries.

Des seigneuries ont échappé à cette règle géométrique en raison d'accidents de terrain. Par exemple, de grandes îles, notamment l'île d'Orléans et les îles montérégiennes, la rivière des Outaouais, le cours de la Chaudière, celui du Richelieu et le lac Champlain ont imposé une orientation différente des seigneuries. Certaines ne sont pas des rectangles étroits, mais ont la forme d'un carré, d'un trapèze (Saint-Gabriel, près de Québec), d'un triangle mal dessiné (Bourgmarie, arrière-pays de Sorel), ou reproduisent un dessin informe (Pierreville, dans les profondeurs de Saint-François-du-lac). Mais dans l'ensemble, la géométrie seigneuriale est faite de rectangles plus ou moins étroits qui suivent l'orientation nord-ouest sud-est.

Aux seigneurs, tenus à l'origine pour collaborateurs des Cent-Associés dans l'œuvre de peuplement, on n'a pas concédé une égale superficie. On a tenu compte de la capacité d'exploitation de chacun, du rôle qu'il était appelé à jouer et de son rang social. Les très vastes seigneuries sont rares : la seigneurie de Beaupré, qui couvre la côte de ce nom (75 kilomètres sur 30), l'île d'Orléans, celle de Montréal, la seigneurie de Lauson (30 kilomètres sur 30), les seigneuries du Cap-de-la-Madeleine et de Batiscan qui pénètrent l'une et l'autre jusqu'à 100 kilomètres à l'intérieur des terres. Ces vastes superficies ont été accordées dans la première moitié du XVIIe siècle; à partir de 1695, le roi interdit la concession d'aussi grandes étendues. Assez généralement, on accorde des seigneuries de 2, 4 ou 6 lieues de superficie, soit quelque 5000, 10 000 ou 15 000 hectares, ce qui produit un nombre plus élevé d'entrepreneurs responsables vis-à-vis de l'État.

Au début du peuplement, les seigneuries s'établissent seulement autour des centres d'habitation (Québec, Montréal, Trois-Rivières) et ne couvrent sur la rive nord du Saint-Laurent qu'une superficie restreinte et parsemée. Il reste ainsi de grands vides que les guerres iroquoises ou la faiblesse de l'immigration empêchaient de combler. De 1623 à 1653, on concède 46 seigneuries et de 1653 à 1663, seulement 25. Par après, la Nouvelle-France se réorganise sur des bases nouvelles, les vides se remplissent à un rythme accéléré, en particulier en 1672, alors que l'État concède 46 seigneuries.

L'occupation des deux rives du fleuve est à peu près complète; le couloir du Richelieu, route d'invasion des Iroquois, est désormais peuplé par des seigneurs qui sont d'anciens militaires. La géographie seigneuriale continue de s'étendre: 90 seigneuries de 1673 à 1752; 28 dans les 7 ans qui suivent; au cours de cette période, elle envahit la Beauce et pénètre dans le lac Champlain pour tenter de devancer l'avancée anglaise vers le nord. Dans les 20 dernières années du Régime français, une vingtaine de nouvelles concessions furent octroyées après que l'État eut réuni au domaine du roi certaines seigneuries qui n'avaient pas été exploitées. Au moment de la dernière invasion anglaise en 1759, les seigneuries couvrent d'une façon continue toute la rive nord depuis La Malbaie jusqu'au triangle Vaudreuil-Soulanges inclusivement, et toute la rive sud, de Beauharnois jusqu'à l'actuelle Pointe-au-Père en Gaspésie avec presque tout le pourtour du lac Champlain. À part quelques additions sans grande importance sous le Régime anglais, la géographie seigneuriale cesse de s'étendre.

Quand on voudra progresser dans l'expansion du territoire occupé, il faudra aller au-delà de ce monde seigneurial. On aura alors un autre mode de distribution du sol et, par conséquent, de société, celui du «franc et commun socage», dans les *townships*, appelés Cantons de l'Ouest (région de l'Outaouais), Cantons de l'Est (région de Sherbrooke), les Bois-Francs (région de Victoriaville), sans oublier, bien sûr, le royaume du Saguenay (région du Saguenay-Lac-Saint-Jean).

Pourquoi recourir à des seigneurs? Dans la vaste entreprise qu'est le peuplement français de ce pays neuf, l'État a besoin (au moins au XIXe siècle) de collaborateurs qui recrutent des colons, les fixent sur une portion de sol et leur procurent certains éléments nécessaires comme les voies de communication et le moulin qui transforme leur blé en farine. Ainsi, entre les seigneurs et leurs colons s'établira un tissu de droits et devoirs qui donne à cette féodalité le caractère d'une entraide sociale: ce qu'elle aura moins au siècle suivant quand la société aura dépassé le stade de premier établissement.

Cette collaboration entre l'État et des seigneurs n'est pas le seul fait des personnes que l'État a pourvues d'un fief; elle est aussi l'œuvre de ceux que des seigneurs portent eux-mêmes au rang seigneurial, soit pour multiplier le nombre des collaborateurs à l'entreprise de peuplement, soit pour des raisons de parenté, un titulaire de fief voulant établir près de lui des membres de sa famille. On peut donc avoir dans un fief donné l'arrière-fief, appelé de ce nom sans connotation géographique, car il peut se situer n'importe où dans le fief : il est dit « arrière » parce qu'il relève de ce fief et lui doit foi et hommage, les mêmes droits et les mêmes devoirs. Le titulaire d'un arrière-fief est en fait un seigneur de plus ; dans ce système, on a donc un seigneur dominant ou suzerain et un ou des seigneurs en état de vassal.

Du temps des Cent-Associés (1627-1663), il y avait déjà 33 arrière-fiefs. Certains de ces arrière-fiefs sont très étendus : l'arrière-fief Batiscan, dans La Madeleine, couvre plus de 324 000 arpents (l'arpent carré correspondant à un tiers d'hectare), mais il faut se rappeler que La Madeleine en compte plus d'un million. Il y a davantage que l'arrière-fief. Le titulaire d'un arrière-fief peut lui aussi trouver utile de se donner des vassaux en concédant à titre seigneurial une portion de son sol : c'est alors l'arrière-arrière-fief, dont le titulaire, promu seigneur, relèvera de l'arrière-fief. Il résulte de ce système une pyramide féodale : le seigneur de l'arrière-arrière-fief relève de son seigneur dominant, titulaire de l'arrière-fief ; celui-ci doit foi et hommage au titulaire du fief, lequel la présente aux Cent-Associés, seigneurs de la Nouvelle-France et dits, à ce titre, seigneurs « dominantissimes ». De leur côté, les Cent-Associés doivent foi et hommage au roi, seigneur éminent de toute terre française.

Une personne « de condition », noble ou non, reçoit donc une portion de sol plus ou moins grande, avec un titre d'honneur. «Aucune servitude sans titre», comme on le dit au xviiᵉ siècle: aussi le nouveau seigneur reçoit-il un acte formel de concession, accordé par les Cent-Associés jusqu'en 1663 et par la suite conjointement du gouverneur et de l'intendant, puis dûment confirmé par le roi. Cet acte officiel et d'autres documents, en particulier la Coutume de Paris que l'intendant a charge d'interpréter, indiquent au nouveau titulaire ses devoirs et ses droits. Il entre en possession de son fief par l'acte de foi et hommage que, genou en terre, sans armes et tête nue, il accomplit devant l'intendant au château du gouverneur.

Si la seigneurie qu'il obtient n'est qu'en arrière-fief, il livrera foi et hommage devant son suzerain, seigneur du fief dont il est le vassal. Or, ce lien de vassalité donne lieu en 1646 à une situation particulière. Le vassal, maître-maçon Jean Guion, refuse de rendre foi et hommage à son suzerain, maître-chirurgien Robert Giffard, parce qu'ils sont l'un et l'autre de même rang social, étant tous deux gens de métier. Il fallut faire intervenir la justice pour contraindre à la cérémonie. Le notaire en rédige un procès-verbal dans le style de la féodalité, comme si Giffard était un «haut et puissant» chevalier. L'homme de métier Robert Giffard, devant «le dit Guion, écrit le notaire, s'est mis un genouil en terre, nu-tête, sans épée ni éperons, et a dit par trois fois ces mots: monsieur de Beauport, monsieur de Beauport, monsieur de Beauport, je vous fais et porte la foi et hommage que je suis tenu de vous faire et porter à cause de mon fief Du Buisson». Et l'homme de métier, genou en terre, accomplit son devoir féodal à l'égard d'un autre homme de métier, comme le lui a imposé la justice.

Après l'acte de foi et hommage, d'autres devoirs s'imposent au seigneur. Dans le fief où le peuplement est une exigence essentielle, le seigneur doit tenir feu et lieu, ce qui veut dire avoir un manoir, habité soit par lui-même, soit par un représentant. Car il faut dans la seigneurie un responsable qui en assure le bon fonctionnement ; d'ailleurs, on a prévu que les habitants ne sont tenus de payer leurs redevances qu'au manoir et seulement s'il y a quelqu'un.

Le seigneur s'érige donc un manoir dans un lieu de son choix, de préférence près d'une rivière pour être à portée d'une route d'eau et surtout si cette rivière se prête à l'établissement d'un moulin. Il peut en même temps se délimiter une portion de la seigneurie qui constituera sa «réserve» ou son «domaine direct», appelé couramment domaine, ainsi dit parce qu'il l'occupe et l'exploite lui-même, par opposition au «domaine indirect», l'ensemble des terres qu'il est tenu de concéder.

Cette réserve varie d'un seigneur à un autre, peut-être selon l'étendue du fief. Le seigneur de Champlain s'attribue un domaine de 5 arpents de front sur une profondeur d'une lieue (soit environ 60 mètres sur 5 kilomètres), dans une seigneurie de 126 arpents sur 4 lieues. La loi de 1854 qui abolit le régime seigneurial ne touchera pas au domaine direct, personnel du seigneur, celui-ci et ses descendants en demeurant propriétaires. C'est ainsi que le Séminaire de Québec a pu continuer d'exploiter pour lui-même une large partie de la côte de Beaupré, forêts et lacs compris.

Autre devoir du seigneur : concéder des terres, ce qui est aussi une condition essentielle du système et, en même temps, de l'intérêt du seigneur, puisque ces portions de sol concédées lui seront profitables dans la mesure où les habitants y seraient en nombre. Il devra donc accorder des terres sur demande ou recruter des colons.

À celui qui se présente, il délivre d'abord un titre temporaire dit «billet de concession», qu'il remplacera par un «acte de concession» quand le candidat aura démontré le sérieux de son établissement. Si le seigneur refusait sans raison satisfaisante, le candidat pourrait s'adresser à l'intendant, et celui-ci suppléerait à la mauvaise volonté en concédant lui-même la terre demandée. D'une façon générale, si un seigneur néglige de concéder des terres dans son fief, ce dernier peut être réuni au domaine, c'est-à-dire que sa création est annulée, cette terre retournant au roi: bien des seigneurs ont pour cette raison perdu leurs titres: dans la seule année 1741, 18 seigneuries ont été supprimées.

Pour que l'État soit en mesure de surveiller l'œuvre de son collaborateur en peuplement, le titulaire est tenu de remettre à l'intendant, quand il le demande ou lorsque le fief change de titulaire, un aveu et dénombrement. Ce document, précédé de la déclaration des titres, décrit chacune des terres concédées, donne les noms des bénéficiaires des concessions, l'étendue de ce qui est en culture et le montant que le seigneur perçoit sur chacune des terres.

Le fief étant accordé à titre personnel, s'il change de propriétaire autrement que par succession en ligne directe, la Coutume de Paris impose au nouveau titulaire une taxe appelée droit de rachat; c'est le droit de quint qui équivaut au cinquième de la valeur du fief.

Si toutefois celui-ci a été concédé en vertu de la Coutume du Vexin-le-françois, le droit de rachat s'applique à toute mutation de propriétaire, en ligne directe ou non, et il équivaut au revenu d'un an du domaine personnel.

La farine est un élément fondamental dans la cuisine. Le seigneur a donc le devoir de construire et d'entretenir un moulin à moudre le blé pour le bénéfice de ses colons, et ceux-ci seront tenus d'y faire moudre leur blé, en retour d'une redevance : le quatorzième minot, un minot équivalant à 40 litres. Si le seigneur néglige ce devoir, l'État pourra l'y contraindre ou céder l'exploitation du moulin à quelqu'un d'autre.

Par ailleurs, le bois de chêne est très prisé. Parce que cette essence entre dans la construction des navires, le roi exige que le seigneur réserve à l'État les chênes de ses boisés, en attendant qu'un examen officiel juge s'ils sont de qualité et en nombre suffisant pour en faire l'exploitation. On doit aussi réserver au roi les mines et minerais que l'on pourrait découvrir : le fond du sol appartient au seigneur, mais le tréfonds, soit ce qui se trouve sous la croûte de terre, reste la propriété du roi.

Enfin, dans le domaine des charges publiques, le seigneur doit, comme tous les habitants de son fief, assumer certaines charges : contribuer aux cotisations de l'église et du presbytère ; si l'intendant décide une corvée pour l'entretien des chemins, le seigneur, soumis en ce cas à l'autorité du capitaine de milice, doit y travailler ou y faire travailler à ses frais.

Certains fiefs, rares, échappent à la plupart de ces devoirs : ceux que le roi a concédés en franc-alleu, en vertu de quoi le titulaire est en quelque sorte autonome vis-à-vis de son suzerain, n'a à son égard aucun devoir, sauf de lui remettre un dénombrement tous les 20 ans ; ou, parfois, certains actes de reconnaissance tout à fait symboliques : le titulaire d'un franc-alleu dans la seigneurie de Notre-Dame-des-Anges devra, par exemple, à certaine date, déposer un bouquet de fleurs dans la chapelle des Jésuites ; ou, dans une seigneurie du lac Saint-Pierre, le titulaire d'un franc-alleu devra présenter à son suzerain deux œufs frais...

Même régime autonome pour les fiefs accordés en franc-alleu et franche aumône, c'est-à-dire à des fins de charité, à des communautés religieuses. L'Hôtel-Dieu de Québec ayant obtenu un de ces fiefs, il devait faire dire chaque année une messe pour les âmes des Cent-Associés : devoir qui a été rempli chaque année jusqu'au milieu du xxe siècle ! Ces fiefs en franc-alleu sont dits d'ordinaire en main morte : ces communautés ne peuvent s'en départir par la vente ou autrement. Par ailleurs, si la communauté venait à disparaître, ils retournaient alors directement au roi.

Les devoirs pouvaient entraîner de lourdes dépenses ou des tâches accaparantes, mais la possession d'un fief avait aussi ses consolations, de nature honorifique et lucrative. Mentionnons notamment comme honneur civil le cens, cet impôt symbolique que l'habitant paie au seigneur ; du cens on dit qu'il est une « marque d'honneur » plus qu'un « revenu utile ». Il n'est d'ordinaire que d'un ou deux sols (quelques sous) par arpent de front chaque année : les terres concédées aux habitants n'ayant que deux ou trois arpents de largeur, cet impôt n'est qu'une façon pour l'habitant de reconnaître sa dépendance, le droit du seigneur sur la terre concédée, car la terre n'est ni donnée ni cédée à l'habitant, elle n'est pas juridiquement sa propriété : elle lui est concédée, le seigneur conservant sur elle un droit éminent. Et c'est à cause de ce cens que l'on appelle censive l'ensemble des terres concédées et censitaires, les habitants d'une seigneurie.

Comme l'église est le seul lieu couvert où l'ensemble de la communauté puisse se réunir, les honneurs dont jouit le seigneur tiennent surtout du caractère ecclésial. Il a dans l'église un banc gratuit, dont la profondeur est du double de celui des paroissiens et à l'endroit le plus honorable : au premier rang des fidèles dans la nef, du côté droit en entrant. Comme les marguilliers ont aussi droit à un banc gratuit (banc d'œuvre) à l'endroit le plus honorable, il a fallu jongler savamment pour trouver dans une seule et même église deux endroits dont chacun fût le plus honorable, et nécessairement du côté droit, car le côté gauche l'est moins : on y est parvenu en plaçant le banc des marguilliers aussi dans la nef, mais face à la chaire, donc toujours du côté droit… Mais que faire si une paroisse compte deux seigneurs égaux ? Eh bien, on en met un du côté gauche, toujours au premier rang des fidèles et l'on déclare, en ce cas, que la gauche est aussi digne que la droite !

Autre honneur ecclésial pour le fieffé : au cours du prône, le curé prie nommément pour le seigneur et sa famille.

Des honneurs sont de préséance, du moins sur le peuple : après les marguilliers ou même avant eux en certains cas, le seigneur se fait asperger, il reçoit le pain bénit, les cierges de la Chandeleur, les cendres (à la cérémonie du Mercredi des cendres), les rameaux du dimanche de la Semaine sainte. Dans les processions, il vient le premier derrière le curé et il est inhumé dans l'église, sous son banc.

En plus de ces honneurs profanes et ecclésiaux, il profite d'avantages matériels : droits dits onéreux parce que lucratifs. Surveillé par l'État, il ne peut pas augmenter le taux de ces droits ni exiger un droit dont le contrat de concession ne fait pas mention.

En tête de ces droits lucratifs viennent les rentes. Déterminées d'avance dans le contrat de concession, elles sont d'une façon assez générale de 20 sols par arpent de front. Ce taux peut varier d'une seigneurie à une autre : par exemple, dans la seigneurie des Éboulements, les rentes sont de 10 sols plus la moitié d'un chapon par arpent de front.

Le seigneur jouit aussi du droit de lods et ventes. De même que celui qui acquiert une seigneurie autrement que par héritage en ligne directe doit à l'État le quint, l'acquéreur d'une terre en censive doit au seigneur l'impôt des lods et ventes, d'ordinaire le douzième de la valeur de cette terre : ceci dans le but idéaliste d'empêcher la spéculation, la terre étant accordée à l'habitant non pour spéculation mais pour exploitation.

Par ailleurs, si l'acquéreur a obtenu la terre à trop bas prix — ce qui dévalorise les lods et ventes —, le seigneur applique le droit de retrait. À ce moment, il a 40 jours après la mutation pour faire ce retrait et s'en porter preneur aux mêmes conditions. Il peut aussi exercer ce droit de retrait quand le censitaire laisse sa terre à l'abandon, mais en ce cas, la réunion de cette terre à la seigneurie ne peut se faire que sur intervention de l'intendant.

Dans la France d'avant le XVIIᵉ siècle, le seigneur s'était réservé ce qui à l'intérieur du fief était de bon rapport (moulin à farine, four à pain, vente du vin, chasse et pêche, bois de construction ou de chauffage) : monopoles qui avaient pris le nom de banalités, du mot ban qui signifie «pouvoir de commander». En Nouvelle-France, en raison du devoir de construire et d'entretenir un moulin à farine, le seigneur compte parmi ses banalités le droit de mouture. Le moulin à farine est ici moulin banal, donc d'usage obligatoire pour le censitaire : chaque fois que celui-ci vient faire moudre ses grains, il doit y laisser le quatorzième minot.

Le seigneur a pu un certain temps prendre dans les boisés des censitaires le bois dont il avait besoin pour ses constructions et pour son chauffage. Toutefois, l'État est intervenu d'abord pour limiter le droit de coupe à un arpent par habitation de 60 arpents ; puis, ce droit paraissant odieux, l'État a fini par interdire son insertion dans les contrats de concession.

Le seigneur peut se réserver à titre exclusif la pêche sur la devanture des terres concédées : la pêche de caractère industriel et non de subsistance, celle dont a besoin l'habitant. Et si un censitaire veut profiter de cette pêche industrielle, il devra payer un impôt au seigneur : selon la nature de sa pêche, quatre barriques d'anguilles par an, le dixième des marsouins, etc.

Le seigneur accorde-t-il une commune, terre de pacage où paît en commun le bétail des censitaires, ceux-ci auront à acquitter un droit de commune, en proportion du nombre d'animaux qu'ils mettent au pacage, ou selon un prix convenu : à Boucherville, cette redevance était de 7 livres (140 sols) et d'un demi-quart de minot de blé par an.

Le seigneur peut imposer des périodes de corvée. Ces corvées du seigneur ont eu mauvaise réputation parce qu'on a pensé qu'à l'instar d'autres temps ou d'autres pays, le paysan était ici «corvéable à merci», c'est-à-dire jusqu'à ce qu'il réclame pitié; ou encore parce qu'on a confondu avec les corvées que l'intendant exige selon les besoins pour le service public. Or, en Nouvelle-France, le nombre de jours de corvée que peut réclamer le seigneur est exactement prévu et limité dans le contrat de concession: trois jours par année, quatre en certains lieux.

Ce sont là les exigences que le seigneur pouvait imposer à ses censitaires. Certains titulaires de fief ont bien tenté d'y ajouter, entre autres, la banalité du four à pain, ce qui aurait obligé les censitaires à faire cuire leur pain au four du seigneur en retour d'un certain nombre de pains; mais cette banalité n'a pas été autorisée en Nouvelle-France; et chaque fois qu'un seigneur a prétendu réclamer un droit nouveau, un tribunal pouvait y faire opposition, comme lorsque le major Jacques Bizard, de la région de Montréal, se prétendit un droit seigneurial sur les langues des animaux de boucherie: seigneur accaparant, mais fine bouche!

Afin donc de répondre aux objectifs du régime seigneurial, le titulaire du fief accorde aux colons qu'il a recrutés ou qui se sont présentés des portions de son sol. Peu à peu, une communauté se forme autour du manoir, la seigneurie se couvre de lots en culture et l'on y retrouve en plus petit le plan géométrique du pays. En effet, les lots que le seigneur attribue sont des bandes rectangulaires étroites, de 2 ou 3 arpents de largeur, pour que les habitants s'établissent aussi près que possible les uns des autres, mais profondes de 30 ou 40 arpents, orientées comme les seigneuries en direction nord-ouest sud-est.

Au premier rang, on aperçoit le manoir du seigneur, situé sur le front de son domaine direct, comme les habitations des censitaires se trouvent sur le front de leur terre. Bien en vue aussi, sur une terre de la Fabrique (d'ordinaire détachée du domaine direct), l'église et son presbytère. Il peut y avoir en outre une commune, terre de pacage accordée à l'ensemble de la communauté.

Puis, on reconnaît les lots des censitaires qui forment un premier rang de terres concédées. Ce rang une fois rempli, le seigneur en ouvre un second dans ce qu'on appelle les profondeurs. Un chemin dont la surface est prise d'autorité à même la portion de sol d'un censitaire permet d'aller de l'un à l'autre. La frontière du nouveau rang prend le nom de fronteau ou de trécarré.

À mesure que le besoin s'en présente, on ouvre un troisième, puis un quatrième rang. Quant à la partie du fief qui demeure en attente de censitaires, il est interdit aux tenanciers déjà établis d'y couper du bois et même d'y entailler les érables, comme il l'est au seigneur d'en vendre des lots : il faut d'abord les concéder à qui en demande.

Le censitaire a aussi des droits, ceux-ci correspondant aux devoirs du seigneur : le manoir habité, la concession de terres, le moulin à farine, le tribunal de justice, la contribution du seigneur aux cotisations sont autant d'avantages que le titulaire du fief est tenu d'assurer aux censitaires et que ceux-ci peuvent réclamer de l'intendant si ces devoirs ne sont pas remplis.

À son tour, le censitaire est lié par des devoirs : tenir feu et lieu sur sa terre (donc y avoir une maison habitée), acquitter ses redevances en allant les porter au manoir (d'ordinaire à la Saint-Martin, 11 novembre), produire ses titres sur demande, défricher sa terre, donner le découvert à ses voisins (c'est-à-dire ne pas laisser de boisé qui par son ombre et son humidité nuirait à la culture de l'autre), faire moudre son grain au moulin banal, souffrir les chemins nécessaires à la communauté et, le cas échéant, payer la taxe des lods et ventes.

Par ailleurs, les exigences du peuplement dans cette immense seigneurie des Cent-Associés qu'est la Nouvelle-France ne se posent pas de la même façon dans les villes et à la campagne. Dès 1633, les Cent-Associés ont eu le souci de réserver les espaces nécessaires à la vie urbaine et à la sécurité militaire. La ville a donc eu sa place dans la seigneurie. Son plan prévoit une banlieue, soit une étendue d'environ une lieue autour d'une ville, à compter du siège de la justice royale.

La ville proprement dite, dont les limites sont précises, ne contient en principe aucune terre tenue en fief et le sol en est réparti, sauf pour les besoins des institutions essentielles, en menues parcelles afin d'accommoder le plus d'habitants possible. Relevant du roi directement plutôt que par un intermédiaire seigneur et dites, par conséquent, censive du roi, ces parcelles ou emplacements (leurs tenanciers appelés emplacitaires) ne sont pas soumises aux mêmes exigences du régime seigneurial que les terres de la campagne : on n'y perçoit d'ordinaire que le cens. Il s'agit là d'un plan théorique de ville qui n'a pas été appliqué de façon régulière en Nouvelle-France aux villes formées à l'intérieur de la superficie seigneuriale.

Capitale d'un gouvernement de peu d'étendue et au peuplement clairsemé, la ville des Trois-Rivières, d'une superficie de seulement 18,4 arpents (quelque 5 hectares) allotis en emplacements et qu'entoure un enclos de pieux hauts de 11 pieds (enclos dit cloison), n'est à vrai dire qu'un gros village.

Sans aucune terre en fief, la ville est subdivisée en emplacements qui relèvent directement du roi et qui sont de forme rectangulaire, parallèles les uns aux autres et donnant à la ville l'air d'un damier. Orientés comme les seigneuries, nord-ouest sud-est, ils ont en moyenne une superficie de 3,6 arpents (1,2 hectare) : les Trifluviens détiennent donc en moyenne un lot urbain trois fois plus étendu qu'à Québec et à Montréal. Le cens dans cette censive du roi y est de seulement un denier par emplacement, charge purement symbolique : point d'autre redevance pour la tenure du lot. Les documents ne font pas mention de banlieue officielle. À l'époque de la Conquête, cette ville, comme d'ailleurs celle de Detroit dans les Pays d'en haut, fait davantage songer à un fort du XVIIe siècle.

La ville de Montréal est un autre cas particulier. Comme elle est à l'intérieur d'une grande île qui est un fief (celui des Sulpiciens), elle n'a ni banlieue officielle ni censive du roi. Dans ses limites, elle contient un bout, très court, de l'arrière-fief Closse. Sa superficie

(41,8 arpents) est plus étendue que celle des Trois-Rivières ; ses emplacements, rectangulaires et orientés comme l'ensemble des seigneuries, n'ont en moyenne de superficie que 1,1 arpent (un peu plus d'un tiers d'hectare) : c'est pourquoi chaque emplacitaire paie en moyenne 5 sols de cens par arpent. Montréal a l'avantage sur Trois-Rivières d'être entourée d'une muraille de pierre.

Des trois centres de peuplement du Saint-Laurent, seule Québec a vraiment l'air d'une ville. Partagée entre une partie haute où sont établies les institutions, sous la protection de remparts du côté ouest et partout ailleurs de hautes falaises, et une partie basse (bande étroite entre le fleuve et le cap) qu'occupent administration et commerce, cette capitale de la Nouvelle-France, qui est en même temps la forteresse la plus importante de l'Amérique du Nord, a sa banlieue officielle, dont les lots sont d'ordinaire soumis à un cens de six deniers par arpent de superficie.

À cause de multiples accidents, le territoire proprement urbain de Québec (environ 140 arpents ou près de 5 hectares) se subdivise en des lots d'une grande variété d'étendues (la moyenne serait 0,9 arpent ou un tiers d'hectare) et de formes. D'où, par conséquent, une grande variété de cens : tel lot paie 12 deniers par 10 pieds, ce qui donnerait un cens de 3 livres ; des emplacements vont de 1 denier à 84 ; dans certains cas, on calcule la redevance par perche de superficie (34,25 mètres carrés).

Quant aux villages, des seigneurs ont pris très tôt l'initiative d'en établir dans leur fief, pour y loger surtout les gens de métier dont les services sont essentiels à toute communauté. À partir de 1654, là où il avait réservé une petite surface pour la protection de ses colons, le seigneur de Beauport concède des emplacements pour y bâtir maison, dans des conditions analogues à celles des terres en censive. Dans la seigneurie de la Compagnie de Beaupré, on a prévu un village de trois arpents sur quatre, le Château-Richer, dont les premiers emplacements datent de 1657. Vers la même époque, des actes de concession dans l'arrière-fief Beaulieu font allusion à un début de village sur la pointe sud-ouest de l'île d'Orléans, et les Jésuites en ont commencé un autre dans leur seigneurie du Cap-de-la-Madeleine. Toutefois, l'institution du village n'aura pas, sous le Régime français, le caractère ni l'importance qu'elle avait alors en France. Diverses raisons ont pu en retarder le développement, dont l'interdiction faite aux habitants de se construire sur un terrain qui n'eût pas une superficie minimale de 1,5 arpent sur 30 (ou 15,33 hectares).

Le traité de capitulation de Montréal en 1760 a assuré aux Canadiens la continuité de ce régime seigneurial que les colonies anglaises d'Amérique ne pratiquaient pourtant pas. Les Canadiens allaient donc comme auparavant vivre sous ce régime, avoir leurs terres sous domination de seigneurs. Il se trouvera même des Anglais pour devenir seigneurs selon un système qui, en principe, répugnait à leur mentalité.

Ce système que les autorités anglaises ont formellement accepté en 1760 ne connaît plus d'extension géographique sous le régime qui entre en vigueur en 1764, et la loi de 1774 impose à tout ce qui n'est pas déjà territoire seigneurial une tenure anglaise, le franc et commun socage, un régime sans seigneur ni structure seigneuriale : en somme, un franc-alleu roturier.

Ainsi, on se retrouve de 1774 à 1791 avec ce qu'on a appelé la «Province de Québec», puis en 1791 avec le «Bas-Canada», deux formes de société différentes. D'abord, une société traditionnelle et francophone qui, dans ses limites territoriales d'avant la Conquête, reposait sur une structure seigneuriale, puis une autre, établie en dehors de ces limites et dont le peuplement francophone allait intégrer un nombre plus ou moins élevé d'anglophones, et vivre sans les cadres féodaux, sans la pyramide sociale qu'ils engendraient.

De ces deux systèmes, le seigneurial a eu l'avantage, au moment de la grande invasion anglophone, de conserver à peu près tel quel le centre traditionnel du peuplement francophone en orientant cette invasion vers les territoires non seigneuriaux : vers les Cantons de l'Est, l'Outaouais et la Gaspésie d'aujourd'hui. Ainsi, il a été plus facile pour les Canadiens de conserver leur caractère ethnique. Le célèbre phénomène de la survivance serait dû non pas à la «revanche des berceaux», mais au régime seigneurial.

Toutefois, sans l'intendant pour s'opposer aux abus des seigneurs depuis la Conquête de 1760, ce régime ne pouvait plus fonctionner comme avant. En outre, dans un monde qui évoluait de plus en plus vers une vie industrielle, ce régime demeurait un obstacle permanent. La propriété d'un seigneur s'étendait sur une ou plusieurs paroisses, sur une ou plusieurs municipalités ; les lods et ventes paralysaient la mutation des biens immobiliers, alors que les villes connaissaient un développement considérable ; le moulin banal réservait au seigneur toute mouture de grain à une époque où la farine devenait un article de grand commerce ; le besoin qu'on ressentait de plus en plus d'une liaison ferroviaire pour laquelle il faudrait, entre autres mesures, exproprier une bande de sol au travers de toutes les seigneuries entre Québec et Montréal : tout cela exigeait la disparition du régime seigneurial.

Sa suppression s'est faite en 1854, non pas dans la violence ou par la guillotine comme dans la France de 1789, mais de la façon la plus bourgeoise : par une loi du Parlement, avec le souci méticuleux d'éviter la moindre injustice à l'égard des seigneurs. Une commission, la cour seigneuriale, s'est transportée d'une seigneurie à une autre pour évaluer à un denier près les sommes à verser aux titulaires de fiefs pour les droits lucratifs qu'ils allaient perdre.

Tout en abolissant le système avec ses titres et privilèges honorifiques, l'État veille alors à en favoriser largement les titulaires : non seulement demeurent-ils propriétaires de leur domaine personnel (quelle qu'en soit l'étendue), mais on leur laisse la possession de toutes les terres de leur seigneurie qui n'ont pas encore été concédées, alors que normalement elles auraient dû devenir « terres de la Couronne ». Cette révolution se fait en ménageant avec scrupule les intérêts des seigneurs.

Les grands perdants sont les censitaires. La grande surprise a été pour eux, en 1854, d'apprendre qu'après avoir défriché et exploité une terre depuis un ou deux siècles, ils n'en étaient pas encore les vrais propriétaires : il leur fallait « la racheter du seigneur », c'est-à-dire en payer la valeur au seigneur, « acheter » à nouveau les rentes annuelles qu'ils avaient pourtant payées pendant plusieurs générations. La révolution se faisait donc aux dépens des petites gens.

Or, tous les tenanciers n'étaient pas en mesure d'opérer ce rachat séance tenante. Ceux qui étaient devenus d'ex-censitaires et n'avaient pas les sommes nécessaires à ce rachat ont dû, comme avant, continuer de payer les rentes habituelles aux ex-seigneurs; puis, les années passant, aux descendants de ces ex-seigneurs. Par une loi de 1945 qui visait à mettre fin à cette situation de descendants d'ex-censitaires payant des rentes aux descendants des ex-seigneurs, le Québec décida que les rentes seigneuriales encore dues pour ne pas avoir été «rachetées», seraient perçues non plus par les descendants des ex-seigneurs, mais par les municipalités.

L'opération dure encore. Un de mes collègues de l'Université Laval, Luc Lacourcière, avait acquis un lot à Beaumont (près de Québec) qui n'avait pas encore été «racheté» et pour lequel le titulaire était toujours soumis aux anciennes rentes. Lacourcière disposait de la somme requise pour libérer son lot, mais ce célèbre folkloriste trouva plus amusant de se joindre aux ex-censitaires demeurés endettés. Il se rendait donc chaque année acquitter son dû chez le secrétaire de la municipalité: pour une terre concédée au XVIIe siècle dans un régime aboli depuis 150 ans, on lui remettait en bonne et due forme un reçu portant l'inscription «pour rentes seigneuriales».

Notes bibliographiques

Notre ouvrage *Les débuts du régime seigneurial au Canada* (Montréal, Fides, 1974, XXIII-313 p.) peut servir de complément d'information. Pour d'autres points de vue sur le régime seigneurial, on peut consulter R. C. Harris, *The Seigneurial System in Early Canada. A Geographical Study* (Québec, les Presses de l'Université Laval, 1966); Louise Dechêne, *Habitants et marchands de Montréal au xviie siècle* (Paris et Montréal, Plon, 1974); Sylvie Dépatie, Mario Lalancette, Christian Dessureault, *Contributions à l'étude du régime seigneurial canadien* (Montréal, Hurtubise HMH, 1987).

VI

Toujours les deux solitudes

COMME CHAMPLAIN, COLBERT ET TALON qui préten-daient « élever » les Amérindiens en les assimilant aux Français, pour ne plus former des uns et des autres qu'un « même peuple et un même sang », les Britan-niques, à la suggestion de lord Durham, ont prétendu « élever » les Canadiens français en les assimilant. L'union des deux Canada était une application de cette politique ; la Confédération de 1867 visait aussi, selon ses adversaires, à produire dans le nord de l'Amérique, avec les éléments des deux civilisations anglaise et française, ces « même peuple et même sang ».

Mais c'était oublier la réaction de défense de ces Canadiens français solidement attachés à leur entité. Déjà, de cette expérience de l'union des deux Canada, qui avait été pour eux la menace la plus dangereuse, ils avaient fait une magnifique période de réveil intel-lectuel et s'étaient donné de solides institutions qui se sont maintenues et épanouies sous la Confédération.

Ratée donc, la politique d'assimilation ! À tel point qu'en ce Canada où l'on ne s'attendait qu'à des com-posants d'une même culture et d'une même langue, on s'est retrouvé, au siècle suivant, avec deux peuples face à face, l'un anglophone, l'autre francophone : exactement ce que Durham se désolait de décrire en 1839. Deux sociétés distinctes. On a même pu dire « deux solitudes ».

Vous en cherchez un témoignage ? Voyez seulement pour l'instant nos manuels d'histoire du Canada. Car le manuel, outil du primaire et du secondaire, est un témoin fidèle de l'éducation que reçoivent les jeunes du Québec. Et pas n'importe quel manuel ! Tous les manuels d'histoire que j'ai connus étaient l'œuvre de prêtres ou de membres de communautés religieuses : donc, une première garantie de moralité et d'esprit chrétien. Seconde garantie : sur une des pages préliminaires, on attestait que le livre avait été soumis à la censure d'un ecclésiastique et que l'évêque accordait la permission d'imprimer. Ce n'était pas suffisant. Jusqu'à récemment dans les écoles publiques (donc, ce qu'ont connu les adultes d'aujourd'hui), le manuel devait en outre recevoir l'approbation du Comité de l'Instruction publique. Et qui étaient les membres de ce comité suprême ? Nos évêques ! Oui, nos évêques qu'on n'attendait pas en ce lieu ! Vous ne saviez pas qu'en recevant la mitre et la crosse, ces Excellences étaient du même coup sacrés historiens ? Avec ce résultat que certains manuels d'histoire apparaissaient plutôt comme des appendices du catéchisme.

L'unité du magistère s'en trouvait assurée en même temps que le dogme nationaliste, car dans le Québec de la précédente génération, religion et patrie ne faisaient qu'une : elles s'exprimeront d'une même voix. Les deux principaux groupes ethniques (que sans trop de vérité nous appelons les *peuples fondateurs*) étant demeurés bien distincts l'un de l'autre, on aura donc, d'une part, outils d'éducation pour jeunes francophones et, d'autre part, outils à l'usage des jeunes anglophones.

Il ne faut pas feuilleter longtemps un manuel d'histoire du Canada pour voir à quelle enseigne il loge. Les images suffisent souvent à le classer. Dans l'*Héritage du Vieux-Monde* de Gérard Filteau, plus de la moitié des illustrations présentent un attachement manifeste à l'Église : voilà donc un manuel écrit par un membre d'une communauté religieuse et destiné aux élèves du Québec! De même, dans un manuel des Frères des Écoles chrétiennes pour les quatrième et cinquième années du primaire, *Découvreurs et pionniers*, l'agenouillement dans les illustrations ne manque pas : à genoux, les fondateurs qui arrivent à Montréal ; à genoux, toute une famille pour représenter les Canadiens d'aujourd'hui à la fin du livre.

Dans le manuel des auteurs Lester B. Rogers et autres, *Canada in the World Today*, la couverture est illustrée d'une *Pax Britannica* à côté d'un amiral et d'un navire de commerce : aucun doute, s'il n'y avait pas eu ce titre anglais, on aurait tout de même compris que ce manuel s'adresse aux élèves de l'autre groupe ethnique.

Chez George W. Brown, *The Story of Canada*, un soldat jubile à l'arrivée d'une flotte anglaise, au printemps de 1760 ; les élèves anglophones jubileront avec lui. Dans la version française de ce manuel, on a eu soin d'évacuer cette image qui eût blessé les Canadiens français.

Il y a aussi ces titres et sous-titres qui révèlent bien qu'un manuel est la bible de tel ou tel groupe ethnique. «L'agonie du Régime français», annonce tristement

Filteau dans sa *Civilisation catholique et française au Canada*. Louis Martel et Hermann Plante, auteurs de *Mon pays*, nous préviennent de leur identité : « 1759, l'année funeste ; les Anglais s'acharnent sur leur proie », alors que pour Rogers, 1763 est « *The wonderful year* ». Nous savons dès l'instant qui est du côté des perdants ou des vainqueurs.

Si toutefois, langue mise à part, vous n'êtes pas sûr d'avoir bien compris le sens des illustrations, des titres et des phrases clés, le ton de l'exposé devrait vous éclairer sur l'origine du manuel. Le ton anglais est réaliste, dénué d'émotions, hautain à l'égard de ce qui n'est pas *british*, mais sachant montrer de la complaisance envers moins bien nanti que soi. L'Anglo-Canadien se trahit sans y prendre garde : « *New France had fallen at last!* », soupire-t-il de soulagement. L'édition française pousse elle aussi un soupir, mais pudiquement, sans le *at last* qui pouvait froisser : « La Nouvelle-France était tombée. »

Plus surprenant : dans le récit de la bataille de Châteauguay (1813), l'anglophone Brown tentait bien de se montrer aussi aimable pour les Canadiens français que pour les Anglais : « [*the American army*] *was met by a smaller British army, which included a number of French-Canadian troops under de Salaberry. After a short fight, in which the French Canadian troops shared fully in the victory with the British and Canadian comrades* [...] » Or, la version française fait disparaître Britanniques et Canadiens anglophones ; en face de l'armée américaine, il n'y a plus que des Canadiens français : « une petite armée formée de trois cents soldats canadiens-français commandés par de Salaberry [...]. Après une courte bataille, où les Canadiens français se distinguèrent par leur bravoure, les Américains ordonnèrent la retraite. […] Les Canadiens français avaient vaincu une armée au moins quinze fois supérieure en nombre.» Et c'est ainsi que chaque groupe ethnique écrit une histoire qui témoigne de sa valeur.

Les résultats de notre enquête ne sont pas moins intéressants lorsqu'on en vient à l'interprétation de ce qui s'est passé, qu'il s'agisse d'événements ou des hommes.

Narrations anglaises et narrations françaises s'arrêtent aux mêmes principaux personnages, mais dès que l'un d'eux entre en rivalité ethnique, le désaccord se manifeste. Pour les anglophones, le découvreur du Canada est Juan Cabot (dit John Cabot), qui agit au nom de l'Angleterre, et l'on insiste sur la grandeur politique de son rôle. Mais non, répondent les manuels français : on n'a sur le voyage de Cabot que des indications imprécises ; le découvreur, c'est Jacques Cartier, envoyé par la France, et il vient remplir une mission évangélique.

Pour les manuels anglais, Lemoyne d'Iberville est l'homme d'attaque. Pour les manuels français, c'est le héros de la défensive, car les agresseurs en cette guerre sont les Anglais, les Français étant chez eux à la baie d'Hudson.

Le Canada, dit alors Canada-Uni, se retrouve en 1841 sous un gouvernement à deux têtes, l'une anglophone, l'autre francophone, comme il arrive sous les *duumvirats* Baldwin-LaFontaine ou Macdonald-Cartier. Les manuels pour anglophones ne parlent que de la tête anglophone, sans attacher d'importance à l'autre tête. Les manuels pour francophones n'en ont que pour LaFontaine et Cartier. Chaque groupe ethnique tient à son chef selon sa langue et son cœur; tout le monde paraît content.

Pour les auteurs français, Louis Riel est certes un suspect, mais il a bravement travaillé pour les siens, il doit profiter de circonstances atténuantes. Pour les auteurs anglais, ce n'est qu'un rebelle et un meurtrier. Les uns et les autres sont d'accord sur un point: l'affaire Riel a amené la création du Manitoba et la garantie des droits des Métis. L'historien Careless esquisse toutefois un certain regret: «*Apparently the French Métis had succeeded in creating a little Quebec in the West.*»

Constatation plus étonnante: un Canadien français, Wilfrid Laurier, qui a pourtant été premier ministre du Canada et que les manuels anglais traitent avec une sorte de vénération, retient très peu l'attention des auteurs francophones. Laurier n'est grand homme que pour les Canadiens de langue anglaise: à croire que ceux de langue française ne le considèrent pas comme l'un des leurs.

Les manuels ne s'entendent pas non plus sur les «événements crises». Les divergences, peu profondes sur les événements immédiatement contemporains, sont fortes si les faits remontent à un passé vraiment révolu.

Regrettée par les uns et par les autres parce qu'elle est une solution inhumaine, la déportation des Acadiens en 1755 est pour les manuels anglais une nécessaire mesure de guerre, dans laquelle les Acadiens ont leur part de responsabilité. Par contre, dans les manuels français, même si l'on admet qu'il y a ici et là à blâmer la France et certaines circonstances, on soutient que les Acadiens, qui menaient, paraît-il, une vie idyllique, ne méritaient aucunement d'être ainsi châtiés; on rejette l'odieux de cette opération sur le gouverneur Charles Lawrence et l'on décrit la déportation sur le ton le plus pathétique.

Selon ces mêmes manuels, la conquête de 1760 ruine l'économie des Canadiens français et laisse leurs droits en péril, même si ce groupe ethnique se comporte avec loyauté et si le vainqueur fait montre de beaucoup de modération. Pour les auteurs anglais, les droits des Canadiens français sont en parfaite sécurité, et c'est plutôt la trop grande générosité de l'Angleterre qui va faire naître des problèmes pour longtemps à venir.

À propos des troubles du Bas-Canada (1837-1838), les manuels anglais prennent le temps d'en expliquer longuement les causes et expédient en quelques phrases brèves le récit des combats qui surviennent alors que les manuels français, moins diserts sur les causes, s'attardent avec plaisir à raconter les événements avec force détails; pour eux, les combats soutenus en 1837 par les «patriotes» du Québec n'ont qu'un caractère défensif, et le récit met en vedette les excès des troupes gouvernementales.

Dans le rapport que le gouverneur général Durham présente à la Grande-Bretagne en 1839 pour mettre fin à la crise du Bas-Canada, les manuels anglais voient un document qui marque une étape principale dans l'histoire canadienne. Les manuels français retiennent surtout que ce rapport exprime l'exaltation de la nationalité anglaise aux dépens des Canadiens français et ils ne manquent pas de citer la célèbre phrase «Peuple sans histoire et sans littérature», qu'ils stigmatisent en la reproduisant hors de son contexte, alors que le mot de Durham ne fait que dépeindre une triste réalité : avant 1839, les Canadiens français n'ont encore ni historien pour raconter leur passé, ni œuvres littéraires dignes de ce nom, ni théâtre.

Dangereuse Confédération, affirment des manuels français ; bienheureuse Confédération, répondent les auteurs anglais, qui prennent soin d'en raconter la mise en place avec enthousiasme. Rogers écrit : «*In British North America, the colonies joined together without the loss of a single life or a drop of blood. Such an achievement may almost be classed as a miracle.*» Il est d'ailleurs significatif que les manuels français négligent la période du Canada confédéré : ils lui consacrent beaucoup moins de pages qu'à d'autres parties, et des pages maigres, superficielles ; un chapitre qui a plutôt l'air d'un appendice. Je me rappelle, collégien, que le professeur, prétextant un manque de temps (juin approchait), l'avait quasi escamotée. Alors que les manuels anglais se prononcent pour un engagement sans réserve en faveur du Canada, des manuels français (les plus influents) donnent priorité à un loyalisme provincial. Leur Canada est celui des Canadiens français aux XVIIᵉ et XVIIIᵉ siècles, le Canada des rives du Saint-Laurent, le Québec d'aujourd'hui.

Dans ce chapitre de la Confédération, deux thèmes retenaient, mais un court moment, notre attention : les écoles du Manitoba et la conscription. Les manuels des deux groupes ethniques ne s'entendent pas mieux sur la crise scolaire du Manitoba, dite des «écoles séparées», écoles que les Canadiens français voulaient distinctes des établissements publics, les seuls que subventionnait le gouvernement. Les manuels français n'étudient cette crise qu'en fonction de cas particuliers, qu'en s'arrêtant à des individus, quand les auteurs anglais y voient une crise à l'échelle nationale, mettant en cause tout le système de gouvernement.

On n'est pas plus d'accord sur la conscription de 1917. Elle n'était pas nécessaire, soutiennent les manuels français. Mais si! elle s'imposait, affirment les autres.

Au-delà de ces divergences qui ne portent que sur des points particuliers, les manuels présentent de leur groupe ethnique respectif une image fondamentalement différente, qui en même temps revendique une qualité supérieure de civilisation.

Ainsi, jugeant les institutions, les manuels anglais soutiennent que les leurs laissaient les habitants jouir de la liberté, quand celles de France, écrivent-ils, étouffaient ses colons. Les manuels français donnent un avis différent: au XVIIIe siècle, le pays de la liberté en Amérique n'est pas la Nouvelle-Angleterre, c'est la Nouvelle-France, mais ils ne parviennent pas à en faire une démonstration bien convaincante...

C'est, en effet, en regard du thème de la frontière que se placent les auteurs, c'est-à-dire en observant le régime de vie des colons européens qui, les premières années de l'établissement, forment une société pas encore organisée, dans un état quelque peu sauvage. Pour les manuels anglais, la «vie de frontière» est un phénomène très important qui produit d'heureux résultats sur l'homme: elle développe en lui une culture originale, le rend réaliste, lui apprend l'initiative, source de progrès, et en fait un être indépendant, supérieur à l'homme du Vieux Continent.

Les manuels français ne voient pas les choses de cette façon. Le pionnier, écrivent-ils, quand il s'installe en Amérique, est déjà un homme tout formé, qui affronte le nouveau milieu sans en subir de transformation, il le domine tout de suite. D'ailleurs, selon eux, l'esprit d'aventure et d'individualisme n'a eu qu'une faible part à déterminer la vie du pionnier, et ils condamnent ce qui sent l'aventure et l'indépendance. Pourtant, comme Français et Anglais ont longtemps vécu cette vie de pionnier, ce serait justement là, croyons-nous, un thème qui, proprement exploité, pourrait amener les uns et les autres à mieux se comprendre et à mieux raconter leur expérience commune du passé.

Anglais et Français ont eu aussi, séparément d'abord puis en commun, une longue histoire économique : ce thème aurait pu produire une même compréhension. Or, cet élément n'est pas mieux exploité que le précédent. Pour les manuels anglais, l'économie constitue une préoccupation constante et fondamentale, le capitalisme leur est une doctrine chère, les marchands jouent un rôle puissant et noble dans l'évolution du pays ; et les élèves de langue anglaise en abordent les questions comme un point de départ, comme une base sur laquelle se fondent les événements.

De leur côté, les manuels français ne touchent à l'histoire économique que par surcroît, comme à un appendice, parce qu'il faut bien venir à en parler. Chez eux, la cité idéale est celle qui se suffit à elle-même, en une économie fermée et sévèrement dirigée ; ces manuels caressent le rêve d'une société agricole où tout le monde est heureux et vertueux. Pour eux, les marchands sont des êtres vils, cupides, néfastes ; les entreprises commerciales sont impropres à l'œuvre grandiose et héroïque de colonisation. Tous les manuels français couvrent d'opprobre les marchands de fourrures.

C'est que, dans ces manuels, la préoccupation maîtresse, au centre de tout, est de caractère religieux. Certes, les manuels anglais parlent aussi de religion, mais comme d'un domaine qui ne relève pas proprement de l'histoire, ou bien quand ils attachent de l'importance, par exemple, à l'Église catholique, c'est à cause du problème des relations Église-État ou c'est pour porter leur attention sur son rôle social. Pour eux, les actions religieuses sont des actions individuelles : ils n'en font donc pas un thème majeur, qui marque une période de l'histoire.

Dans les manuels français, au contraire, la religion est à presque toutes les pages. Quel que soit le domaine abordé, on met en évidence la main de Dieu, par son intermédiaire l'Église (évidemment, l'Église catholique). L'objet de l'intervention divine est de permettre au Canada français d'accomplir une « mission providentielle », la conquête du continent « par la croix et la charrue », et l'évangélisation des Amérindiens. Cette atmosphère religieuse pénètre tous les manuels français : l'Église est partout. Chez Filteau, l'association des épithètes *catholique* et *français* revient sans cesse comme une obsession. Et puisqu'on associe catholicisme et groupe ethnique français, le protestantisme devient en l'occurrence l'ennemi.

On ne s'étonne plus que l'importance donnée à la religion et aux valeurs qu'elle soutient soit devenue base de racisme. Reprenant les théories de Garneau, du chanoine Pâquet et surtout du chanoine Groulx, les manuels français veulent inculquer à l'élève l'idée de cette mission apostolique confiée à la « race française en Amérique », qui la désigne en quelque sorte comme la race élue par Dieu, la plaçant au-dessus des autres, ces races matérialistes, commerçantes, terre-à-terre.

Ce qui est pour la race française facteur de survivance. Alors que les auteurs anglais, comme s'ils n'avaient plus à prouver la supériorité de leur société, ne se préoccupent pour ainsi dire pas de ce problème de survivance, les auteurs français cherchent sans cesse à se rassurer sur elle: «l'essentiel de notre histoire», prêche Guy Laviolette (pseudonyme d'un frère de l'Instruction chrétienne), ce sont «la pureté et la noblesse de nos origines»; cette race, selon Filteau, a été fondée ici par une immigration toute de qualité et elle s'est maintenue jusqu'à nos jours pure de tout alliage; et s'il survient des mariages entre Français et Anglais, on les condamne avec mépris. Nous cherchons en vain dans les manuels anglais pareil étalage de racisme.

Ce comportement du groupe français s'accompagne d'un repli sur lui-même. Certes, les Canadiens français respectent la France pour ce qu'elle leur a légué, mais ils ne se reconnaissent plus aujourd'hui en cette mère patrie. D'ailleurs, ajoutent ces manuels francophones, ils n'étaient déjà plus en 1760 des Français de France. Quant à l'Angleterre, mère patrie des Canadiens de langue anglaise, qui lui vouent, selon les manuels anglais, un loyalisme sans condition et dont les fêtes traditionnelles leur causent de si vives émotions, cette même Angleterre est pour les auteurs de manuels canadiens-français une parfaite étrangère et, en certaines pages, l'ennemi qu'on déteste.

Il est curieux de constater que dans ces manuels français, les Anglais, où qu'ils soient, en Angleterre, aux États-Unis ou au Canada, ne forment qu'une même

masse monolithique, partout agressive, partout domi-
natrice. Quiconque, selon ces manuels français, ose
pratiquer ou seulement proposer un rapprochement
se voit appliquer, comme une marque d'infamie, les
termes les plus durs : défection, transfuge, apostasie.
Et ce n'était pas là que littérature : l'abbé Arthur Maheux,
historien et archiviste, a été honni pour avoir servi de
pont entre les intellectuels québécois et l'Université de
Toronto ; moi-même, quand je suis passé de l'Université Laval à l'Université Carleton (où j'allais pourtant
enseigner l'histoire de la Nouvelle-France), une lettre
anonyme m'a qualifié de traître… Enfin, il nous paraît
plus grave, parce que lourd de conséquences pour le
Canada, qu'alors que les manuels anglais se préoccupent à peine de la survivance du groupe ethnique
de langue française (convaincus que l'avenir en est
assuré), les manuels français ont été des écoles d'un
nationalisme extrémiste.

Après examen de ces manuels, on ne s'étonne plus
que le séparatisme ou le nom derrière lequel il s'affiche (autonomie, souveraineté, partenariat) soit si fort
au Québec. Pendant des générations, on s'est servi de
l'histoire pour l'inculquer, au lieu de faire de l'histoire
un instrument équilibré de connaissance, une discipline de l'esprit. De sorte que, Canadiens de langue
française et Canadiens de langue anglaise, citoyens
d'un seul et même pays, nous sommes, pour ainsi dire,
condamnés à conserver de notre passé une double
interprétation, à apprendre notre histoire dans deux
bibles différentes : ce qu'en pratique, nous ne faisons
pas, n'ayant le goût ou la possibilité de n'en retenir
qu'une seule, celle qui est à notre convenance, celle de
notre groupe et non celle des « étrangers »…

Deux bibles différentes! Tenter de n'en plus faire qu'une seule? Verser un même vin nouveau dans les deux vieux tonneaux? Mettre en chantier un «manuel unique»? Cette campagne avait été entreprise par certains dans les années 1940: ils prêchaient ce qu'on appelait la «bonne entente» (souvenir de l'*entente cordiale* de 1905 entre la France et l'Angleterre). Ils croyaient que les Canadiens français et les Anglais avaient vécu assez longtemps en Amérique une aventure commune pour se donner une histoire commune, un même livre *a mari usque ad mare*.

Tout de suite, ce fut au Québec le grand branle-bas d'opposition, la mise à mort. Il n'en resta guère que l'expression «le bon-ententisme». Une génération passa, on tenta une solution plus nuancée, qui marquait une ouverture sur le voisin: un manuel dû à des auteurs des deux groupes ethniques. Je fus de cet essai avec le manuel *Canada: unité et diversité*. Essai maladroit, puisqu'un seul anglophone y a participé et que deux francophones se sont réservé d'une façon exclusive tout le Régime français et le Régime anglais de la Conquête à la mise en place de la Confédération, soit les deux tranches qui prêtaient aux plus vives controverses... Pas assez attrayant? D'une pédagogie insatisfaisante? En tout cas, les Québécois se montrèrent plutôt indifférents.

Pourtant, dans cette même période, un autre essai en histoire jouissait d'un vrai succès: l'Université de Toronto et l'Université Laval publiaient dans les deux langues et en une quinzaine de volumes le *Dictionnaire biographique du Canada*. Œuvre de deux équipes, anglophone et francophone, en constante consultation sur les articles en cours de travail, ce dictionnaire créait ainsi à mesure une matière propre à alimenter en toute objectivité ce qui équivaudrait à la matière essentielle d'un manuel unique...

Or, entre-temps, surprise : dans le grand remue-ménage de l'enseignement au Québec, le système traditionnel du manuel est supprimé. Les tenants d'un manuel unique d'histoire se retrouvent sans champ de bataille. Entre-temps encore, une génération a passé et autre surprise : l'habituel face à face des « deux solitudes » en matière de manuel d'histoire s'est estompé. Dans les régions à forte densité urbaine, la population québécoise devient multiethnique, un mélange de toutes nations.

Le Québec, en effet, n'est plus alors l'habitat des seuls « Québécois pure laine ». Déjà au XIXe siècle, de nouvelles strates s'étaient étendues sur le peuplement ancien, celles des « Loyalistes » américains et des Irlandais, tous anglophones. D'autres vagues de population que le XXe siècle a déversées sur le Québec sont d'origines bien plus variées. Européens de tous pays : Espagnols, Italiens, Allemands, Polonais, Grecs ; immigrants venus d'Afrique, du monde musulman ou de l'Inde ; Asiatiques du Vietnam, de Chine, du Japon ; Latins de l'Amérique du Sud ; Antillais, dont ces Haïtiens à ce point nombreux qu'une des leurs est devenue au Canada la représentante de la Reine. Et qui d'autre encore ?

Mais puisqu'il faut bien songer pour ces nouveaux Québécois à un enseignement de l'histoire, comment croire que les premières générations des nouveaux venus auront intérêt à l'étude de la Nouvelle-France ? Que pourront signifier pour eux l'épopée missionnaire, le régime seigneurial de nos premiers siècles, nos luttes constitutionnelles, notre aventure «ultra-montaine»? Combien de temps faudra-t-il pour que leurs descendants partagent avec nous un souvenir commun du passé? Bien différente, sans doute, sera alors la société québécoise; les manuels d'histoire (s'ils ont réapparu) seront peut-être les seuls à rappeler ce temps jadis où Canadiens français et Canadiens anglais se faisaient face en «deux solitudes».

Notes bibliographiques

Pour une étude plus détaillée de manuels d'histoire du Canada, voir Marcel Trudel et Geneviève Jain, *L'histoire du Canada. Enquête sur les manuels*, n° 5 des Études de la Commission royale d'enquête sur le bilinguisme et le biculturalisme, 1969, XIX-129 p.; George W. Brown *et al.*, *The Story of Canada*, Toronto, The Copp Clark Publishing Co., 1950; Gérard Filteau, *La civilisation catholique et française au Canada*, Montréal, Centre de psychologie et de pédagogie, 1960. *L'héritage du Vieux Monde*, Montréal, Centre de psychologie et de pédagogie, 1956; Frères des Écoles chrétiennes, *Découvreurs et pionniers*, Montréal, Frères des Écoles chrétiennes, 1958; Guy Laviolette, *L'épopée canadienne*, Laprairie, Frères de l'Instruction chrétienne, 1954; Hermann Plante et Louis Martel, *Mon pays*, Québec, Éditions du Pélican, 1963; et L. B. Rogers *et al.*, *Canada in the World Today*, Toronto, Clarke, Irwin and Co., 1950.

VII

Évêques de l'Église catholique
par la grâce d'un roi protestant

Le 10 août 1764, commence pour l'Église catholique du Canada un régime de servitude sous un gouvernement protestant. Elle avait déjà connu la servitude d'un État catholique. Avant 1760, le roi de France choisit et nomme l'évêque de Québec, il nomme le doyen et le grand-chantre du corps des chanoines (dit chapitre) ; du tribunal de justice ecclésiastique, on peut en appeler à la justice laïque du Conseil supérieur. Pour conserver un certain équilibre dans la société, le roi veille à ce que les communautés religieuses n'occupent pas plus de place qu'il ne faut ; il limite avec rigueur le nombre des sujets qu'elles peuvent admettre, il s'oppose à ce que les Filles séculières de la Congrégation s'engagent par des vœux solennels, il interdit aux Frères hospitaliers ces mêmes vœux ainsi que le port d'un costume particulier ; ériger et délimiter une paroisse, cellule de vie religieuse, ne relève pas seulement de l'Église ; la dîme, revenu qui appartient personnellement au curé, n'est pas fixée par l'Église seule ; l'État, au besoin, sert de bras séculier. L'Église est dans l'État et lui est soumise.

Toutefois, ce régime de servitude demeure une force et une garantie, car cette Église dépend d'un roi catholique, dit roi très chrétien, dont le premier devoir est justement de soutenir et de répandre le catholicisme dans le monde.

UNE ÉGLISE EN PLEIN DÉSARROI

Or, cette force va se transformer en une impuissance dramatique et cette garantie devient sans valeur, lorsque les droits de la Couronne de France sur la colonie du Canada sont cédés à la Couronne d'Angleterre.

De plus, à cause de ses effectifs, l'Église s'engage en 1764 dans la plus inquiétante des situations. C'est une Église sans évêque; le chapitre, en quelque sorte le Conseil et la Cour de l'évêque, ne compte plus au Canada que 5 membres sur les 13 habituels, et ses chanoines, communauté de quasi-contemplatifs, en sont réduits à vivre en dispersion. Deux grands ordres, les Jésuites et les Récollets, n'ont plus le droit de recruter. Le sort de la communauté sulpicienne formée de Français de France reste, et pour longtemps, en suspens. Une communauté de femmes, celle de l'Hôpital-Général de Québec, est au bord de la faillite; celle de l'Hôtel-Dieu de Montréal songe à rentrer en France. Par décès ou par désertion, le clergé a perdu en cinq ans le quart de ses effectifs: il ne compte plus à la fin de 1764 que 137 prêtres; or, le décès de l'évêque Pontbriand en 1760 a laissé vacant le siège épiscopal: plus d'évêque pour perpétuer le sacerdoce et l'on ne peut plus compter sur le clergé de France. Vers le même temps, l'Église acadienne s'est éteinte.

C'est dans ce contexte alarmant que l'Église catholique tombe sous la coupe d'un roi protestant, qui à son couronnement a juré de détruire le papisme ; mais aussi, ce qui ne pouvait être le cas dans le Régime français, sous la coupe personnelle des gouverneurs.

L'APPUI D'UN GOUVERNEMENT PROTESTANT

Notons toutefois qu'en certaines circonstances, lorsqu'elle aura besoin d'une force séculière pour mettre en vigueur ses volontés, cette Église catholique va recevoir l'appui du gouvernement protestant. Ainsi, les paroissiens de la Rivière-Ouelle s'adressent-ils au gouverneur Haldimand en 1780 pour faire expulser leur curé, le gouverneur transmet la requête à l'évêque Briand (Québec a alors son évêque depuis 1766) avec le commentaire suivant : « Je suis trop bien informé de la bonne conduite que le clergé du Canada a tenue envers le gouvernement, lors de l'invasion des rebelles [américains], pour ne pas réprimer la moindre insolence qui pourrait leur être affectée de la part des habitants ; et j'ai trop de confiance dans votre zèle et pour le service du roi et dans votre justice envers son peuple pour permettre à qui que ce soit d'empiéter sur vos droits et désobéir à vos ordres. »

Un instituteur protestant, du nom de Mastha, vient s'installer chez les Abénaquis de Saint-François-du-Lac pour faire du prosélytisme dans ce qui est considéré comme une mission catholique. L'évêque Signay en appelle au gouverneur Gosford en 1835 afin de mettre un terme à l'activité de Mastha ; le gouverneur ne peut expulser le prédicant, mais il fait quand même savoir à l'évêque qu'on entreprend des procédures civiles pour empêcher Mastha de construire une église protestante.

Autre appui de ce bras séculier : détruite par les bombes de 1759, la cathédrale de Québec n'avait été rouverte au culte qu'en 1771 mais, poussés par leur curé, les marguilliers ne voulaient pas que ce qu'ils tenaient pour leur église paroissiale servît en même temps de cathédrale et l'évêque Briand avait dû se contenter de la petite chapelle intérieure du séminaire de Québec. Il fallut l'intervention du lieutenant-gouverneur huguenot Cramahé pour terminer ces disputes ridicules, ce qui fit écrire à l'évêque Briand : « J'entre par la médiation de M. Cramahé, dans ma cathédrale, reconnue pour telle. »

PENSIONNAIRE DU GOUVERNEMENT

Cette Église reçoit encore l'appui du gouvernement protestant sous la forme d'un salaire versé aux missionnaires catholiques qui sont en poste chez les Amérindiens.

Surtout, l'appui financier le plus constant et le plus lourd apporté par le gouvernement a été sous la forme d'une location du palais épiscopal et (le plus compromettant) la pension annuelle de l'évêque.

Construit sous le Régime français, mais jamais complété, le palais avait servi en partie à l'administration française ; une fois réparés les dommages de la guerre, le gouvernement anglais l'occupe à compter du mois d'août 1777 et verse à l'évêque un loyer de 150 livres sterling (quelque 3750 livres françaises) par année, ce qui explique pourquoi les premiers députés du

Bas-Canada siégeront dans la chapelle épiscopale...
Porté ensuite à 500 livres, le loyer finit par atteindre
1000 livres (environ 4000 dollars). Or, ce palais tombait
en ruine et ne suffisait plus aux besoins de la Chambre
d'assemblée; l'évêque accepta en 1832 de céder édifice
et terrain, moyennant une rente annuelle et perpé-
tuelle de 1000 livres, ce qui valait mieux qu'un loyer
précaire et incertain.

L'évêque recevait, en outre, pour lui-même, une
pension annuelle. Ce soutien financier s'était présenté
pour la première fois en 1762, quand Briand n'était
encore que Grand vicaire; ne faisant partie d'aucun
séminaire ni d'aucun ordre, pourvu d'un maigre cano-
nicat et personnellement dénué, Briand avait accepté
du gouverneur Murray un cadeau de 20 livres sterling
(environ 500 livres françaises, l'équivalent de son cano-
nicat, ou peut-être 480 $ d'aujourd'hui) «*for his good
behaviour*». Évêque en 1766, il est assuré d'une pension
annuelle de 200 livres sterling (quelque 5000 livres
françaises), que le gouvernement appelle «salaire»; il
la touche jusqu'à sa mort en 1794. Cette pension passe
alors à l'évêque Hubert. En 1713, elle est portée à 1000
livres sterling pour récompenser la loyauté et la bonne
conduite de l'évêque Plessis. L'évêque Panet qui lui
succède jouit à son tour de cette pension; puis, l'évêque Signay, qui semble bien être le dernier évêque à se
laisser pensionner par le gouvernement.

UNE DANGEREUSE SÉCURITÉ POUR L'ÉVÊQUE

Ce gouvernement protestant ira plus loin dans sa politique de soutien, en nommant l'évêque Plessis au
Conseil législatif, fonction plutôt de caractère honoraire

et il ira même jusqu'à proposer à l'évêque Signay de siéger au Conseil exécutif, ce qui en aurait fait un ministre d'État.

C'était en tout cela apporter à l'Église une dangereuse sécurité. En permettant et surtout en demandant à l'État protestant de servir de bras séculier, on l'amenait à intervenir dans la vie privée de l'Église. Certes, le loyer qu'on acceptait pour le palais épiscopal ne pouvait guère établir qu'une relation strictement profane, il n'en était pas de même de la pension que touchait l'évêque ; Mgr Desgly en avait souhaité la continuation, Mgr Hubert fut heureux d'en profiter et, tout en badinant, il écrivait à son coadjuteur : « Avec cela je suis riche et j'espère que vous le serez aussi à votre tour. » Lorsqu'elle est augmentée au bénéfice de Mgr Plessis, le coadjuteur Panet en félicite son évêque, et quand il en hérite, il marque son contentement au gouverneur Dalhousie.

Il arrive parfois qu'on s'inquiète. À propos de cette pension qui passe soudain de 200 livres à 1000, le coadjuteur Panet écrit à Mgr Plessis : « Il est bon que cette gratification ne lui [à l'évêque] soit venue qu'après que le clergé a montré sa loyauté. Le peuple aurait pu croire qu'elle avait influé sur son zèle. Je souhaite que ce ne soit pas pour lui par la suite une occasion de juger que les évêques sont trop dépendants. » Que la gratification vienne après ou avant, elle n'en reste pas moins une façon de lier l'évêque aux intérêts du gouvernement, et c'est le résultat que recherche le lieutenant-gouverneur Milnes en 1800 ; l'évêque Denaut, « animé des meilleurs sentiments à l'égard du gouvernement », se plaint que ses revenus ne soient pas conformes à sa situation, et Milnes trouve l'occasion heureuse pour la politique britannique : « C'est une occasion, écrit-il, d'attacher plus étroitement l'évêque canadien au gouvernement, s'il plaît à Sa Majesté d'augmenter son traitement de manière à améliorer sa situation. »

Quant à l'honneur de faire partie des Conseils de Sa Majesté, il était tout aussi périlleux. Lorsque le gouverneur Aylmer en 1832 offre à l'évêque Signay d'entrer au Conseil exécutif, c'est un geste qu'on vient de faire à l'égard de Papineau et de Neilson, pour revaloriser ce Conseil aux yeux de la population. Papineau et Neilson venaient de refuser, mais il y eut hésitation parmi l'épiscopat : le coadjuteur Turgeon, à Québec, servit d'intermédiaire entre son évêque et le gouverneur ; et alors que Mgr Lartigue, à Montréal, optait pour un refus, Mgr Provencher, dans le Haut-Canada, se réjouissait de la promotion. Finalement, Mgr Signay porta au gouverneur une réponse négative, et il écrit à Mgr Provencher : « Vous vous réjouissez de me voir dans le Conseil exécutif, et moi, je suis content de n'y être pas entré, par des circonstances que j'attribue à la divine Providence qui juge mieux de ce qui est avantageux au bien de la religion. » L'acceptation par l'évêque Signay eût signifié l'engagement total de l'Église dans la politique du gouvernement.

Les évêques ne devinrent donc pas ministres d'État, mais au moins un, l'évêque Plessis, avait accepté d'être membre du Conseil législatif. Rome s'en inquiète et lui demande des explications. Plessis répond qu'il a accepté pour empêcher les conseillers protestants de se mêler des affaires de l'Église catholique et pour promouvoir les intérêts ecclésiastiques ; sa réponse fut étudiée par la Congrégation de l'Inquisition, et Plessis put conserver son poste.

Cet évêque pouvait être sincère dans ses objectifs, mais à cette époque de conflits entre une Chambre d'assemblée élue par le peuple et un Conseil législatif qui défendait âprement les privilèges de la Couronne, l'évêque Plessis risquait fort de passer pour l'homme du gouvernement, et c'est en somme ce qui lui est arrivé. L'évêque Lartigue écrit que, pour avoir fait partie du Conseil, Plessis a beaucoup baissé dans l'estime de ses ouailles : « Malgré son caractère connu, il passait chez beaucoup de Canadiens et plusieurs du premier rang, pour trop enclin à suivre toutes les mesures du gouvernement » ; et l'évêque Lartigue ajoute : « Je crois d'ailleurs que la religion perd plus qu'elle ne gagne dans ces honneurs civils rendus à l'Épiscopat. » À mesure que l'évêque assurait son rang social, il augmentait sa dépendance à l'égard du pouvoir civil.

L'ÉVÊQUE, *FACTOTUM* DES AUTORITÉS CIVILES

Offre d'un siège dans le Conseil exécutif, attribution d'une place au Conseil législatif, loyer de 1000 livres et pension de 1000 livres versées à l'évêque, paiement d'un salaire aux missionnaires des Amérindiens, appui du bras séculier ; tout cela engage l'Église dans la servitude et, à cette Église qu'il protège selon son intérêt, l'État ne ménage pas les pressions de toutes sortes.

Le gouvernement intervient auprès de l'évêque pour que les curés fassent le recensement des grains et le dénombrement de la population, ce qu'ils font, mais ce qu'ils n'avaient jamais fait sous le Régime français. L'évêque Hubert admet volontiers que c'est là une besogne onéreuse, mais qu'il ne pouvait la refuser au gouverneur et que les Canadiens en retireraient un avantage sérieux, et il s'en excuse auprès de son clergé : « Comme je n'aime pas à charger le clergé d'un ouvrage qui n'est pas précisément le sien, je n'ai consenti à donner la lettre circulaire ci-jointe, qu'après avoir témoigné la répugnance que j'y avais, depuis trois ans, en plusieurs occasions différentes. »

Le gouverneur ne se gêne pas pour exiger mandements et lettres circulaires sur les sujets les plus divers. Sous le Régime militaire, à Montréal, le gouverneur Gage avait manié les ciseaux de la censure dans un mandement ecclésiastique ; sous le Régime anglais, le gouverneur intervient d'une façon tout aussi encombrante. Pour inviter les Canadiens à repousser l'envahisseur américain, l'évêque Briand avait préparé une lettre circulaire, mais Carleton (qu'il appelle « le plus aimable des hommes, un homme charmant ») exige plutôt un mandement, et Briand lui donne satisfaction.

Ou bien, par ses circulaires, l'évêque se fait en quelque sorte le publiciste, le crieur public du gouvernement ; ce qui ne se faisait pas sous le Régime français, la diffusion des édits et ordonnances étant assurée par le capitaine de milice. Or, en 1768, l'évêque publie une circulaire pour faire connaître les intentions du gouvernement au sujet des cabarets ; en 1772, c'est pour rappeler aux paroissiens qu'il est défendu de donner retraite aux soldats déserteurs ; en 1775, pour annoncer le rétablissement des milices ; en 1781, pour répandre une ordonnance sur les blés ; en 1790, pour inviter les curés à collaborer à l'organisation de la milice; en 1812, pour que les paroissiens fassent les récoltes à la place des miliciens absents; et dans une autre circulaire de la même année, l'évêque transmet aux curés la satisfaction du gouverneur pour l'aide qu'ils ont apportée «tant dans la levée des milices, que dans le maintien de la subordination, qui règne parmi elles».

Plusieurs fois, l'évêque se fait tout simplement le distributeur des missives gouvernementales. En 1790, l'évêque Hubert transmet à ses curés le texte des ordres concernant la milice; en 1798, l'évêque coadjuteur Plessis est invité à distribuer des brochures du gouvernement parmi le peuple et à transmettre aux curés une proclamation civile d'actions de grâces; en 1805, à la demande du lieutenant-gouverneur, l'évêque Denaut envoie à ses curés deux lois à afficher; en 1807, l'administrateur Dunn veut publier un ordre sur la milice et il en fait distribuer le texte par l'évêque; en 1813, l'évêque Plessis reçoit cent exemplaires d'une proclamation qu'il enverra à son clergé; en 1832, profitant de l'expédition d'un mandement sur le jeûne, l'évêque Panet y joint une proclamation du gouverneur; en 1838 (et ce serait la dernière fois que l'évêque sert ainsi de véhicule), Signay se soumet au désir de Durham et envoie aux curés des exemplaires de la célèbre proclamation de 1838 pour lui procurer «la plus grande publicité possible parmi vos paroissiens». Selon l'évêque Lartigue, certains curés ont lu en chaire, à même le journal *La Gazette*, à la fois le mandement épiscopal et la proclamation du gouverneur, ce qui l'amène à ajouter: «Voyez le bel effet!»

L'évêque Plessis, pour sa part, semble n'avoir jamais protesté, se contentant tout au plus en 1807 d'inviter les curés à faire lecture d'une ordonnance civile en dehors du service divin et de l'église. En 1810, à l'occasion de la saisie du journal *Le Canadien*, il va même jusqu'à distribuer à ses curés la proclamation du gouverneur Craig qui tendait, écrit l'évêque, «à détruire les impressions dangereuses qu'aurait pu faire sur les esprits des sujets de cette province, la circulation de certains écrits propres à créer de la défiance, de l'éloignement et du mépris du pouvoir exécutif de Sa Majesté», et l'évêque invita ses curés à augmenter chez leurs paroissiens la confiance dans le gouvernement. En cette crise politique où la liberté venait de souffrir durement, l'évêque et son clergé eurent l'air, aux yeux du peuple, de se ranger ouvertement du côté du gouverneur Craig.

Quant à l'évêque Lartigue, de Montréal, regrettant que l'évêque Panet ait envoyé, avec son mandement sur le jeûne, une proclamation «anti-française du gouverneur», il écrit à Plessis qu'on a été très froissé en certains milieux : «J'apprends que des curés ont été si mécontents de recevoir la proclamation du gouverneur en même temps et par la même voie que votre mandement qu'ils ont comparé cette époque à celle où le général Craig envoyait les siennes par le canal de l'évêque, et j'en connais qui ont laissé de côté cette proclamation, sans la remettre à personne, parce qu'ils ne se regardent pas avec raison, comme officiers publics du gouvernement civil. »

On comprend que, devant une hiérarchie ecclésiastique qui consent à servir de courrier royal, un gouverneur ait pris sur lui d'annoncer lui-même jeûne et prières publiques ; à l'évêque Panet qui ne semble pas s'en inquiéter, l'évêque Lartigue écrit qu'il est contraire à la discipline de l'Église d'annoncer des jeûnes dans le temps pascal, que c'est là chez le gouverneur un acte de suprématie inconvenant pour les catholiques et dont il faut le guérir.

L'Église subit encore cette servitude dans le recrutement et dans la mission de ses membres. En 1763, le roi avait décidé de laisser s'éteindre les Jésuites et les Récollets. Le sort que l'on impose aux Jésuites peut, dans le contexte de l'époque, se comprendre facilement, les Jésuites étant déjà persécutés ou pourchassés par des pays catholiques, mais on doit se rappeler que la France les chasse de son territoire, quand l'Angleterre se contente de les laisser s'éteindre. Mais pourquoi le gouvernement anglais s'en prend-il aussi aux Récollets ? Il semble bien que l'Angleterre ait voulu par là réduire tout le clergé à un état séculier et faire disparaître, comme dans le cas des Jésuites, un ordre qui dépendait d'une autorité européenne et, par conséquent, mettre tout clergé sous la dépendance de l'évêque et le rendre ainsi plus facilement contrôlable.

Le gouvernement veille aussi à bloquer l'entrée du pays à toute nouvelle communauté religieuse. À une époque où l'Église catholique du Canada voit diminuer ses effectifs d'une façon alarmante, voici que s'amène à Québec en 1801 un père Zocchi de la Société de la Foi de Jésus : il espère s'établir avec les siens dans le Bas-Canada. L'évêque Denaut remercie le Ciel de ce secours. Or, le père Zocchi passe en vain l'hiver à Québec : le lieutenant-gouverneur refuse de les admettre dans la province; l'évêque espère qu'ils pourront au moins s'établir dans la Nouvelle-Écosse, qui fait alors partie du diocèse de Québec, mais le candidat en est réduit à passer aux États-Unis avec ses religieux.

En 1828, l'évêque Lartigue projette de faire venir à Montréal des Frères de la doctrine chrétienne, mais l'évêque Panet lui répond que cela ne peut se faire : « Le gouvernement s'opposera à l'introduction de ces personnes et ne les souffrirait pas dans la province, sous prétexte que ce sont des étrangers, [...] on les considérerait comme des religieux et c'est assez pour leur fermer l'entrée de la province. » L'Église canadienne va donc continuer de vivoter sans pouvoir compter sur un secours de l'extérieur.

Le pouvoir civil intervient aussi dans les cures. Sous le Régime français, l'Église l'avait emporté sur l'État en assurant contre lui l'amovibilité des cures (entendant par là que les curés n'étaient en fonction que le temps voulu par l'évêque) ; et le gouverneur n'avait aucune autorité sur elles. À l'exception des cures de Notre-Dame de Québec et de Notre-Dame de Montréal qui ont un statut spécial, l'évêque d'avant 1760 demeure parfaitement maître en ce domaine.

C'est Murray qui, le premier des gouverneurs du Régime militaire, s'arrogea d'intervenir dans la nomination des curés, en vue de les tenir « dans un état de sujétion nécessaire » ; et un article des instructions royales vint en 1775 préciser que « personne ne pourra recevoir les ordres sacrés et n'aura charge d'âmes sans avoir au préalable obtenu » la permission du gouverneur. Comme bien d'autres articles, celui-ci pouvait demeurer lettre morte sans qu'il y ait blâme de la part de Londres, mais il était toujours à craindre qu'un gouverneur applique rigoureusement ces instructions ou se fonde sur elles pour exercer quelque gênante pression.

À cause d'une pression de ce genre ou simplement par faiblesse devant le pouvoir politique, l'évêque Denaut aura l'habitude, de 1797 à 1805 (pendant tout son épiscopat), d'envoyer chaque année à l'autorité anglaise pour approbation, un rapport de ses nominations aux cures; quand il se juge en retard, il s'en excuse; si un mois ou deux après ce rapport, survient un nouveau changement d'obédience, il rédige un nouveau rapport à l'adresse du gouverneur. Chez lui, aucune réticence, bien au contraire : « Je le fais aujourd'hui [...] avec un nouveau plaisir », écrit-il au gouverneur en 1799; ou en 1802 à l'adresse du lieutenant-gouverneur : « Ce rapport, que j'aime à lui faire tous les ans, me procure le précieux avantage de lui présenter mes respectueux hommages »; et il insiste sur sa fidélité à remplir ce devoir : « Depuis que je suis évêque en titre, je n'ai pas manqué de donner aux gouverneurs connaissances des arrangements que les circonstances amènent tous les ans, dans mon diocèse. »

Il devient alors normal que les autorités anglaises en profitent pour mettre de l'avant certains candidats ou pour en éloigner d'autres. En 1774, Pierre-Antoine Porlier, curé de Sainte-Anne-de-la-Pocatière, souhaite obtenir la cure de Québec et l'évêque est prêt à donner son consentement, mais le lieutenant-gouverneur Cramahé, qui vient de faciliter à l'évêque Briand l'entrée dans sa cathédrale, fait opposition : Porlier n'aura pas sa promotion. En 1797, le gouverneur Prescott désire qu'on offre à Pierre-Simon Renauld la cure de Saint-Laurent (près de Montréal) : l'évêque Denaut se rend à cette demande. En 1798, le prince Edouard, qui avait séjourné à Québec de 1791 à 1793, demande par lettre à l'évêque Denaut que Gilmer, prêtre irlandais émigré de France, soit placé de manière avantageuse dans le diocèse : Denaut le nomme grand-vicaire dans la Nouvelle-Écosse ; mais voici que ce Gilmer se présente plutôt dans le Bas-Canada : comme le prince avait parlé d'un bon poste, l'évêque destine Gilmer à la cure de Saint-Nicolas et s'excuse auprès du prince de ne pouvoir faire mieux ; Gilmer refuse. L'évêque coadjuteur est convoqué chez le gouverneur et celui-ci ne donne raison à l'évêque que lorsque Gilmer a suffisamment démontré qu'il est intraitable.

Ou bien l'autorité civile intervient pour faire déplacer un curé. En 1800, Beaumont, curé de Terrebonne, s'était mêlé de faire élire comme député un certain Bouc qui s'opposait à un candidat qui avait l'appui du gouverneur. Le secrétaire d'État Ryland écrit à l'évêque que, de l'avis du lieutenant-gouverneur Milnes, il vaudrait mieux envoyer Beaumont dans une autre paroisse : l'évêque Denaut le retire de Terrebonne et lorsqu'il l'envoie à Verchères, il a soin d'en avertir le lieutenant-gouverneur.

Interventions qui illustrent la «suprématie» que s'arroge l'autorité civile anglaise et qui ne sont pas des accidents. Elles marquent les étapes d'une politique bien définie, dont le lieutenant-gouverneur Milnes a été le principal artisan.

Cette politique, comme la décrira l'évêque Plessis, «serait de faire nommer par le gouvernement tous les curés du diocèse et de leur faire donner des commissions royales pour assurer leurs droits temporels en même temps que l'évêque leur donnerait la juridiction spirituelle. [...] Combien de fois ne pourra-t-il pas arriver que le gouverneur voudrait commissionner un prêtre que l'évêque ne jugerait pas digne de la place dont il s'agirait? D'ailleurs, ce point n'est pas le seul sur lequel ils entendent empiéter. C'est courir à grands pas à la dégradation du clergé et à la destruction de la religion catholique en ce pays.»

En retour du droit de nommer aux cures, Milnes offrait à l'évêque un établissement solide mais, se demandait l'évêque Denaut, si le gouverneur présente aux cures et si celles-ci deviennent inamovibles, que restera-t-il à l'évêque? Denaut en conclut sagement: «J'aimerais donc mieux mon état précaire, tel qu'il est, que cet établissement solide, tel qu'il m'est offert.»

Quand même, il se laisse prendre au jeu: sous prétexte de lui procurer un état temporel plus avantageux, Milnes l'amène à demander, dans une requête au roi, cette «existence civile tant pour lui que pour les curés du diocèse» avec les «prérogatives, droits et émoluments temporels» que le roi voudra y attacher; cette requête, selon l'évêque Plessis, pourrait donner occasion au gouverneur «de se faire autoriser à nommer aux cures», et c'est pourquoi l'évêque Denaut exprimera son repentir de l'avoir signée.

Avec moins d'habileté et de charme que Milnes, le gouverneur Craig voudra en 1811 pousser les choses jusqu'au bout. Au cours de trois célèbres conversations entre lui et l'évêque Plessis, il tente d'allécher l'évêque par un établissement solide, aux conditions que Milnes avait proposées à l'évêque Denaut; il use de menaces à peine voilées, mais l'évêque Plessis, si faible sur d'autres points vis-à-vis du gouvernement, lui oppose le refus le plus ferme.

Même s'il intervient de temps à autre dans la nomination aux cures et s'il soumet les curés à diverses corvées civiles, le gouvernement devra en ce domaine laisser toute juridiction à l'évêque. Il a plus de succès dans le domaine épiscopal. Succès qui se produit dès le début du Régime anglais.

Réunis dans le plus grand secret à Québec, le 15 septembre 1763, les chanoines élisent pour évêque le sulpicien Montgolfier, supérieur d'une riche communauté et homme imposant qui pouvait se passer de tout secours de l'État. Peu après, Murray est nommé gouverneur-général ; lui, il a son candidat pour l'épiscopat : le grand-vicaire Briand, homme timide et sans ressources, attaché à aucune communauté et qui avait déjà reçu l'aide financière de Murray. À cause de l'opposition officielle qu'on lui fait, Montgolfier se désiste. Les chanoines procèdent à une autre élection le 11 septembre 1764 : après invocation au Saint-Esprit, ils élisent… Briand. Le Régime anglais, vieux d'à peine un mois, commençait mal pour l'Église canadienne, dont l'évêque était l'élu du gouverneur anglais et protestant.

Carleton et plusieurs autres gouverneurs joueront le même rôle que Murray. Afin d'assurer la survivance de l'épiscopat, l'évêque Briand avait obtenu de Rome qu'il désignerait lui-même son coadjuteur et successeur. Revenu au pays en 1766, il songe donc à se donner tout de suite un coadjuteur : il en demande la permission au lieutenant-gouverneur Carleton. D'ailleurs, à cause de sa timidité et des problèmes que lui causaient certains de ses prêtres, Briand parlait déjà, à 52 ans seulement, de se retirer. Carleton apprend bientôt que les curés de la région de Montréal délibèrent entre eux sur le choix d'un candidat ; il s'inquiète et se rend chez l'évêque, mais celui-ci le rassure. Carleton laisse traîner l'affaire jusqu'en 1770 et donne enfin son consentement.

Selon la version que Briand donne à un collègue, le choix du coadjuteur s'est fait « de l'agrément du gouverneur », mais au nonce de Paris (qui représente le pape en France), il donne une version moins pudique. Le gouverneur, avoue-t-il, « m'a proposé pour mon coadjuteur M. Jean-Philippe Mariauchau Desglis » ; ou, comme il l'écrit à un de ses vicaires généraux, le gouverneur « a paru désirer M. d'Esgly ; je n'ai pas cru devoir m'y opposer, c'est un bon prêtre ».

Mariauchau d'Esgly sera donc le premier anneau qui doit relier Briand à d'éventuels successeurs, devant ainsi assurer la continuité de l'épiscopat catholique sous un régime protestant. Mais qui est ce Mariauchau d'Esgly que le gouverneur « a paru désirer » et que Briand lui accorde ? C'est un prêtre de 60 ans, donc de 5 ans plus âgé que l'évêque en titre, affligé en outre de surdité et dont l'évêque Briand dira dès 1774 que ce coadjuteur ne lui est pas « d'un grand secours » ; curé de Saint-Pierre de l'île d'Orléans depuis près de 40 ans, il y demeure non seulement dans le temps de son coadjutorat, mais même une fois devenu évêque de Québec, ce qui compliquera sérieusement l'administration du diocèse, car en hiver et au printemps, l'île n'était pas toujours accessible. Choisi en 1770, il ne sera sacré qu'en juillet 1772 à cause de difficultés survenues à Londres, et ne sera proclamé que deux ans plus tard. Il avait donc fallu huit ans pour assurer la survivance épiscopale, et encore n'avait-on obtenu par le choix du gouverneur qu'un coadjuteur sexagénaire, plus vieux que l'évêque à qui il est appelé à succéder, et entêté jusqu'à sa mort à vivre dans son île, au lieu d'accepter des appartements au séminaire de Québec.

Ce même problème de survivance épiscopale se présente 10 ans plus tard. Briand âgé de 69 ans sent croître ses infirmités et son coadjuteur est un vieillard de 74 ans ; on pouvait craindre « que la mort de l'un et de l'autre ne privât encore le diocèse de la succession épiscopale ». Briand démissionne donc en 1784 pour que d'Esgly devenu évêque en titre commence les démarches pour avoir un coadjuteur et successeur.

Profitant, semble-t-il, de l'absence du gouverneur Haldimand (qui vient tout juste de partir pour l'Angleterre), l'évêque d'Esgly choisit pour coadjuteur Jean-François Hubert, ancien secrétaire de Briand et alors missionnaire à Détroit, prêtre qui n'avait que 45 ans. Pour l'évêque d'Esgly, le droit du roi d'Angleterre à nommer l'évêque « paraît incontestable », mais on compte que « du moins pour cette fois », le roi n'aura pas d'autre candidat que Hubert. Or, il paraît qu'Haldimand, assez mécontent de ce qui s'était passé, aurait alors poussé deux candidats, l'un dominicain, l'autre récollet qu'on disait de tristes sujets. En tout cas, Londres exige d'abord qu'on offre le coadjutorat à celui-là même que Murray avait écarté 20 ans plus tôt, le sulpicien Montgolfier.

Situation devenue très embarrassante : Rome a déjà accepté Hubert ; quant à Montgolfier, il avait vieilli depuis l'élection secrète de 1763 ; âgé de 74 ans, malade et retombé « en enfance », il refuse dans toutes les formes et Londres alors laisse le champ libre à Hubert. Les bulles papales arrivent en mai 1786, mais le lieutenant-gouverneur Hope, faute de confirmation officielle de Londres, ne permet pas de procéder à la consécration du nouvel évêque ; on attendra donc l'arrivée du nouveau gouverneur, Carleton devenu Dorchester, ce qui reporte le sacre à novembre suivant. L'évêque Hubert est donc le premier évêque du Régime anglais à venir véritablement du choix de la hiérarchie catholique, mais les deux années de tractations avaient bien failli, à cause de la vieillesse de Briand et de son successeur, mettre fin à la survivance épiscopale.

LE GOUVERNEUR IMPOSE UN COADJUTEUR EMBARRASSANT

Devenu évêque en titre en 1788, Hubert doit à son tour se trouver un coadjuteur : c'est le gouverneur Carleton qui le choisit. À ne lire que la correspondance ecclésiastique avec Paris et Rome, on croirait que l'évêque a procédé en toute liberté. Or, nous avons dans une lettre de Hubert à Dorchester l'aveu suivant : « Quand il a plu à Votre Excellence de nommer Monsieur Bailly pour mon coadjuteur. »

Ancien missionnaire d'Acadie et ancien aumônier militaire, Bailly de Messein avait été pendant quatre ans en Angleterre précepteur des enfants de Dorchester ; lorsque celui-ci revient en 1786, Bailly de Messein, curé de Neuville, est un assidu du château ; et l'on voit tout de suite pourquoi Dorchester impose ce prêtre qui a été de sa famille. De ce coadjuteur mondain et ambitieux, l'évêque Hubert aura à se plaindre amèrement, en particulier dans la querelle universitaire de 1789 ; il écrira même à Dorchester : « Plus il est voisin du sommet, plus il s'efforce d'y atteindre. La seconde place dans mon diocèse ne lui suffit pas. » Pour sa conduite à l'égard de son évêque, Bailly de Messein sera par Rome menacé même de destitution.

Ce coadjuteur embarrassant décède en 1794. Instruit par l'expérience, Dorchester va-t-il laisser toute liberté à l'évêque dans le choix d'un coadjuteur et successeur ? Il se produit un premier changement important : le gouverneur propose trois noms à l'évêque et celui-ci indique sa préférence. Hubert est tout heureux de la « liberté du choix » ; le gouverneur, écrit-il à Rome et ailleurs, « m'a laissé dans ce choix une liberté entière sur ceux qu'il m'avait nommés ». Curieuse liberté entière que ce choix entre trois candidats imposés à l'évêque catholique par un gouverneur protestant ! En tout cas, parmi ces trois candidats, Hubert choisit Pierre Denaut, curé de Longueuil, et il l'invite à remercier le gouverneur d'avoir pensé à lui.

Denaut accède au siège épiscopal en 1797. Il lui faut un coadjuteur. Quand Plessis aura été choisi pour cette fonction, Denaut écrira : « Ce n'a pas été une petite affaire de nommer un coadjuteur. » Que s'est-il passé ? La nomination du coadjuteur, vient-il d'écrire, dépend entièrement du bon plaisir du roi ou du gouverneur et il est à craindre que l'épiscopat « ne soit accordé à la brigue ou à la faveur de quelque ambitieux ». Il y avait eu l'histoire Bailly de Messein, elle faillit se répéter lorsque le prince Édouard, dans des circonstances restées obscures, tenta de faire accepter Pierre-Simon Renauld, curé de Beauport. On choisit plutôt Plessis, curé de Québec, réputé pour son vaste savoir et son éloquence; âgé de 34 ans, il sera le plus jeune évêque du pays laurentien sous le Régime anglais. Il a été le candidat mis de l'avant par le gouverneur Prescott. Nous ignorons s'il a été un candidat unique ou si d'autres avaient été placés en lice. En tout cas, l'évêque Hubert écrit à ce gouverneur : « Je ne saurais témoigner trop de reconnaissance à Votre Excellence pour le choix qu'elle a fait du futur coadjuteur. Ce choix est selon mon cœur. »

UN AUTRE COADJUTEUR PLUS VIEUX
QUE SON ÉVÊQUE

Quand Plessis devient évêque en titre en 1806, à 43 ans, il a besoin lui aussi d'un coadjuteur pour assurer la survivance épiscopale. En 1770, le coadjuteur désigné avait 5 ans de plus que l'évêque : cette fois-ci, Bernard Panet, curé de la Rivière-Ouelle, en a 10 de plus ! Ce qui donnera lieu longtemps à des inquiétudes. Un évêque américain écrira à l'évêque Plessis en 1817 : « Je regrette bien l'infirmité de votre vénérable coadjuteur. » Voyant l'évêque titulaire parvenu à 62 ans quand le futur successeur en a 72, l'évêque Lartigue s'en ouvre à Plessis dans une lettre qu'il lui demande de brûler : curé de la Rivière-Ouelle depuis 44 ans, le vieux coadjuteur, écrit Lartigue, a de la répugnance à vivre en ville, il n'est aucunement initié à la fonction épiscopale, il serait homme à se laisser imposer un coadjuteur par le gouvernement; « où en serait alors la religion en ce pays? »

Qui donc avait choisi Panet? La correspondance officielle nous le présente comme demandé par l'évêque Plessis lui-même, mais la correspondance officielle a toujours fait illusion sur ce point. C'est l'évêque Panet lui-même qui nous donnerait la vraie réponse, lorsqu'il affirme que, depuis la Conquête, l'usage a toujours été que le gouverneur choisisse le coadjuteur. Or, quand il fait cet aveu aux autorités romaines, il ajoute comme pour disculper ses prédécesseurs, que le gouverneur choisit parmi trois prêtres que lui présente l'évêque ; Panet fait ici erreur ou s'arrange pour que Rome ne porte pas condamnation : d'Esgly et Bailly ont été désignés par le gouverneur sans qu'on lui ait donné à choisir parmi d'autres prêtres ; et Denaut a été choisi par l'évêque parmi trois candidats proposés par le gouverneur ; il a pu en être de même pour Plessis et Panet.

UN *MODUS VIVENDI* ACCEPTABLE

Le problème de la succession épiscopale se pose de nouveau en 1825 à la mort de Plessis : le nouvel évêque en titre, Panet, a besoin d'un coadjuteur. Toutefois, la situation n'était plus la même qu'auparavant, car Plessis avait obtenu directement de Londres la nomination de quatre nouveaux évêques auxiliaires pour assister l'évêque en titre de Québec : en 1817, Alexandre McDonell pour le Haut-Canada (ou Ontario) et Bernard-Angus McEachern pour les provinces maritimes ; en 1819, Joseph-Norbert Provencher pour la Rivière-Rouge (Manitoba) et Jean-Jacques Lartigue pour Montréal. Ils avaient été le libre choix de la hiérarchie catholique, parce qu'aucun d'eux n'était habilité à succéder au siège de Québec, le seul qui fût reconnu dans le Bas-Canada. En 1794, le gouverneur avait présenté trois noms à l'évêque ; cette fois, en 1825, c'est l'évêque qui présente au gouverneur Dalhousie : Joseph Signay, Pierre-Flavien Turgeon et un autre candidat qui nous demeure inconnu. Ces deux derniers firent savoir au gouverneur qu'ils refuseraient l'épiscopat s'ils étaient choisis ; restait donc Signay (prononcé *sinaï)*. On craignit un temps que le gouverneur prît sur lui d'ajouter d'autres noms ; et par ailleurs, selon Lartigue, une faction aurait tenté de mousser la candidature du célèbre Chaboillez, curé de Longueuil, dont les polémiques avaient causé tant d'émoi.

En tout cas, Dalhousie opte pour Signay, seul candidat et présenté par l'évêque, et lui écrit comme s'il avait eu le monopole du choix : « *I have selected you to that charge* » ; et, à l'évêque Panet, il annonce dans une lettre : « *Having after mature consideration selected Monr Signay to the coadjutor in your vacancy, and knowing from yourself that that nomination is acceptable to you.* » Aurait-on enfin trouvé une méthode qui pût accommoder toutes les puissances ?

Or, il fallait, en plus des bulles de Rome, attendre l'approbation de Londres, et Dalhousie intervint avec une innovation dangereuse : il prétendait qu'il fallait envoyer à Londres trois noms parmi lesquels là-bas le gouvernement choisirait. Le temps passa et, en 1826, l'évêque Panet s'alarme à bon droit : « À mon âge de 74, tout à l'heure accomplis, je puis à tout moment descendre au tombeau et où en serait le diocèse de Québec, s'il n'y avait pas de coadjuteur ? » Choisi à la fin de 1825, Signay put enfin se faire sacrer en mai 1827, après un retard d'un an et demi qui avait failli interrompre la succession épiscopale.

Devenu trop vieux, l'évêque Panet laisse l'administration du diocèse à son coadjuteur Signay, au début d'octobre 1832. Informé en même temps de cet événement, le gouverneur Aylmer écrit tout de suite à l'évêque Panet, comme sous l'effet d'une urgence : « Pour ce qui regarde la question intéressante de trouver un coadjuteur [au futur évêque Signay], je prie votre Seigneurie d'avoir la complaisance de [lui] communiquer mon désir de m'entretenir avec lui là-dessus ; et j'espère que le résultat contentera et votre Seigneurie et lui. » Que résulta-t-il de ce rendez-vous de Signay au château ? une lettre d'Aylmer à Signay le lendemain : « *Having after mature consideration selected Mons. Turgeon to be the coadjutor in your vacancy and knowing from yourself that this nomination is acceptable to you.* » Trois mois après, le coadjuteur Turgeon était accepté par Londres. En ce choix de 1832, le gouverneur Aylmer a donc pris l'initiative en faisant venir l'évêque au château pour discuter d'un coadjuteur, il exprime la solution dans les mêmes termes que Dalhousie, mais on constate bien que c'est l'évêque qui fait passer son candidat. On en est donc arrivé à un *modus vivendi* acceptable aux deux parties et devenu habituel.

À partir de 1832, la situation évolue encore. Rome décide en 1834 qu'on lui enverra trois noms d'épiscopables choisis par les évêques, les vicaires généraux et les supérieurs réunis ; et que, ces noms une fois approuvés, l'évêque de Québec en présenterait un seul au gouvernement britannique. Mais, sous le gouvernement actuel, écrit l'évêque Panet, il n'était pas possible « de suivre la marche ordinaire prescrite par le S. Siège » ; et Turgeon écrit en 1834 : « Situés comme nous le sommes avec le gouvernement, nous nous voyons exposés à voir bouleverser à Rome ce que nous aurons réglé ici avec connaissance de cause », mais depuis que Londres s'est désisté du choix sur les trois noms, il devient plus praticable d'envoyer trois noms à Rome.

L'évêque Turgeon est le dernier coadjuteur du siège de Québec dont le choix est une affaire à décider entre le gouverneur et l'évêque en titre. La hiérarchie catholique ne traite plus, sur ce point, qu'avec Rome.

IL FALLAIT AUSSI DIVISER
CE DIOCÈSE CONTINENTAL

Le problème de la nomination d'un coadjuteur n'était qu'intermittent, ses données pouvaient varier d'un gouverneur à l'autre, d'un évêque à l'autre, il pouvait être plus ou moins difficile selon les circonstances. Or, un problème d'envergure harasse sans arrêt pendant 70 ans l'Église catholique du Canada français : la subdivision de l'immense diocèse de Québec.

Le diocèse primitif couvrait toute la Nouvelle-France, c'est-à-dire du golfe Saint-Laurent au golfe du Mexique. La Conquête de 1760 l'amputa de la Louisiane, puis le traité de 1783 en détacha le territoire des États-Unis. Il restait quand même les provinces de l'Atlantique, le Bas-Canada, le Haut-Canada et l'Ouest. Dès 1783 et plus fortement encore en 1789, l'évêque de Québec aurait voulu un évêque à Montréal mais, écrivait-il, « il faut pour cela auprès des cours de Londres et de Rome, beaucoup de formalités qui demandent du temps ». Rome manifesta tout de suite son accord.

Il y avait Londres. Périodiquement, en 1803, en 1806, en 1809, en 1816, on revient là-dessus, comme lorsque l'évêque Plessis écrivait en 1806 que l'Église canadienne « aurait besoin d'être divisée en quatre ou cinq diocèses pour pouvoir être gouvernée passablement». On n'y pouvait rien, il y avait toujours obstacle de la part de l'Angleterre. L'évêque Plessis était depuis deux ans reconnu officiellement par Londres comme évêque de Québec, lorsque le pape Pie VII prend sur lui, par les bulles du 12 janvier 1819, de le nommer archevêque et lui donne pour suffragants McDonell, évêque auxiliaire à Kingston, et McEachern, évêque auxiliaire dans l'Île-du-Prince-Édouard : ce qui veut dire au moins deux nouveaux diocèses à venir. Plessis soumet tout de suite à lord Bathurst le projet de quatre nouveaux diocèses : les Maritimes, Montréal, le Haut-Canada et la Baie d'Hudson. Ce qui laissait quand même au diocèse de Québec une population de 150 000 âmes, répartie sur une étendue de 800 kilomètres.

Or, l'initiative de Rome en 1819 avait causé un froid très dommageable dans les relations entre Londres et Québec. Prétextant que ce projet donnerait à l'évêque catholique préséance sur l'évêque protestant (celui-ci n'étant toujours qu'évêque et non archevêque), lord Bathurst répondit que le gouvernement n'y donnerait jamais son accord. De sorte qu'en 1821, du point de vue de Rome, nous avons un Plessis qui est archevêque au-dessus de ses suffragants McEachern, Lartigue, McDonell et Provencher, chacun à la tête d'un diocèse, alors que, du point de vue de Londres, Plessis n'est qu'un évêque assisté de quatre vicaires généraux. Comme le précisait le secrétaire du gouverneur dans une lettre à Plessis : « *There is one bishop acknowledged in Canada.* » De la Nouvelle-Écosse au Manitoba, il n'y a donc toujours qu'un seul diocèse, qu'un seul évêque.

Le titre d'archevêque qu'avait reçu Plessis en 1819 va donc demeurer secret jusqu'en 1844. Il n'était pas facile à dissimuler. Par exemple, lord Bathurst lit dans *La Gazette de Québec* que l'archevêque Plessis a procédé à l'installation canonique de l'évêque Lartigue à Montréal ; il se plaint tout de suite que Plessis a violé les conventions qui avaient été faites entre eux, mais le chargé d'affaires de Plessis à Londres lui déclare que c'est là une fausse nouvelle, et Bathurst s'excuse. Quand les bulles arrivent de Rome, nommant McEachern et McDonell suffragants de Plessis, on recommande le grand silence ; en 1820, un document papal à l'adresse de Lartigue contient le mot archevêque : Plessis défend qu'on en fasse lecture en public ; en 1825, l'évêque Panet recommande à Rome de ne pas mettre le mot archevêque dans les bulles de coadjuteur envoyées à Signay ; encore en 1835, Lartigue écrit qu'il ne faut pas faire lecture du document papal au sujet de Tabeau (proposé comme coadjuteur à Montréal), parce qu'on y donne à Signay le titre d'archevêque.

LA « RÉVOLTE TRANQUILLE » VIENT DE MONTRÉAL

Jeu de cache-cache qui devient dramatique à certains moments, comme dans le cas de Lartigue. C'est parce qu'il n'était qu'évêque auxiliaire et non évêque en titre que les sulpiciens et d'autres prêtres lui rendirent la vie impossible pendant plusieurs années, l'ignorant de la façon la plus cruelle et le réduisant longtemps à faire de l'Hôtel-Dieu sa résidence épiscopale. Situation qui ne pouvait durer indéfiniment. On réussit d'abord à détacher du diocèse de Québec les provinces canadiennes de l'Atlantique et le Haut-Canada, mais on ne parvenait pas à obtenir de Londres qu'il y ait plus d'un diocèse dans le Bas-Canada.

Pour sa part, Lartigue soutenait sans relâche qu'on devait créer le diocèse de Montréal à l'insu du gouvernement, comme on avait créé l'archevêché; il estimait que l'approbation de la puissance civile n'était pas essentielle, les évêques de Québec s'en étant passés pendant plus de 50 ans, et que l'épiscopat de Québec avait une peur désordonnée de déplaire au gouvernement. Sur ce dernier point, il avait raison: à cause de la fâcherie de Bathurst en 1819, l'évêque Panet en était encore en 1829 à juger plus prudent de ne pas demander d'évêchés distincts; et Signay tergiverse tellement que Lartigue finit par penser que l'évêque de Québec s'oppose tout simplement à la subdivision de son diocèse; ainsi, lors de son installation canonique à Montréal en 1836, Lartigue n'a pas invité le clergé de Québec à cause de Signay qui, écrit Lartigue, «a marqué tant d'opposition à la prise actuelle de la possession de mon siège».

C'est justement Lartigue, coadjuteur à Montréal, qui eut le courage de poser le premier geste d'indépendance absolue en cette même année 1836. Deux ans plus tôt, il s'était choisi un coadjuteur dans la personne d'Antoine Tabeau sans en rien discuter avec le gouvernement; mais Montréal n'étant pas un évêché en titre, l'addition d'un coadjuteur ne tirait pas à conséquence. Montréal devient évêché en titre en 1836; Tabeau était donc appelé à y être coadjuteur et futur successeur à l'évêché, et c'était l'époque où Lartigue, dégoûté des misères que lui faisaient ses ex-confrères sulpiciens, songeait à démissionner. Or,

Tabeau refusait la charge, malgré les pressantes invitations de Rome qui lui donna même le titre d'évêque-élu de Spiga; sa mort mit un terme à la discussion. Que fait alors l'évêque Lartigue? Sans en discuter avec le gouverneur ni même l'en avertir, il envoie à Rome pour remplacer Tabeau trois noms d'épiscopables, dont le *dignissimus* (c'est-à-dire le prêtre de son choix) était Ignace Bourget. Mis devant le fait accompli, le gouverneur et Londres approuvèrent rapidement le choix de Lartigue. Le précédent posé par l'évêque de Montréal fit bien plaisir à l'évêque de Québec: on se sentait libre.

Enfin, la hiérarchie catholique décide de présenter des requêtes à des gouverneurs de mieux en mieux disposés, Aylmer et Gosford; lorsque Lartigue obtient de Rome en 1836 un bref qui le nomme évêque en titre de Montréal, la reconnaissance officielle vient peu après de Londres. Dans la longue marche vers la libération de l'Église catholique, cette installation de Lartigue en 1836 comme évêque en titre apparaît comme l'étape capitale.

D'ailleurs, c'est Lartigue, simple coadjuteur ou évêque en titre, qui se sent le plus libre de l'influence du gouverneur, et c'est lui qui sans cesse aiguillonne ces évêques timides qu'ont été Panet et Signay. En 1824, il conseillait à un curé de renvoyer au gouvernement sa commission d'aumônier, «parce qu'elle ressent trop la suprématie spirituelle que le civil prétend s'arroger quelquefois sur l'Église catholique». En 1827, il écrit qu'il faut parler ferme au gouverneur Dalhousie qui n'a pas fait ce qu'il fallait pour se concilier la confiance du clergé, puisqu'en Angleterre ce Dalhousie a voté contre l'émancipation des catholiques. En 1829, songeant au refus du gouvernement de reconnaître qu'il puisse y avoir plusieurs évêques dans le Bas-Canada, il écrit : « Si j'avais maintenant une bulle de Rome qui érigeât Montréal en évêché et m'en nommât évêque, je me moquerais du reste. » Lartigue est bien de la parenté des Papineau et Viger.

Et son coadjuteur Bourget est de la même trempe. Quand il vient en 1840 prêter serment devant le Conseil exécutif comme évêque de Montréal, le procès-verbal porte qu'il est *appointé* évêque par le gouvernement. Il proteste auprès du gouverneur Thompson : je suis *reconnu*, non pas *appointé*; il exige correction. Thompson fait procéder à une nouvelle rédaction qui atteste simplement que Bourget a prêté serment «*as Bishop of the Roman Catholic Church*» et le gouverneur lui déclare, ce qui montre bien que l'Église n'est plus soumise aux habituelles entraves : «Il n'est pas nécessaire que votre succession au siège épiscopal soit suspendue jusqu'à ce que le bon plaisir de la couronne soit exprimé.» Et quand l'évêque Signay en 1841 s'oppose à la formation d'une province ecclésiastique pour ne pas offusquer le gouvernement, Bourget pratique la même méthode dynamique de Lartigue : «Nous devons faire nos affaires sans nous inquiéter de l'intervention [du gouvernement], il nous laissera faire tout ce que nous voudrons, tant que nous serons de bons et loyaux sujets.»

Pourquoi le gouvernement anglais s'était-il entêté à retarder la multiplication des sièges épiscopaux? Le retard a pu un temps s'expliquer, selon l'évêque Panet, par la parenté de Lartigue avec ces Papineau et Viger qui faisaient une dure opposition au gouverneur; il peut aussi s'expliquer en partie par l'absence d'une hiérarchie archiépiscopale chez les anglicans du Canada : la présence d'un archevêque catholique eût mis l'évêque anglican de Québec dans un état d'infériorité, ce que Londres ne pouvait admettre. Mais la raison profonde, nous croyons la trouver dans la politique de tenir l'Église catholique en servitude. Selon ce que rapportera l'évêque Bourget, le gouverneur Thompson a déclaré qu'il « n'était pas commode pour le gouvernement d'avoir affaire à plusieurs évêques et qu'il était de l'avis de sir Kempt qui n'en voulait qu'un seul auquel seraient transmises toutes les affaires qui concernaient les intérêts mutuels de l'Église et de l'État ». Dans ce système de soumission de l'Église à l'État, il ne fallait à celui-ci qu'un interlocuteur : dès qu'il y a plus d'un évêque en titre, l'État perd sa maîtrise ; tout ce qu'il a construit depuis le gouverneur Murray pour dominer l'Église catholique s'écroule.

L'évêque de Québec se laisse convaincre par ses collègues et l'épiscopat du Canada s'unit pour demander à Rome l'érection d'une province ecclésiastique ; on trouve là les évêques de Toronto, Kingston, Montréal, Québec, Moncton, Charlottetown et Halifax. Dans une lettre pastorale du 24 novembre 1844, le titulaire du siège de Québec affiche publiquement ce titre d'archevêque qu'on lui avait donné 25 ans plus tôt.

LA RECONSTRUCTION D'UNE ÉGLISE

Ces 75 ans de servitude ont tout de même contribué à canadianiser l'Église dans son épiscopat et dans sa hiérarchie. Parce que le gouvernement anglais s'oppose à ce qu'elle soit dirigée par des Européens comme avant 1760, les Canadiens ont accès à l'épiscopat dès

1770, ce qui ne s'était pas produit sous le Régime français, alors que le dernier gouverneur de ce même Régime était pourtant de naissance canadienne. Les Jésuites du Canada, tous Français de France en 1760, sont complètement éliminés. Le séminaire de Québec, composé aussi en 1760 de Français de France, va très volontiers se recruter chez les Canadiens; quant au séminaire de Montréal, composé de la même façon, il finira malgré lui et avec d'interminables grincements de dents, par accepter des sulpiciens canadiens; dans l'un et l'autre séminaires, les supérieurs en titre étaient des prêtres en fonction à Paris; sous le Régime anglais, les supérieurs en titre seront désormais des prêtres élus et en fonction au Canada. Canadianisation qui n'est pas nécessairement avantageuse en tout point, l'Église renouvelant ses ressources à même un milieu fermé, sans profiter d'un autre monde que le sien.

À partir de l'étape libératrice de 1836, cette Église longtemps entravée par le gouvernement anglais, pose une série de gestes qui vont équivaloir à une reconstruction. Limitée au seul clergé séculier par l'interdiction des autorités de Londres, elle n'avait reçu aucun recrutement de l'extérieur (mis à part quelques prêtres de France chassés par la Révolution) et n'avait depuis quelque 75 ans rien ajouté à ses cadres; bien au contraire, puisque les chanoines, les Jésuites et les Récollets avaient disparu.

Or, en 1837, sur l'initiative de l'évêque Lartigue, s'amènent les Frères des écoles chrétiennes. Début d'une abondante immigration religieuse: les Oblats de Marie-Immaculée en 1841, les Jésuites et les Dames du Sacré-Cœur en 1842, les Sœurs du Bon Pasteur d'Angers en 1844, les Clercs de Saint-Viateur, les Clercs de Sainte-Croix et les Sœurs de Sainte-Croix en 1847. On fonde les Sœurs de la Providence et celles des Saints-Noms de Jésus et Marie en 1843, les Sœurs de la Miséricorde en 1848, les Sœurs de Sainte-Anne en 1850. Et ce n'est qu'un point de départ.

Dans le domaine missionnaire, il ne s'était rien fait d'important ni de consistant depuis la Huronie des Brébeuf et Lalemant. Grâce aux Oblats de Marie-Immaculée, aux Jésuites et aux Sœurs Grises, il se produit un réveil missionnaire de toute grandeur.

La vie religieuse, restée jusque-là en vase clos et dans un traditionalisme deux fois séculaire, va se modifier à n'être pas reconnaissable. L'évêque de Nancy, Forbin-Janson, vient inaugurer en 1840 le mouvement des retraites paroissiales; en même temps que les prêtres Quertier et Chiniquy, les Oblats de Marie-Immaculée prêchent en tous lieux pour secouer une province qui s'adonne à une consommation extraordinaire de boissons enivrantes; en 1841, on organise (et c'est tout nouveau) la première retraite générale du clergé; en 1843 et 1844, on applique pour le jeûne et l'abstinence les lois plus libérales du Haut-Canada et des États-Unis; même le costume du clergé séculier subit à cette époque sa modification: le rabat qui prolongeait le collet à l'extérieur de la soutane disparaît et n'est plus porté qu'à l'intérieur.

Le Régime anglais amène l'Église canadienne à tenir dans la société un rôle qui n'est plus strictement spirituel. Certes, sous le Régime français, elle avait par suppléance assumé l'hospitalisation et l'éducation, ses registres servaient aussi à l'état civil, mais il était impensable qu'elle pût intervenir dans les domaines politique et économique. Or, sous le Régime anglais, elle devient ouvertement le véhicule des ordres du gouvernement, elle fait le recensement des ressources humaines et matérielles, elle maintient le peuple dans la fidélité à la Couronne et au gouvernement; elle intervient pour appuyer un renouveau de l'agriculture, elle préconise une politique de colonisation à l'avantage des Canadiens français. Puissance spirituelle, elle devient une puissance politique. Le premier concile provincial complète en 1851 ce grand renouveau: elle retrouve son prestige et son dynamisme du XVIIe siècle.

Autre suite de sa longue servitude: le gallicanisme traditionnel de cette Église se transforme en un romanisme farouche. Gallicane depuis l'évêque Saint-Vallier, elle se trouve depuis 1763 coupée des sources de ce gallicanisme: le clergé séculier de France ne fournit plus de sujets et l'épiscopat français perd rapidement contact avec le diocèse de Québec.

Quand les relations reprennent entre le Canada et la France, c'est grâce à des communautés qui dépendent directement de Rome et pour qui gallicanisme est hérésie. Par ailleurs, si l'Église canadienne est tenue en servitude, c'est au nom de l'anglicanisme, version extrémiste du gallicanisme. En réaction, elle va s'appuyer de plus en plus sur Rome. Le culte du pape au Canada naît à cette époque, culte dans lequel elle s'engage résolument et qui va lui assurer, grâce au parti ultramontain, une puissance politique qu'elle n'avait jamais encore connue depuis sa fondation.

Notes bibliographiques

Dans le tome 1 de notre ouvrage, *L'Église canadienne sous le Régime militaire, 1759-1764* (Montréal, Les Études de l'Institut d'histoire de l'Amérique française, 1956), nous avons décrit les relations entre le gouverneur Murray et le Grand vicaire Briand (devenu ensuite premier évêque du Régime anglais), relations qui allaient servir de modèle à la politique du gouvernement colonial. Rappelons toutefois que sous le Régime français l'Église canadienne a aussi connu la servitude du pouvoir politique : voir l'article de Gustave Lanctôt, *Situation politique de l'Église canadienne sous le régime français*, dans le rapport de la Société canadienne d'histoire de l'Église catholique pour 1940-1941.

VIII

« Un peuple sans histoire
et sans littérature »
Pourquoi Durham avait raison

Dur jugement que ce « peuple sans histoire et sans littérature » ! Il a d'autant plus indigné les Canadiens français qu'il venait d'un aristocrate britannique, chargé d'enquêter sur les suites des rébellions contre les autorités anglaises. Les unes après les autres, des générations ont hué à plaisir cette affirmation qu'elles concevaient comme chargée de mépris ; on n'a pas cessé de la lui reprocher ; on a joué bien des fois cette scène où une jeune fille en costume de Nouvelle-France écrit au bas du rapport de ce représentant de la Grande-Bretagne : « Tu as menti, Durham » et signe d'une plume rageuse : « Madeleine de Verchères ».

On aurait pu confier ce rôle à une dénonciatrice moins coupable d'avoir elle-même déformé l'événement historique dont elle était l'actrice[1]. On aurait dû en tout cas demeurer calme devant le jugement de

---

1. Voir à ce sujet l'article « Madeleine de Verchères, créatrice de sa propre légende » dans le premier tome de *Mythes et réalités dans l'histoire du Québec*, coll. « Les Cahiers du Québec », Montréal, Éditions Hurtubise HMH, 2001, p. 139-157. Réédité dans la Bibliothèque québécoise en 2006.

Durham et chercher plutôt ce qui avait pu l'amener sous la plume de cet homme de vaste culture.

Noble raffiné, sorti d'une université de grande réputation, un temps diplomate et surtout partisan de réformes, au point que ses préoccupations sociales effrayaient même ses collègues libéraux, John George Lambton, comte de Durham, n'avait pas lancé ce jugement à la suite d'un coup de tête. Il avait eu tout le temps et toute l'information requise avant d'exprimer cette sentence, apparemment lourde de mépris à l'égard du groupe ethnique canadien-français.

Durham, en effet, était revenu quelques mois plus tôt de Québec où il avait servi un an comme gouverneur général; il avait eu soin d'y mettre au travail des commissions chargées d'enquêter sur les problèmes du Bas-Canada, comme s'appelait alors le Québec. Il avait recueilli les données utiles pour se prononcer. Qu'avait-il appris et que pouvait-il lui-même y constater?

Survivance d'un peuplement qui tire son origine d'une France dont ils sont complètement isolés, séparés de leur mère patrie par l'Atlantique et par 80 ans de domination anglaise, les Canadiens français en sont, écrit-il, davantage séparés «par les transformations que la Révolution [de 1789] et ses suites ont opérées dans tout l'État politique, moral et social de la France». Or, c'est de cette France dont les séparent «l'histoire récente, les mœurs et la mentalité», c'est de sa littérature, donc littérature *étrangère* qui traite «d'événements, d'idées et de mœurs tout à fait inintelligibles pour eux», que ces Canadiens français reçoivent les plaisirs de la lecture. «De la même manière, poursuit Durham, leur nationalité joue contre eux pour les priver des joies et de l'influence civilisatrice des arts.»

Par ailleurs, observe encore justement Durham, cette France a fondé sa colonie dans des conditions d'absolutisme. Ses institutions «traversèrent l'Atlantique avec le colon canadien. Le même despotisme centralisateur, incompétent, stationnaire et répressif s'étendit sur lui. [...] on ne lui donna aucune voix dans le Gouvernement de la province ou dans le choix de ses dirigeants.» Certes, il obtenait sa terre dans une «tenure singulièrement avantageuse à un bien-être immédiat, mais dans une condition qui l'empêchait d'améliorer son sort»; il se trouvait à la fois «dans une très grande aisance et dans une dépendance seigneuriale». En outre, «l'autorité ecclésiastique à laquelle il s'était habitué, établit ses institutions autour de lui, et le prêtre continua d'exercer sur lui son influence. On ne prit aucune mesure en faveur de l'instruction, parce que sa nécessité n'était pas appréciée; le colon ne fit aucun effort pour réparer cette négligence du Gouvernement.»

Il ne faut donc pas s'en étonner, avertit Durham:

> Voici une race d'hommes habitués aux travaux incessants d'une agriculture primitive et grossière, habituellement enclins aux réjouissances de la société, unis en communautés rurales, maîtres des portions d'un sol tout entier disponible et suffisant pour pourvoir chaque famille de biens matériels bien au-delà de leurs anciens moyens, à tout le moins au-delà de leurs désirs. Placés dans de telles circonstances, ils ne firent aucun autre progrès que le premier progrès que la largesse de la terre leur prodigua.

La Conquête, selon Durham, n'a rien changé à ce tableau: par la négligence du gouvernement britannique, «ils sont restés une société vieille et retardataire dans un monde neuf et progressif. En tout et par tout, ils sont demeurés Français, mais des Français qui ne ressemblent plus du tout à ceux de France. Ils ressemblent plutôt à ceux de l'Ancien Régime.»

Ce qu'en déduit Durham? Une vision fort pessimiste de la société canadienne-française : «On ne peut concevoir nationalité plus dépourvue de tout ce qui peut vivifier et élever un peuple que les descendants des Français dans le Bas-Canada, du fait qu'ils ont gardé leur langue et leurs coutumes particulières.»

C'est sur ce point, dans ce rapport de 1839, qu'il émet une affirmation de nature à faire crier les Canadiens français : «C'est un peuple sans histoire et sans littérature.»

Voyons froidement s'il y a là matière à protestation. Où en est, en 1839, la situation culturelle des Canadiens français en histoire et en littérature? Car c'est bien de 1839 que date ce rapport et c'est l'année qu'il faut garder en tête.

Dans la production de ces deux domaines, faisons d'abord une distinction. Certains critiques, soucieux d'établir à tout prix qu'il y avait bien dans le Canada français histoire et littérature, ont engrangé tout ce qu'ils ont rencontré sur leur chemin : ils ont inclus dans un même fonds, dans un même trésor historique et littéraire, ce qui avait été jadis produit, dans les débuts de la Nouvelle-France — relations de missionnaires, mémoires descriptifs, études historiques et récits divers —, toutes œuvres écrites ici ou en France par des Français de France à l'adresse des Français de cette même France. Donc, une production étrangère de nature à ces Canadiens français dont parle Durham. Alors que ce qu'on doit retenir dans ce procès, en toute équité pour l'auteur du mémoire de 1839, c'est ce que les Canadiens français ont produit eux-mêmes et pour eux-mêmes en histoire et en littérature. Voilà bien l'objet essentiel de la discussion, la seule matière à mettre en cause.

Compte tenu de cette distinction qui convient exactement aux points de repère de la société de 1839, quelle production les Canadiens français pouvaient-ils revendiquer cette même année en réponse à ce « peuple sans histoire et sans littérature » ?

Dans le champ de la poésie, nous disposons d'un inventaire exhaustif publié par Jeanne d'Arc Lortie, sous le titre *Les textes poétiques du Canada français, 1606-1867* : les quatre premiers tomes reproduisent tout ce qui a paru ici depuis les débuts du Canada jusqu'à 1867. Pour la période qui nous occupe, que trouvons-nous dans ce domaine de la littérature, le plus facile, semble-t-il, à cultiver et le plus ouvert ? Sous le Régime français, une parodie d'épopée de Chartier de Lotbinière, en 512 vers, pour se moquer d'une expédition militaire ; œuvre tout au plus amusante. Nous voyons défiler dans la collection Lortie, « bluettes », courts poèmes de circonstance, chansonnettes et même cantiques. Rien dans tout cela pour constituer un héritage poétique propre à exalter le génie d'un peuple. Trésor poétique de même pauvreté dans les années 1760-1839 : en ce domaine, l'écrivain le plus prolifique est le professeur Michel Bibaud qui a touché à toutes les cordes de la Muse et publié en 1830 le premier recueil de poésie par un Canadien français ; le sous-titre montre bien la variété de sa production : *Épîtres, satires, chansons, épigrammes et autres pièces de vers*. Malheureusement, aucune de ses cordes n'a résonné de façon séduisante. Comme on l'écrit dans le *Dictionnaire biographique du Canada,* Bibaud s'exprime dans un style «rude, âpre et sec», en plus d'avoir un ton moralisateur.

Quant aux autres à qui, selon la formule d'Alfred de Musset, la Muse a dit «Poète, prends ton luth et me donne un baiser», ils ne font tous que de bons travaux d'écolier. Aucun n'est digne de retenir l'attention de Durham ou des générations à venir.

Et ce peuple issu d'une nation, reconnaît Durham, célèbre pour son théâtre, n'a rien non plus d'important à afficher soit en œuvres rédigées, soit en pièces interprétées. Certes, au XVIIe siècle, le Collège des Jésuites avait mis en scène de grands classiques, mais le terrible évêque Saint-Vallier était venu condamner ce qui était théâtre, même celui qui pouvait passer pour «honnête»: le reste du Régime français s'est donc déroulé sans théâtre. L'activité sur la scène reprend avec les Anglais après 1760. Quant aux francophones, l'un d'eux, le Français de France Joseph Quesnel, marque un certain réveil, mais il fait face à l'autorité religieuse. Le curé de Montréal remet en vigueur l'ancienne condamnation épiscopale; l'évêque de 1789 donne bien raison à Quesnel, mais le débat n'est pas clos pour autant dans la société: on est pour, on est contre, selon son zèle moralisateur. En tout cas, l'atmosphère n'est guère propre à faciliter une vie théâtrale et surtout, malgré quelques pièces que le public trouva amusantes, Quesnel n'était qu'un auteur «de bonne volonté».

Cinquante ans après lui, le rapport de 1839 ne pouvait rien trouver à signaler en ce domaine.

Peut-être pensez-vous inscrire du côté du roman des œuvres qui méritent d'apparaître au tableau d'honneur? Très minces sont vos chances, car la société canadienne-française, toujours sous la conduite d'un clergé rigoriste, n'est pas plus favorable au roman qu'au théâtre. On ne connaît avant le rapport de Durham qu'un seul et unique roman, le premier qui soit de la plume d'un Canadien français, *Le chercheur de trésors*, par Philippe Aubert de Gaspé fils, publié en 1837 : petite œuvre anodine, tout au plus une curiosité de librairie.

« Sans littérature » encore, si l'on cherche dans la prose produite par les Canadiens français. Pourtant, ils avaient enfin à leur disposition depuis 1764 une presse et des journaux. Il y eut même un temps une *Gazette du commerce et littéraire* : elle n'a vécu qu'un an... Comme l'a remarqué Durham, ce sont surtout les Français de France qui, en des périodes plus ou moins longues, occupent alors la direction des journaux. Inutile de tenter d'établir, dans ces années riches en manifestations d'éloquence, une anthologie de discours qui servent d'apport à une littérature de quelque valeur. Les orateurs ne visent qu'à se faire écouter : la postérité qui chercherait à tirer de là des textes littéraires de qualité perdrait son temps.

Et en histoire? Durham affirme que le groupe ethnique canadien-français est aussi un « peuple sans histoire ». C'est pourtant cette histoire que de prime abord on supposerait la plus visible, la plus active dans une communauté humaine qui depuis trois quarts de siècle vit sous la domination d'un gouvernement étranger. Groupement donc qui doit sans cesse défendre ses droits, sa langue et sa religion, assurer la sauvegarde de son entité. On imagine l'élite canadienne-française de ce temps constamment préoccupée d'écrire son histoire pour fonder ses revendications. On s'attend à voir surgir un, deux, plusieurs historiens pour jouer ainsi le rôle d'éveilleurs, de guides.

Hélas! La place d'historien est bien vide. Chez les Canadiens français, au casier Histoire, rien! À défaut d'université, ils avaient depuis 200 ans des maisons d'enseignement, de grands événements à dire et à expliquer, une longue vie de société à raconter. Non, personne en ce domaine n'a produit encore le livre nécessaire à toute collectivité.

Mais enfin, chez ce groupe ethnique «sans histoire et sans littérature», se produit après 1839 le grand réveil qui fait de l'union des deux Canada la période décisive de son évolution culturelle. Pendant qu'Étienne Parent s'impose comme journaliste de talent dans le *Canadien*, voici qu'en 1845 paraît l'*Histoire du Canada* de François-Xavier Garneau, œuvre maîtresse qui fera encore autorité au xxᵉ siècle. Voici, de Pierre-Joseph-Olivier Chauveau en 1846, un roman de bonne qualité, *Charles Guérin, roman de mœurs canadiennes*; suivi en 1849 d'un autre roman tout aussi valable, *Une de perdue, deux de trouvées,* de Georges de Boucherville, en attendant, dans une quinzaine d'années, notre grand roman de ce siècle, *Les anciens Canadiens* de Philippe Aubert de Gaspé père, presque en même temps que les célèbres chroniques de *La Lanterne* d'Arthur Buies. Dix ans après l'affirmation de Durham, Octave Crémazie devient, à l'échelle du Canada, poète de première grandeur, en même temps qu'un autre poète important, Louis Fréchette.

C'est ainsi que, soudain, comme en réaction au jugement de 1839, la société française du Saint-Laurent s'est prise à manifester une activité intellectuelle féconde en œuvres de facture, qui révélaient une richesse de ressources et renouaient en même temps son rattachement culturel à la France. Le « peuple sans histoire et sans littérature » ne serait plus qu'un mauvais souvenir.

Notes bibliographiques

Le rapport de Durham a été traduit en français et publié par M.-P. Hamel, *Rapport de Durham* (Montréal, Éditions du Québec, 1948). En lecture complémentaire, voir l'article de Fernand Ouellet, *Lambton, John George* dans le *Dictionnaire biographique du Canada* (Québec, Les Presses de l'Université Laval, 1988), vii : 515-520.

IX

Dollard des Ormeaux et le combat du Long-Sault : entre épopée religieuse et histoire

COMME UNE RÉPONSE au «peuple sans histoire» du gouverneur Durham en 1839, surgissent bientôt chez les Canadiens français des œuvres historiques de qualité, mais, après la révolution manquée de 1837-1838, il fallait bien s'attendre à ce que cette histoire fût d'allure fortement nationaliste. On a pour objectif de faire valoir le passé de son groupe ethnique en racontant surtout ce qui s'est produit chez lui de plus excitant. Il est même arrivé qu'emporté par l'enthousiasme du sujet, on en vienne à créer de la légende au lieu de raconter l'histoire.

En feuilletant les œuvres de ces débuts, nous revoyons certains thèmes qui ont de façon cyclique nourri l'inspiration. Nous ne pouvons en éviter un qui a donné lieu aux chants les plus épiques, celui de la bataille de 1660 sur la rivière des Outaouais, à la frontière du Canada habité. Chapitre que tout historien se crut tenu de rédiger, et c'était à qui en dirait le plus et dans le style le plus grandiose.

La matière, d'ailleurs, en était abondante. Elle avait été fournie dans les tout débuts de la Nouvelle-France : les *Relations* des Jésuites et l'*Histoire du Montréal* de Dollier de Casson en 1672 avaient apporté une documentation qui attendait dans les archives qu'on l'exploite. Un fait réel des guerres franco-iroquoises du XVIIe siècle allait finir, sous la plume de certains écrivains, en une légende d'épopée.

Légende dont le point de départ est bien un événement avéré. La colonie française du Saint-Laurent, de quelque 3000 habitants et tout à fait démunie de forces militaires, vivait depuis quelques années une situation tragique. Dans l'âpre défense de leur commerce des fourrures, les Iroquois, venus de leur pays, rive sud du lac Ontario, se promenaient partout en maîtres : on les rencontrait le long de la rivière des Outaouais, dans la région du Saguenay et du lac Saint-Jean, ainsi que sur les bords du Saint-Laurent. Les Montagnais, alliés des Français, vivaient sous une constante menace, comme d'autres alliés, dont les Hurons, que ces Iroquois avaient chassés des Grands Lacs et qui s'étaient réfugiés près du château du gouverneur à Québec. Dans cette capitale où circulait au printemps de 1660 une rumeur d'invasion générale par l'ennemi, on se préparait à subir un siège. Aux Trois-Rivières et à Montréal, à cause des incursions fréquentes, on n'osait plus sortir des habitations pour travailler aux champs.

C'est alors qu'à Montréal, où l'on ignorait encore qu'il y eût rumeur d'une invasion iroquoise, 17 jeunes gens sous la conduite d'Adam Dollard des Ormeaux décident de partir en compagnie de quelques Amérindiens, pour aller à la rencontre d'Iroquois qui, ce même printemps, sur la rivière des Outaouais, devaient descendre de leurs chasses d'hiver avec leur précieux lot de fourrures. Ces Français les attendirent au pied des rapides du Long-Sault (à quelque 60 kilomètres de Montréal) où forcément ces Iroquois devaient débarquer de leurs canots pour faire portage. On croyait qu'ils arriveraient en petits groupes, donc faciles à mettre hors de combat. Or, les chasseurs se présentèrent en nombre : environ 300, à ce qu'on a écrit.

Les Iroquois pensèrent d'abord qu'ils avaient affaire à l'avant-garde d'une troupe plus importante : pendant que la bataille s'engage autour d'un fortin, simple abri de pieux qui servait d'étape, ils envoient prévenir leurs camarades qu'ils savaient rendus sur le Richelieu, prêts à envahir le Saint-Laurent. Ceux-ci, au nombre de 500, paraît-il, viennent au secours de leurs chasseurs, si bien que les 17 Montréalistes, assiégés et coupés de tout renfort, furent massacrés ou faits prisonniers. Les Iroquois, y compris ceux qui avaient eu projet d'envahir la colonie, rentrèrent chez eux mettre leurs fourrures en sûreté et célébrer leur victoire.

Combat du Long-Sault, que les panégyristes des XIXe et XXe siècles transforment en un roman invraisemblable, combat qui eut du moins pour effets de libérer la route à la descente d'un riche convoi de fourrures que conduisait Radisson, ainsi que d'écarter pour cette année 1660 l'invasion de la colonie laurentienne ; pour cette année seulement, car elle reprend, et terrible, l'année suivante.

Déjà, dès le XVIIe siècle, même s'ils ne pouvaient connaître le détail de cette bataille du Long-Sault que par des Amérindiens qui s'en étaient échappés, les contemporains se mirent à la raconter et, aux fins de propagande religieuse ou politique, à dépasser les limites de la vraisemblance.

D'abord, le jésuite Jérôme Lalemant qui rédige la relation de 1659-1660 à l'adresse de son supérieur de France, s'applique, tout le long de huit pleines pages, à embellir l'événement : dès 1660, le narrateur fait des combattants les martyrs de la foi.

Dix-sept Français, « gens de cœur et de résolution, [...] s'immolant généreusement pour le bien public et pour la défense de la religion, [...] une si sainte et si généreuse entreprise, [...] de si saints soldats, [la piété] leur faisait employer à la prière le peu de temps qu'ils avaient entre chaque attaque, de sorte que, sitôt qu'ils avaient repoussé l'Iroquois, ils se mettaient à genoux et ne s'en relevaient point que pour le repousser encore ; et ainsi pendant dix jours que dura ce siège ». Cinq Français seulement survécurent, que les Iroquois mirent à la torture avec quelques Amérindiens, dont l'un, pendant le supplice « se mit à faire le prédicateur », [...] « puisque ce n'était que pour la gloire de Dieu et pour le zèle de la religion qu'ils avaient entrepris cette guerre ».

Un autre contemporain, le sulpicien Dollier de Casson, ancien militaire arrivé à Montréal six ans plus tard, veut prouver aux habitants de Québec (ils s'étaient opposés à la fondation de Montréal) qu'on doit à cet établissement « le salut du pays » en 1660. Il reprend sur six pages le récit de l'affaire à peu près comme la rapportait le jésuite, mais en y ajoutant des éléments qui serviront aussi à exciter l'enthousiasme de nos historiens. Chacun des volontaires, écrit-il, « se disposa à partir, mais auparavant ils firent un pacte de ne point demander quartier et se jurèrent fidélité sur ce point ». De plus, pour être mieux en état d'affronter la mort, ils eurent soin de «se confesser et communier tous, et ensuite de faire aussi tous leurs testaments».

Comme chez le jésuite, il s'agit pour le sulpicien d'un combat pour la religion ; à propos des Amérindiens qui abandonnent le groupe, il a ce commentaire : «Au lieu de se sacrifier en braves soldats de Jésus-Christ.»

Dollier de Casson décrit la bataille d'un ton animé et avec force détails qu'on tenait seulement d'Amérindiens échappés à la mort. Enfin, il soutient que Montréal a ainsi sauvé la colonie : «Après ce conflit où ils eurent un si grand nombre de morts et de blessés, [les Iroquois] firent réflexion sur eux-mêmes se disant les uns aux autres : si dix-sept Français nous ont traités de la sorte, étant dans un si chétif endroit, comment serons-nous traités lorsqu'il faudra attaquer une bonne maison où plusieurs de telles gens se seront ramassés : il ne faut pas être assez fous pour y aller, ce serait pour nous faire tous périr, retirons-nous.» Ils se seraient vus ainsi obligés de renoncer à l'invasion de la colonie, alors qu'on sait fort bien qu'ils reviennent l'envahir l'année suivante.

Deux récits grandioses donc, de cette action de 1660, tous deux du XVIIᵉ siècle. Il en est fait aussi des mentions plus ou moins importantes en d'autres sources des mêmes années : le *Journal* des Jésuites, un récit du jésuite Chaumonot, un autre du sulpicien Vachon de Belmont, des lettres de l'ursuline Mère de l'Incarnation et du gouverneur Voyer d'Argenson ; comme aussi les mémoires de Pierre-Esprit Radisson, celui-là même qui passa au Long-Sault, peu après le combat, avec un convoi de fourrures.

Mais il faut toujours se rappeler que la description du siège du Long-Sault n'est fondée que sur ce qu'en ont rapporté les seuls témoins amérindiens : comme ils n'avaient eu la vie sauve qu'en faussant compagnie aux Montréalistes, on comprend qu'ils aient raconté aux Français tout ce que ces derniers souhaitaient entendre de magnifique et de dévot.

Puis, si l'on fait exception d'un court paragraphe en 1744 de l'historien jésuite François-Xavier Charlevoix, le silence se fait autour de cet événement ; près de 200 ans se passent sans qu'on en reparle. Le sujet revient à la mode seulement lorsqu'on se met, au Canada français, à écrire l'histoire.

François-Xavier Garneau, le premier en date de nos historiens (1845) et qui est de la ville de Québec, ne manifeste aucune exaltation devant l'événement et se montre concis. Il lui suffit d'une page ; la bataille elle-même ne tient qu'en 10 lignes ; les mots sont mesurés, simples ; sa conclusion se maintient dans les limites de la réalité : « Le dévouement de Dollard arrêta les premiers efforts d'un orage près de fondre sur la colonie. »

De la même ville de Québec, mais prêtre celui-là, Jean-Baptiste-Antoine Ferland publie, 16 ans après Garneau, une nouvelle *Histoire du Canada*. Elle se distingue de la précédente par un soutien constant à l'Église et, en ce qui nous intéresse ici, par une importance beaucoup plus grande qu'il accorde à l'affaire du Long-Sault : alors que Garneau la raconte en une seule page, il le fait en sept. Avec lui débute devant l'autel de Dollard des Ormeaux le concours d'encensoir.

Le style chez Ferland n'est pas encore celui de l'épopée. Il écrit en professeur (ce qu'il était) ; rien donc chez lui du ton grandiloquent que l'on aura chez d'autres. Simplicité qui n'enlève toutefois rien au caractère extraordinaire qu'il accorde à son sujet : « Dix-sept braves Français de Montréal avaient détourné le coup [l'invasion iroquoise], en périssant glorieusement pour sauver leurs frères. »

Simplicité encore qui ne l'empêche pas de donner à l'occasion dans le grandiose : alors que Dollier de Casson n'avait parlé que d'un « pacte » entre les 17 de combattre jusqu'au bout, s'il le fallait, sans demander quartier, voici que sous la plume de Ferland, ce pacte est conclu selon un rituel : « Tous se confessèrent, communièrent ensemble, et, en présence des autels, promirent de ne jamais demander quartier. » Promesse que des historiens des XIXe et XXe siècles vont s'empresser d'élever au niveau d'un serment et nous servir dans de pathétiques mises en scène.

Ferland commet cette autre exagération qui touche au ridicule : « Des masses de cadavres iroquois s'élevèrent autour de la palissade durant la dernière attaque, et servirent aux assiégeants pour l'escalader. » Tableau que des historiens ne manqueront pas de se repasser.

Mais Ferland, en prêtre qu'il est et soucieux des valeurs chrétiennes (à la différence de Garneau), a surtout le style sacerdotal. Quand les Iroquois surviennent devant le fortin où se sont installés les Français, ceux-ci « étaient à genoux, faisant la prière du soir ». Au cours des attaques, les Français demeurent « admirables de courage, de vigilance et surtout de piété. Aussitôt qu'ils avaient repoussé une attaque, ils se mettaient à genoux pour remercier Dieu et se recommander à sa protection. » Un Huron que les Iroquois emmènent en captivité « s'occupait à réciter le rosaire » ; et lorsqu'on le conduisit au supplice, il eut une vision, se croyant «transporté à Québec à la chapelle des Jésuites, il voyait les tableaux, les autels, il reconnaissait les prêtres occupés aux fonctions du ministère; puis, un nuage sombre descendit sur tous les objets qui venaient de passer devant lui». Un orage soudain interrompt son supplice et, une fois évadé, il pourra raconter ses «visions».

Peu après Ferland, un autre prêtre, sulpicien de Montréal, Étienne-Michel Faillon, publie en 1865 une *Histoire de la colonie française en Canada*, en trois volumes, qui va de 1534 à 1675. L'affaire Dollard y couvre 22 ½ pages quand Ferland ne lui en consacrait que 7 et Garneau, une seule. Il exploite à fond tout ce que la documentation, valable ou non, du xviie siècle pouvait lui fournir.

Comme s'il répondait à l'invitation du poète latin Virgile (*Paulo majora canamus*; chantons d'un style un peu plus grandiose), il hausse le ton; le style est celui des expressions exaltantes: «courage vraiment héroïque», «un homme de cœur s'il en fut jamais», «ce héros», «ces invincibles athlètes», «cette glorieuse mort», pas de dévouement «plus noble, plus sublime, plus pur», «rien de plus audacieux, de plus magnanime». Alors que Dollier de Casson n'avait parlé que d'un pacte, entre les 17, de combattre jusqu'au bout, il fait comme Ferland: le pacte s'accomplit selon le rituel d'une cérémonie dramatique: après réception des sacrements de pénitence et d'eucharistie, les volontaires, «en présence des saints autels s'engagent par un serment solennel à ne demander et à n'accepter aucun quartier et à combattre jusqu'à leur dernier souffle de vie».

L'auteur donne lui aussi dans l'exagération : une des attaques contre le fortin dure « trois jours d'heure en heure » ; les Français foncent sur les Iroquois « l'épée d'une main et le couteau de l'autre ». Reprenant la description de Ferland, exagération qui atteint l'invraisemblable : l'ennemi, raconte Faillon, perdit un si grand nombre d'hommes « que les assaillants se servaient des corps des morts de marchepied ou d'échelle pour passer par-dessus la palissade ». Autre exagération quand il attribue à la frayeur le retour immédiat des Iroquois chez eux, donc l'abandon de leur projet d'invasion, étonnés et effrayés qu'ils sont d'une telle résistance.

« Ainsi », en déduit Faillon qui oublie les terribles incursions iroquoises de l'année suivante, « le dévouement héroïque du brave Dollard des Ormeaux et de ses compagnons d'armes, sauva, dans cette circonstance, le Canada tout entier ». Et, Montréalais soucieux de revendiquer contre Québec la nécessité de la fondation montréalaise, Faillon ajoute : même si Montréal n'avait eu que cet avantage de sauver le pays et de lui avoir servi de victime en la personne des 17, « il doit être tenu pour considérable à toute la postérité, si jamais le Canada devient quelque chose ».

Faillon couronne ce récit d'épopée en qualifiant l'affaire du Long-Sault de « plus beau fait d'armes dont il soit parlé dans l'histoire moderne » ; et non repu de ce jugement démesuré, il en remet : « Dans toute l'histoire profane, on ne trouve rien de plus audacieux, de plus magnanime ! »

Enfin, dans une péroraison où il n'en finit pas de louer ces Montréalais morts en « martyrs », il leur souhaite le culte de la postérité : « En mourant pour leur pays, ils étaient assurés que des orateurs loueraient leurs actions de courage dans des tribunes ; que des poètes les chanteraient dans leurs vers ; que des acteurs les donneraient en scène au public, sur les théâtres ; que des sculpteurs les immortaliseraient dans les chefs-d'œuvre de leur art. » Il espère davantage : « Voir élever un jour, dans la cité de Villemarie, un monument splendide qui rappelle d'âge en âge, avec les noms de ces braves, l'héroïque action du Long-Sault. »

Faillon donnait le ton. La note en était haute. Quelqu'un pourrait-il faire mieux ? Certainement pas l'historien qui apparaît ensuite, le Trifluvien Benjamin Sulte. Celui-ci n'avait pas la tête épique, bien qu'il se fût essayé dans la poésie ; mais qui, parmi les écrivains de notre XIXe siècle, n'a pas joué de la rime ? De fait, dans son *Histoire des Canadiens français* en huit tomes, publiée en 1882, l'affaire Dollard ne couvre qu'une quinzaine de lignes (deux de plus que chez Garneau), contribution d'ailleurs qui consiste surtout en une citation de l'ursuline Mère de l'Incarnation, qui accapare le tiers des 15 lignes de Sulte, celui-ci se contentant d'écrire, en en venant à l'arrivée de Radisson : « C'était quelques jours après le combat du Long-Sault où Dollard s'était sacrifié avec ses seize compagnons. » C'est tout ce qui vient de Sulte. On est loin des 7 pages de Ferland et des 22 ½ pages de Faillon. Dans ce concours d'encensoir, on élimine Sulte aussi prestement que Garneau.

Or, à la charnière des XIXe et XXe siècles, les vœux de glorification de Dollard que Faillon avait exprimés en 1865 commencent à se réaliser. Les orateurs se mettent à célébrer sur nos *hustings* les louanges de Dollard ; le 24 mai devient le jour qui lui est consacré dans tout le

Québec, en particulier dans les collèges où, de mon temps d'écolier, nous passions des heures à des vagissements d'éloquence et en défilés avec fanfare. Époque aussi où les poètes (Louis Fréchette et combien d'autres) embouchent la trompette ; des sculpteurs fixent dans le plâtre ou le cuivre l'effigie du héros.

Surgissent les monuments. En 1916, Louis-Philippe Hébert produit un bronze, que l'on conserve au Musée de Québec. On allait peu après donner dans du plus imposant. En 1919, à l'initiative de Lionel Groulx et en grande pompe, on dévoile un monument sur les bords de la rivière des Outaouais, près des rapides du Long-Sault. Cette œuvre d'Alfred Laliberté porte au sommet un buste qui représente la Nouvelle-France et en bas-relief un profil de Dollard. On avait évidemment érigé ce monument sur la rive québécoise, d'où l'indignation des nationalistes quand, une trentaine d'années plus tard, une étude archéologique prétendit que la bataille de 1660 ne pouvait avoir eu lieu que sur l'autre rive, la rive ontarienne, celle « des Anglais », donc « en terre étrangère »… En tout cas, à l'époque de ce monument, des bustes de Dollard, en particulier un bronze d'Alfred Laliberté, seront reproduits par centaines et distribués dans les maisons d'enseignement.

Pour compléter le tableau, il faudrait dénombrer toutes ces pages, exaltées jusqu'à l'extravagance (avec illustrations parfois délirantes) qu'ont produites les manuels du cours primaire. Je me souviens de l'une d'elles en particulier : l'auteur ayant mal compris le geste de Dollard qui lance par-dessus la palissade contre les Iroquois un fusil bourré de poudre jusqu'à « la gueule du canon », représente non pas le canon d'un fusil, mais un canon à boulets que Dollard lance comme ça dans les airs, à bout de bras, le plus aisément du monde. Restons-en plutôt aux coups d'encensoir de nos historiens.

Pour qu'apparaisse après Sulte un historien digne de participer au concours, il faut attendre le XXᵉ siècle. L'attente vaut la peine, car ils sont là toute une cohorte : Lionel Groulx, J.-G. Gélinas, Jean Bruchési, Claude de Bonnault, Robert Rumilly, Gustave Lanctôt et moi-même, tous plus ou moins intéressés en l'affaire Dollard. Je vous présente d'abord l'aîné, le plus éloquent, et je le fais en parodiant sa façon, dans une conférence, de nous présenter Louis XIV : « Messieurs, Lionel Groulx ! »

Abbé aux cheveux en brosse, de petite taille, il avait souvent à la bouche et sous la plume à propos des Canadiens français une expression, plutôt curieuse dans son cas : « mon petit peuple ». Par contre, le verbe chez lui était fort ; même dans une conversation intime, le ton oratoire lui venait de nature comme si sa gorge ne pouvait émettre que de l'épopée. Prêtre sans reproche, d'une dévotion totale à l'Église, il avait même trouvé le temps, parmi ses travaux d'histoire, d'écrire un gros volume de l'activité missionnaire du Québec. Toute sa carrière s'est donnée à l'éveil des autres dans l'action patriotique et catholique, surtout chez les jeunes dont il voulait faire des chefs (c'est la grande époque chez nous où l'on travaillait par système à fabriquer des chefs), d'où sa « croisade d'adolescents » et son vocabulaire de chevalerie.

L'affaire Dollard devenait donc pour lui un modèle nécessaire, dont la fascination l'a toujours accompagné, depuis les premières années de sacerdoce où il œuvre auprès des étudiants, époque aussi où l'orateur s'exprime devant le monument de Dollard au Long-Sault même, jusqu'à ses toutes dernières années d'historien respecté et de directeur d'une grande revue historique. Sa période de publication s'étend sur un demi-siècle, de 1912 à son décès en 1967. Candidat à ce concours d'encensoir, il était assuré d'accéder à la plus haute marche du podium olympique.

En ne retenant de lui (comme nous avons fait pour les autres) que ce qu'il a publié en histoire du Canada, nous avons en mains les trois tomes de *Notre maître, le passé*, les quatre de l'*Histoire du Canada français* et quelques opuscules.

Ce qu'il écrit dans la première période de sa carrière sur le fait d'armes de 1660 est considérable, comparé à ses prédécesseurs : dans *Notre maître, le passé* (1re édition en 1924), on a 20 pages.

Venant de Groulx, le ton est celui du poème épique, de la grandeur de la geste : « Je vois le jour où, au pied de ce monument, pendant que se relèveront toutes les espérances, les jeunes gens du Canada français viendront prêter leur serment à la patrie. » Et, toujours au Long-Sault, « des émanations d'héroïsme s'échappent du sol et flottent dans l'atmosphère ; des fantômes de beaux chevaliers, au visage clair, à l'épée triomphante, passent devant nos yeux ».

Tout le texte est parsemé de mots forts, virils, laudatifs : « la fraternité de ces héros », « réunion de rares vertus », « vertus surhumaines », « enthousiasmes de la foi », « Ville-Marie, fondation de héros et de saints », « chevalerie chrétienne où les plus grands étaient ceux qui avaient le plus de foi » ; entre les attaques de l'ennemi, « ils tombaient à genoux, appuyés sur leurs fusils [...] leurs doigts de combattants brûlés par la poudre, remuaient les grains d'un chapelet. Ils priaient comme prient les martyrs », « ils tombaient le visage haut, face à l'ennemi, agitant au bout de leur poignet la croix de leur épée » ; ils ont « élevé jusqu'au plus haut point les meilleures vertus de leur race ».

Dans *Notre maître, le passé*, Groulx imagine un dialogue entre enfants pour déterminer qui de Dollard et d'autres héros est le plus grand. Or, un autre prêtre, de moindre prestige, l'abbé J.-G. Gélinas, du Séminaire des Trois-Rivières, imagine lui aussi en 1928, dans une œuvre historique en trois volumes, *En veillant avec les petits de chez nous*, un intérêt d'enfant pour Dollard. Intérêt qu'il exploite dans un chapitre qui s'étend sur neuf pages : Dollard se porte au-devant d'une invasion de la colonie par les Iroquois, lié à ses 16 compagnons par un serment fait « en présence des saints autels ». Dans leur fortin, chaque fois qu'ils avaient repoussé une attaque de l'ennemi, « ils se mettaient incontinent à genoux et ne se relevaient que pour le repousser encore, employant ainsi à la prière le peu de temps qu'ils avaient entre chaque attaque ». Et Gélinas de conclure par un jugement que nous avons déjà entendu : « Dites bien à vos petits amis que l'histoire profane depuis le commencement du monde ne compte rien d'aussi beau que cette page canadienne. »

Plus connu que Gélinas, voici en 1934 Jean Bruchési et son *Histoire du Canada* en deux tomes. Bruchési arrive peu après le tapage qu'avait soulevé l'historien anglophone E. R. Adair en 1932, le premier à porter une main impie à la grande image que Groulx, après d'autres, s'était donné la peine de mettre en place. Adair avait osé affirmer que Dollard n'avait organisé l'expédition du Long-Sault que pour se refaire une réputation qu'une «certaine affaire» avait malmenée avant son départ de France. Il s'en était suivi au cours de 1932 beaucoup de polémique dans la presse et à la radio.

Ce qui heureusement ne met pas fin à notre concours d'encensoir. Bruchési intitule un chapitre de quatre pages *Dollard des Ormeaux*. On est loin du style envoûtant de Groulx. Bruchési dit les choses simplement, mais il ajoute de son cru: non seulement les 17 jurent sur les autels (ce que d'autres ont déjà raconté) de se battre jusqu'à la mort, mais, selon Bruchési, ils le font dans la chapelle de l'Hôtel-Dieu et «en présence du peuple de Ville-Marie». On voit bien ici comment se construit peu à peu le roman: le pacte d'origine se transforme en serment, le serment devient un serment solennel, puis on nous apprend qu'il a été prêté sur les autels et, enfin, que la cérémonie a eu lieu devant tout le peuple assemblé.

Et, à la suite de l'intervention d'Adair, apparaît cette nouvelle défense que l'on prend de Dollard: «certains historiens» anglophones posent des sourdines aux exagérations des francophones, ils s'appliquent, selon Bruchési, «à rapetisser le geste héroïque de Dollard» et à «faire d'un sacrifice sanglant un vain rêve de gloriole, d'une poignée de braves une troupe d'aventuriers». Bruchési prend parti pour Dollard: «L'étude impartiale des faits apporte à cette assertion le plus solide démenti et la postérité peut sans crainte rendre aux héros du Long-Sault le témoignage» de la relation jésuite de 1660. Démenti plus enthousiaste que solide.

Même enthousiasme chez ce Claude de Bonnault que nous avons précédemment inscrit au sottisier de l'Histoire et qui s'intitulait «conseiller historique de la province de Québec». Dans son *Histoire du Canada français*, publiée en 1949 aux très sérieuses Presses universitaires de France, il ne consacre à Dollard qu'une page, mais quelle page! Il reprend en particulier ce détail qu'il a lu ailleurs: «Autour de la palissade des Français, les cadavres iroquois s'amoncelaient. Pour pénétrer dans la place, les vainqueurs n'eurent pas besoin d'autre escalier.» Il termine par un éloge dithyrambique, à gros coups d'encensoir: l'affaire du Long-Sault, «le plus glorieux peut-être et certainement le plus extraordinaire épisode des annales de la Nouvelle-France, la plus pure, la plus éclatante manifestation de mysticisme agissant, de surhumanité et de surnaturel». On ne peut plus en rajouter, il n'y a plus de place...

Et revoici Groulx en 1950, toujours à l'œuvre, qui publie son *Histoire du Canada français* en quatre tomes. Un Groulx qui a bien évolué: il vient de fonder l'Institut d'histoire de l'Amérique française pour regrouper les historiens et surtout une revue d'histoire qu'il veut rigoureusement conforme aux exigences de cette discipline. Même s'il n'arrive pas à se départir de son ton oratoire, son *Histoire* est bien marquée par son évolution. L'affaire Dollard ne tient plus qu'en une ligne: cette période des débuts de la Nouvelle-France, écrit-il, est traversée à Montréal «d'éclairs d'héroïsme, comme en 1660 avec l'affaire du Long-Sault».

Ce qui, chez les historiens, ne met pas fin à la narration du combat de Dollard, puisque Robert Rumilly, pourtant lui aussi de parole éloquente, ne lui donne qu'une page, et de style sobre, dans son *Histoire du Canada* de 1961. En revanche, le titre qu'il affiche, *Dollard des Ormeaux*, recouvre deux pages, dont toutefois la moitié seulement se rapporte à Dollard:

comme si Rumilly avait voulu dire: «Lecteur, attention, moi aussi je donne une grande place à l'affaire du Long-Sault.»

De la place, Gustave Lanctôt, en 1960, dans son *Histoire du Canada* en trois tomes, lui en consacre davantage: cinq pages; le ton cependant ne ressemble en rien à celui de Groulx, car Lanctôt qui fait carrière d'archiviste, nous livre un narré sans éclats de voix.

Comme on nous disait au collège, le «mauvais esprit» ne dort jamais: on persistait en certains milieux à se gausser de Dollard. Donnant dans les excès de langage comme les partisans de Dollard, les adversaires allaient même jusqu'à ne plus voir en lui qu'un «joyeux brigand», seulement désireux de ravir aux Iroquois leurs fourrures. On crut donc urgent de faire des mises au point en 1960, année justement du troisième centenaire de l'affaire du Long-Sault.

La première vient, en compagnie de Silvio Dumas, du jésuite Adrien Pouliot. Ce dernier était bien connu pour son zèle apostolique; c'est lui qui avait soutenu que pour bien écrire l'histoire du Canada français, il fallait être Canadien français et catholique pratiquant.

Pouliot et Dumas publient *L'exploit du Long-Sault. Les témoignages des contemporains,* cahier de 139 pages de la Société historique de Québec. Ils y ont réuni toutes les sources d'information du XVIIe siècle. Or, en ces témoignages venus d'Amérindiens qui avaient survécu à la bataille dans des conditions pas toutes honorables et, par conséquent, avaient à se faire pardonner, Pouliot et Dumas ne voient que des «sources fiables» et ils rendent ce jugement stupéfiant: «On trouvera rarement en histoire un fait précis sur lequel soit projeté plus de lumière que l'exploit du Long-Sault.» Quand donc les auteurs se demandent ce que ces sources nous apprennent de «certain», nous voyons venir la réponse: ils s'attachent désespérément à tout ce qu'elles rapportent.

Puis, en toute facilité, ils écartent les doutes qu'on a pu formuler sur les buts, étapes et résultats. Est mis de côté sans hésitation ce que certains auteurs ont osé penser en se fondant sur des sources valables: le but intéressé d'enlever des fourrures aux Iroquois, de se distinguer par des «prouesses», d'assurer la sécurité de l'Outaouais ou de se livrer à quelque «petite guerre». Pouliot et Dumas n'émettent aucun doute sur les témoignages qu'ils ont retenus, car, pour eux, «les témoins de 1660 avaient, bien mieux que nous, une vue claire et précise de la situation dans laquelle était plongée la Nouvelle-France». Silence donc, les sceptiques! Le livre qui aurait dû, par une critique bien faite, mettre un point final à la discussion, nous ramenait au point de départ. Il fallait tout recommencer.

Groulx lui-même, qui, sur Dollard, s'était pourtant montré très sobre dans son *Histoire*, intervient la même année avec une brochure de 59 pages, *Dollard est-il un mythe?* Cette fois, il se déchaîne contre les adversaires qui s'essaient, écrit-il, «à forger, à qui mieux mieux, une grossière imposture»; «force sera aux démolisseurs de remplacer l'histoire authentique par la plus insoutenable et la plus absurde invraisemblance. [...] Certes, chacun peut toujours faire de l'histoire à sa façon. Il ne s'agit tout au plus que de savoir si c'est encore de l'histoire. Pour ma part, je le confesse, ni la peur d'être réactionnaire, archaïque, emmuré dans les mêmes convictions, ni l'envie morbide de paraître novateur, de me conformer à l'esprit de la *nouvelle vague,* comme on dit, ne m'induiront à trahir ce que je crois être la vérité historique.»

Dans cette réponse violente, aux termes excessifs, dans ce refus d'une réinterprétation honnête, nous ne reconnaissons plus, hélas, le Groulx fondateur d'une *Revue d'histoire,* qui est pourtant de cette «nouvelle vague». La dernière colère que l'on connaisse dans l'œuvre de Groulx.

La polémique ensuite est retombée, comme si les partisans de l'un et l'autre camps s'étaient rendu compte de ce que cette querelle traînait de ridicule ou n'en voyaient plus l'intérêt. D'ailleurs, l'historien et archiviste André Vachon publie en 1966 dans le *Diction-naire biographique du Canada* une étude de 9 pages (ou 17 ½ colonnes), étude exhaustive rédigée en toute sérénité: elle nous semble bien mettre un point final au débat.

Les histoires générales qui lui succèdent accordent désormais peu d'espace à l'affaire Dollard ou n'ajoutent pas d'encens à l'encensoir. Dans son *Histoire du Canada* de 1966, Robert Lacour-Gayet (Français de France comme de Bonnault) consacre à Dollard quatre lignes seulement, en plus d'une citation de Wilfrid Laurier en six lignes qui, à propos de la guerre de 1914, évoque le souvenir de Dollard pour inviter les Canadiens français à se porter volontaires.

Dans le volume III (tome 1) de mon *Histoire de la Nouvelle-France,* daté de 1979, je raconte l'événement de 1660 en deux tiers de page, sans, bien entendu, jouer de la trompette.

En nombre de pages, compte tenu des seules consacrées à leur prise de position sur l'affaire Dollard,

Pouliot et Dumas viennent au troisième rang: Faillon accède au deuxième; l'espace le plus abondant en faveur de Dollard, un total de 79 pages, est chez Groulx en diverses interventions: il l'emporte et de loin sur ses concurrents. Ce qui correspond bien au rôle déterminant qu'il a eu dans l'exaltation de notre histoire.

Le calme s'est donc fait après 1960, après la longue période d'éloquence de Groulx, vainqueur facile de ce concours d'encensoir. Calme qui ressemble à l'oubli: le «Jour de Dollard», ce jour de mai qui, s'étant substitué dans le Québec à la fête de la Reine, donna lieu naguère à tant de discours sur le héros du Long-Sault, a disparu, remplacé à son tour par la «Fête nationale des Patriotes». Dollard peut maintenant dormir en paix sur la plage du Long-Sault, que d'ailleurs une installation hydroélectrique a complètement noyée.

Notes bibliographiques

Pour une excellente synthèse de l'affaire Dollard et la longue bibliographie qui l'accompagne, voir l'article d'André Vachon, «Dollard des Ormeaux, Adam», dans le *Dictionnaire biographique du Canada*, vol. I: 274-283. Diverses illustrations de Dollard sont reproduites dans Denis Martin, *Portraits des héros de la Nouvelle-France. Images d'un culte historique* (Montréal, Hurtubise HMH, 1988), p. 99-103.

X

Ce Québec aux frontières
toujours mouvantes

On ENTEND PARFOIS, ces dernières années, un Québécois à l'âme nostalgique : «J'ai mal à mon pays» ; ou, plus inquiet encore, qui soupire : «Je me cherche un pays» ; à ses oreilles bourdonne la triste chanson :

> Un Canadien errant,
> Banni de ses foyers,
> Parcourait en pleurant
> Les pays étrangers.

Si le Québécois feuillette l'album de ses cartes historiques, on comprend qu'il se sente un peu perdu devant tous ces changements dans son territoire, même s'il y retrouve un constant point de repère, la plus ancienne de ses villes, Québec, dont le nom est devenu celui de la province.

À l'époque où elle correspondait plus ou moins à ce qu'on appelait *Nouvelle-France* ou *Canada,* cette province avait déjà connu d'importantes modifications de frontières. Ainsi, au traité d'Utrecht de 1713, alors qu'elle revendiquait les trois quarts de l'Amérique du Nord, elle avait dû renoncer à une vaste tranche de ce continent : le bassin de la baie d'Hudson, Terre-Neuve et l'Acadie.

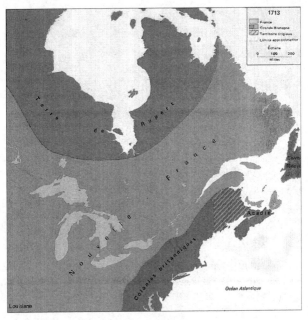

Illustration 10.1 : La Nouvelle-France de 1713 à 1760

Rétrécissement considérable du pays prétendu ! Le champ de l'activité française conserve quand même son caractère continental, sans commune mesure avec sa population, d'un nombre alors ridiculement bas, environ 20 000 habitants, presque tous établis sur les rives du Saint-Laurent, en une suite d'habitations qui s'étire sur 400 kilomètres. À part deux lignes intérieures qui, aux fins de l'administration, séparent le gouvernement des Trois-Rivières de ceux de Québec et de Montréal, il n'y a pas de frontières extérieures qui bloquent l'expansion de ce groupe de peuplement. Il demeure ouvert, libre de s'étendre vers le nord et vers le sud, le long du golfe ou en amont de Montréal vers les Grands Lacs. La colonie française n'est pas encore enclose.

Or, 50 ans après la grande amputation de 1713 se produit au profit des Britanniques la disparition totale de l'empire français en Amérique du Nord. Les francophones des rives du Saint-Laurent (70 000 ? 80 000 ?) voient se transformer leur aire d'occupation : répartis jusque-là en trois gouvernements sous une même capitale, Québec, ils sont en 1760, pour la durée provisoire d'un régime militaire, rigoureusement divisés en trois petits pays distincts, soit Québec, Trois-Rivières et Montréal ; chacun sous un gouverneur britannique, chaque pays indépendant des deux autres et chacun avec sa propre capitale et sa monnaie particulière, avec en plus l'obligation de présenter un passeport pour passer d'un pays à un autre.

Une proclamation royale de 1763, qui entre en vigueur le 10 août 1764, transforme de nouveau cette colonie devenue possession anglaise. Les trois pays du régime militaire n'en font plus qu'un seul, sous une capitale unique et avec un nom tout nouveau, celui de province de Québec.

Colonie réunifiée qui, pour la première fois, est enclose à l'intérieur de frontières tracées d'une façon précise : un quadrangle long d'environ 1 000 kilomètres, d'une largeur de seulement 325 (600 milles sur 200). Un Québec dont la frontière nord part du lac des Népissingues, traverse le lac Saint-Jean et s'arrête à la région de Mingan, sans la comprendre : même l'île d'Anticosti n'est pas incluse. La frontière sud, à partir de la baie de Chaleur, suit la ligne de partage des

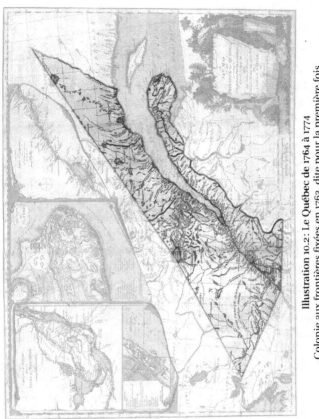

Illustration 10.2: Le Québec de 1764 à 1774
Colonie aux frontières fixées en 1763, dite pour la première fois
Province de Québec.

eaux entre le Saint-Laurent et l'Atlantique, touche le 45ᵉ degré (au nord du lac Champlain) qu'elle suit vers l'ouest jusqu'au Saint-Laurent, d'où elle rejoint enfin le lac des Népissingues.

En plus de laisser à la Compagnie de la Baie d'Hudson tout l'immense bassin de cette mer intérieure, on a rattaché à Terre-Neuve le Labrador (un littoral qui s'étend du détroit d'Hudson au golfe du Saint-Laurent), ainsi que la côte nord du golfe avec l'île d'Anticosti. Les intérêts économiques de Terre-Neuve, autre colonie de l'Angleterre, sont largement assurés aux dépens de ce nouveau Québec. L'Acadie, dont les habitants francophones ont été expulsés pendant les années 1755 à 1762, est devenue une nouvelle entité sous le nom de *Nouvelle-Écosse*, qui recouvre alors non seulement la péninsule, mais aussi ce qui s'appellera Île-du-Prince-Édouard et Nouveau-Brunswick.

Fermés aux habitants du Québec l'accès au lac Champlain autour duquel ils avaient des seigneuries et celui aux Grands Lacs, leur source inépuisable de fourrures. À ses sujets francophones, l'Angleterre laisse exactement l'espace qu'ils occupaient jusque-là de façon effective sur les rives du Saint-Laurent.

Ce Québec, le plus restreint qu'on ait jamais connu, ne dure toutefois que de 1764 à 1774. Comme il marque le triomphe définitif de l'Angleterre sur la France en Amérique du Nord, il est aussi la victoire des colonies anglaises, parce qu'elles ont joué un rôle décisif dans la guerre de Sept Ans. Elles n'en jouiront pas longtemps.

Sortie de cette guerre qui lui confirme la maîtrise du continent nord-américain, l'Angleterre s'est retrouvée avec de grands besoins financiers. Elle pensa y satisfaire en recourant à de nouvelles contributions de ses colonies d'Amérique. De 1765 à 1774, le Parlement de Londres tenta de leur appliquer diverses mesures, de la Loi du Timbre à la Loi de Québec (« the Quebec Act ») ; toutes mesures que les colonies jugèrent pleinement vexatoires.

Et de crier en chœur contre ces « intolerable Acts ». Des troubles surviennent, à commencer par le célèbre « Boston Tea Party » au cours duquel des « sauvages » (ce n'étaient, paraît-il, que de valeureux citoyens déguisés en Amérindiens) jetèrent à la mer une cargaison de ce thé dont la taxe rapportait gros à l'Angleterre.

La dernière de ces mesures « vexatoires » accéléra le mouvement de la révolution armée. Elle privait les colonies américaines de leur victoire de 1760 en reconstituant en partie le territoire de l'ennemie traditionnelle, la Nouvelle-France.

D'une part, elle remet au Québec tout le littoral dit *Labrador*, du détroit d'Hudson au golfe du Saint-Laurent, avec l'île Anticosti et la côte nord du golfe, celle-ci se trouvant réunie (comme sous le Régime français) à la région de Québec. Quant à la ligne qui, en venant du lac des Népissingues, marquait la frontière nord du Québec depuis 1764, elle n'a pas bougé, sauf qu'après être passée au-dessus de la région du lac Saint-Jean, elle monte au nord vers le détroit d'Hudson et redescend en englobant le littoral du Labrador.

D'autre part, la frontière traverse ensuite le golfe à l'ouest de Terre-Neuve en laissant l'île d'Anticosti au Québec, passe à l'est de la Gaspésie comme avant, sépare les eaux qui se déversent dans le Saint-Laurent de celles qui vont vers l'Atlantique, longe le 45e degré jusqu'à sa jonction avec le fleuve.

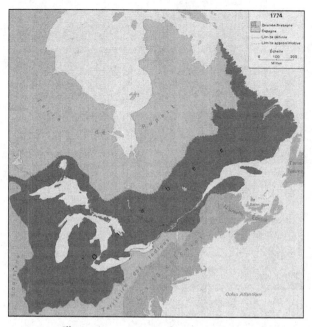

Illustration 10.3 : Le Québec de 1774 à 1783

En 1774, l'autorité britannique rattache au Québec le Labrador, la
Côte-Nord (comprenant l'île d'Anticosti), la région des Grands
Lacs et le territoire entre le cours de l'Ohio et celui du
Mississippi, c'est-à-dire jusqu'à leur point de confluence au sud.

C'est à partir de ce point que le Québec va empiéter
sur le voisin. La nouvelle frontière imposée par Londres
longe la rive sud du lac Ontario ; de Niagara, elle des-
cend en plein territoire revendiqué par les colonies
américaines depuis le XVIIe siècle : elle se rend jusqu'à
l'endroit où l'Ohio se déverse dans le Mississippi ; d'où,
après avoir atteint les sources de ce fleuve et contourné
le lac Supérieur, elle remonte vers le territoire réservé

à la Compagnie de la Baie d'Hudson et revient enfin au lac des Népissingues.

Le tout petit Québec de 1764 s'agrandissait donc en obtenant, outre les pêcheries du Labrador, d'immenses territoires riches en pelleteries pour lesquelles les Américains avaient fait la guerre : le pays des Grands Lacs et ce qui, au sud, s'étend entre l'Ohio et le Mississippi. Du même coup, la nouvelle géographie bloquait aux plus importantes colonies américaines toute expansion vers l'ouest. L'adversaire français qu'on avait pourtant écrasé en 1760 reparaissait en vainqueur.

Pour parer à cette menace, les autorités de ces colonies, alors dites *Colonies-Unies* sous un *Congrès continental*, lancent une armée contre la colonie française au cours de l'automne 1775. L'opération tourne à la débâcle, l'hiver suivant. Tout de même, ces Colonies-Unies devenues en 1776 les États-Unis, font, avec l'aide de la France, triompher leur révolution. À leur bénéfice, le traité de 1783 impose au Québec d'amples réductions de territoire. Partant de la baie de Chaleur et suivant vers le sud la ligne traditionnelle du partage des eaux, la frontière se confond ensuite, comme depuis 1763, avec le 45e degré jusqu'à la jonction vers l'ouest avec le fleuve Saint-Laurent. Elle poursuit en amont au milieu de ce fleuve, puis au milieu des lacs Ontario, Érié, Huron et Supérieur ; ce qui laisse aux États-Unis la totalité du lac Michigan, que pourtant les Canadiens avaient découvert, exploré et fréquenté dès le XVIIe siècle. Enfin, de l'extrémité du lac Supérieur, la nouvelle frontière se prolonge jusqu'au lac des Bois, d'où elle rejoint au sud le Mississippi.

Illustration 10.4 : Le Québec de 1783 à 1791
Au traité de 1783, le Québec perd la moitié des lacs Ontario, Érié,
Huron et Supérieur, tout le lac Michigan et le territoire entre
l'Ohio et le Mississippi jusqu'à leur point de confluence au sud.

Quant au Québec, ce tracé en devient en fait la frontière sud, et le lointain lac des Bois en marque l'extrémité occidentale, du moins pour les huit ans à venir. De là, sa frontière remonte vers le nord-est rejoindre les terres de la Compagnie de la Baie d'Hudson.

Mis à part cette perte importante de territoire au sud des Grands Lacs, le Québec demeure inchangé, conservant Labrador, Côte-Nord, Anticosti et le pays qui s'étend du Saint-Laurent au 45e degré. Mais ce Québec de 1783 n'est pas au terme de ses modifications.

C'est que, des deux sociétés qui tentaient d'y vivre en commun, l'anglophone tenait à la « common law » plutôt qu'à la Coutume de Paris, à un sol tenu en franc et commun socage et non en fief et seigneurie. Cette société anglophone ne trouvait pas dans le peuplement du Saint-Laurent l'espace nécessaire pour se développer à l'aise et en toute liberté. Devant le flot incessant qui déversait au port de Québec les immigrants venus de Grande-Bretagne ou des États-Unis, le Parlement de Londres procède à un nouvel aménagement.

Selon les dispositions de la loi de 1791, le toponyme *Québec*, qui recouvrait depuis 1783 le territoire de l'Atlantique jusqu'au-delà des Grands Lacs, disparaît pour faire place à deux toponymes qui identifient deux nouvelles provinces : le Haut-Canada, ainsi appelé parce qu'il est établi en amont du Saint-Laurent, et le Bas-Canada, situé en aval.

Ce Bas-Canada, où vit la plus grande partie de la population francophone traditionnelle, est le Québec diminué non seulement par le traité de 1783, mais aussi par sa frontière occidentale qui est désormais fixée au milieu de la rivière des Outaouais ; le Québec

Illustration 10.5 : Le Québec (dit Bas-Canada) de 1791 à 1809
La loi de 1791 retranche du Québec, au profit du Haut-Canada
(futur Ontario), tout le territoire à l'ouest de la rivière des
Outaouais.

conserve toutefois à l'embouchure, du côté ouest,
un territoire en triangle qui était l'habitat de francophones depuis le Régime français, ce que l'on a appelé
la *presqu'île Vaudreuil-Soulanges*.

Au nord, le Québec dit *Bas-Canada* agrandit son
territoire. Jusque-là, il avait pour plafond une ligne qui,
du lac des Népissingues, se dirigeait vers l'est pour
traverser le lac Saint-Jean : cette limite est repoussée
plus au nord (toujours à partir d'un point situé au

milieu de la rivière des Outaouais) jusqu'au territoire réservé à la Compagnie de la Baie d'Hudson, c'est-à-dire jusqu'à la ligne séparant les eaux, qui vont vers le sud (comme c'est le cas pour la rivière des Outaouais) se jeter dans le Saint-Laurent et celles qui se déversent vers la baie d'Hudson.

Frontière nord, donc, qui en se dirigeant vers l'est, contourne le domaine de cette Compagnie, dit ici *Terre de Rupert*, et remonte jusqu'à l'extrémité nord du Labrador pour de là en suivre le littoral jusqu'au golfe du Saint-Laurent, de façon à toujours inclure le Labrador dans le Québec.

La politique de Londres va toutefois modifier de nouveau cette carte du Bas-Canada. Ce Labrador, toujours représenté comme une bande du littoral québécois s'étendant du golfe au détroit d'Hudson, on l'avait retranché du Québec en 1763 pour l'attribuer à Terre-Neuve ; on l'avait remis au Québec en 1774, mais voilà qu'en 1809, dans un souci de renforcer la vie économique de sa colonie de Terre-Neuve, Londres change d'avis et le rend à Terre-Neuve, un territoire qui, depuis le détroit d'Hudson s'étend en s'élargissant vers le sud jusqu'au 52e degré, où il n'est plus qu'une mince bande donnant sur le golfe entre l'Atlantique et Blanc-Sablon.

Le jeu des frontières du Québec se poursuit de plus belle. L'incessante souque-à-la-corde entre l'administration et la Chambre d'Assemblée, les troubles qui surviennent dans les deux Canada, l'enquête menée par lord Durham : ces événements aboutissent à la remise des deux sociétés francophone et anglophone dans un même cadre politique, comme auparavant.

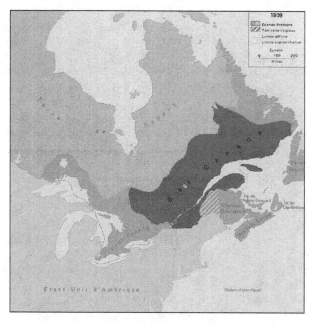

Illustration 10.6 : Le Québec de 1809 à 1840
Le Labrador est détaché du Québec.

Les deux Canada, Haut et Bas, deviennent un nouveau pays sous le nom de *Canada-Uni*.

Ce titre est trompeur. L'opération de 1840 est étrange sous bien des aspects, puisque chacune des deux parties conserve jusqu'à un certain point son entité propre, ses représentants dans le gouvernement et ses ministères. Surtout, pour accommoder chaque société, la capitale se situera un temps dans l'ancien Bas-Canada et un temps dans le Haut-Canada d'avant. Déménagement de capitale qui est chaque fois considérable : tout

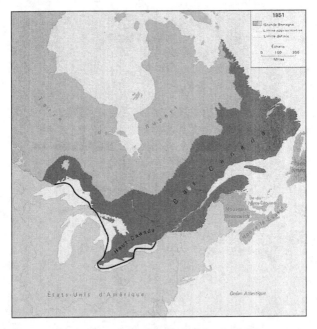

Illustration 10.7 : Le Canada-Uni de 1840 à 1867
Le Québec, qui s'appelait *Bas-Canada* depuis 1791, perd son
identité politique en 1840 alors qu'il est fusionné avec le
Haut-Canada pour former un nouveau pays dit *Canada-Uni.*

le personnel administratif avec ses archives et sa bibliothèque et tous les députés doivent tous les quatre ans
se transporter du Québec en Ontario, puis de l'Ontario
au Québec.

Durant cette période du prétendu Canada-Uni, ce
qui était encore en réalité le Québec subit une modification géographique. Il voit s'effacer sa frontière
occidentale sur l'Outaouais. Et voilà qu'en outre, il faut
corriger le 45e degré de latitude nord. Dans la partie

sud de l'ancien Québec, ce 45ᵉ degré le séparait des futurs États-Unis depuis 1763, mais l'identification de cette frontière n'était alors que théorique : restait à la marquer sur le terrain, ce qui est fait en 1766 et confirmé par décret royal en 1768. Plusieurs années plus tard, en se fondant sur ce qui a été convenu, les États-Unis entreprennent de leur côté de la frontière l'érection d'une forteresse, à Rouse's Point, dans la région où le lac Champlain se déverse dans la rivière Richelieu. Ils y avaient consacré un million de dollars lorsqu'on a découvert en 1817 que les arpenteurs avaient situé le 45ᵉ degré au mauvais endroit, qu'il était en réalité à trois quarts de mille (un peu plus d'un kilomètre) plus au sud. Par conséquent, catastrophe : les Américains ont construit en terre canadienne !

On arrête tout, on s'interroge, on discute. C'est seulement en 1842, au traité Ashburton-Webster, qu'on finit par s'entendre. La solution ? Le Bas-Canada accepte un très léger renflement du 45ᵉ vers le nord, de façon que la forteresse soit en terre américaine ; en compensation, les États-Unis cèdent un tout petit peu de leur sol en acceptant, près de la jonction du 45ᵉ degré avec le Saint-Laurent, qu'une infime courbure de la latitude empiète sur l'État de New York.

Passons une génération et le nord-est de l'Amérique britannique subit un nouvel arrangement, d'aussi grande importance celui-là qu'à la fin de la guerre de Sept Ans : la confédération de quatre provinces, dont celle du Bas-Canada.

Cette fois, ce Québec, au toponyme disparu en 1840, reparaît sur la carte. Confédération qui toutefois ne lui apporte aucune addition ni soustraction territoriale : le Québec de 1867 est celui de 1840 avec cette

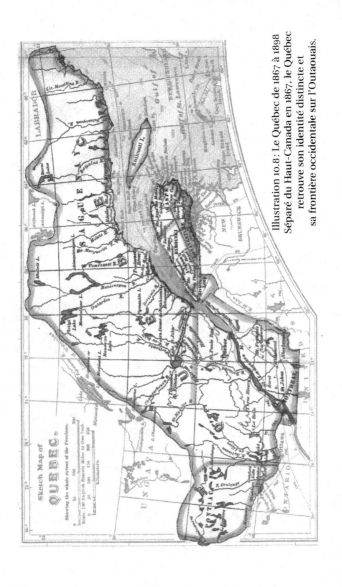

Illustration 10.8 : Le Québec de 1867 à 1898
Séparé du Haut-Canada en 1867, le Québec
retrouve son identité distincte et
sa frontière occidentale sur l'Outaouais.

seule différence que sa frontière occidentale a resurgi au milieu de la rivière des Outaouais. La ligne qui la prolonge vers le nord bute comme avant sur le domaine de la Compagnie de la Baie d'Hudson. D'où l'on voit que la vraie carte de 1867 diffère beaucoup de celle qui nous est d'ordinaire présentée.

La Confédération a longue vie, comme on sait, et le Québec a eu le temps depuis 1867 de changer trois fois ses frontières, à son bénéfice ou à son détriment.

En 1898, la Compagnie de la Baie d'Hudson cède au Québec un territoire considérable qui s'étend entre la source de la rivière des Outaouais et, au nord, la rivière Eastmain (elle se déverse dans la baie de James), territoire que limite à l'ouest une ligne qui, venant de l'Outaouais, se prolonge en droite ligne jusqu'à la baie de James. Vers l'est, l'addition recouvre tout le bassin de cette même baie. Autre addition au Québec en 1912, plus importante encore : la Compagnie de la Baie d'Hudson cède tout ce qu'il lui reste du bassin oriental de la baie de James et de celui de la baie d'Hudson. Par la même occasion, on annexe au Québec ce qui reste de territoire au nord, jusqu'au détroit d'Hudson, et ce qui s'étend de la baie d'Hudson à la pointe orientale de la rive de la baie d'Ungava, soit la zone arctique du Québec, habitat des Inuits, les Esquimaux d'autrefois.

Toutefois, dans ce réaménagement de 1912, Terre-Neuve conserve son Labrador, mais quelque peu diminué au sud. Ce littoral terre-neuvien qui sépare le Québec de l'Atlantique à partir de la baie d'Ungava est limité au profit du Québec par une frontière qui passe au milieu de l'embouchure du fleuve Hamilton. De ce fleuve au golfe du Saint-Laurent, c'est, malgré les revendications de Terre-Neuve, territoire québécois.

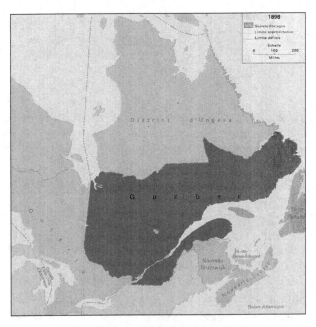

Illustration 10.9 : Le Québec de 1898 à 1912
En 1898, le Québec s'agrandit d'une partie du bassin
de la baie de James.

Avec ces additions de 1912, le Québec obtenait la plus grande superficie à laquelle il ait prétendu depuis celle de 1774. Situation de courte durée : en 1927, une décision du Conseil privé de Londres rattache au Labrador, donc cette fois au profit de Terre-Neuve, une part importante, près du quart de ce Québec de 1912.

Le nouveau Labrador commence comme auparavant à la pointe orientale de la baie d'Ungava. D'abord étroit littoral de quelque 600 kilomètres de long, il s'élargit quand il atteint le 55ᵉ degré ; il s'enfonce alors

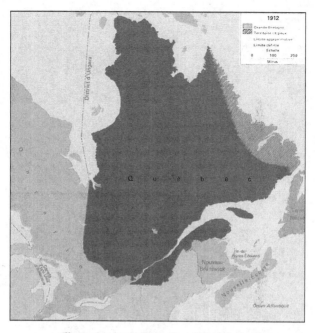

Illustration 10.10 : Le Québec de 1912 à 1927
En 1912, on ajoute au Québec le reste du bassin oriental de la
baie de James, le bassin oriental de la baie d'Hudson, ainsi que
le bassin de la baie d'Ungava. La Côte-Nord s'agrandit, à l'est,
jusqu'à l'Atlantique et, au nord, jusqu'au fleuve Hamilton.

vers l'ouest jusqu'à une profondeur de 750 kilomètres
dans ce qui était le territoire québécois, y dessinant un
quadrangle d'environ 750 kilomètres de longueur sur
une largeur de 300. La base en est au sud le 52ᵉ degré ;
à 75 kilomètres de l'Atlantique, la frontière prend une
direction franc sud vers le golfe, de sorte que la Côte-
Nord, à l'est de Blanc-Sablon, redevient partie inté-
grante du Labrador terre-neuvien.

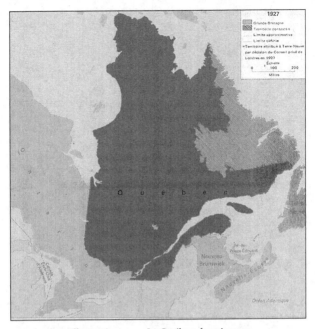

Illustration 10.11: Le Québec depuis 1927
Une décision du conseil privé de Londres en 1927 a rattaché à
Terre-Neuve près du quart du territoire revendiqué par le Québec.

Cette décision de 1927 a rendu possible en 1949
l'adhésion de Terre-Neuve à la Confédération, mais le
Québec refuse toujours de la reconnaître. Y aura-t-il
reprise de discussions au sujet de ce Labrador attribué
tantôt à celui-ci, tantôt à celui-là ? Va-t-on encore tenter de modifier des frontières qu'on dit intouchables ?

Intouchables ? Tant de fois changées depuis l'établissement officiel du 10 août 1764 ! Ces changements ?
1774, 1783, 1791, 1809, 1840, 1867, 1898, 1912, 1927. Neuf en
230 ans ; en moyenne, une fois tous les 26 ans. Autant

dire que chaque génération a vu se resserrer ou s'élargir l'espace politique.

Ces frontières «intouchables» vont-elles encore bouger? Faut-il prendre au sérieux cette menace qu'auraient exprimée les anglophones de l'ouest de Montréal: se rattacher à l'Ontario si un référendum séparait le Québec du Canada? Menace irréaliste d'un groupe saisi par la panique?

Une nouvelle menace de perte de territoire serait-elle ce Nunavik, grand comme la France, acquis au nord en 1912 et dont les habitants autochtones encore en discussion sur leur avenir politique seraient tentés de se séparer du Québec?

Ou si le Québec, sortant vainqueur de sa contestation avec Terre-Neuve, reprenait son Labrador de 1774! Si... si... Intouchables, les frontières du Québec? Rien n'est moins sûr: l'histoire repasse souvent les mêmes plats.

Notes bibliographiques

Cette question a déjà fait le sujet d'un article du géographe Henri Dorion, dans la revue *Cap-aux-Diamants* (n° 58, hiver 1999), sous le titre «Une région frontière, une région de frontières». Henri Dorion a aussi publié sur l'ensemble du problème du Labrador *La frontière Québec-Terre-Neuve* (Québec, Les Presses de l'Université Laval, 1963). Sur le Nunavik, voir *Du Nouveau-Québec au Nunavik 1964-2004. Une fragile autonomie* (collectif sous la direction de Jean Malaurie et Jacques Rousseau, Éditions Economica, 2005).

Sur l'évolution des frontières du Québec, divers renseignements sont tirés des *Documents relatifs à l'histoire constitutionnelle du Canada*: une édition pour les années 1759-1791 en 2 volumes est parue en 1921; une autre pour les années 1791-1818 en 1915, une troisième en 1935 pour les années 1819-1828. Voir aussi *Canada 125 Ses Constitutions, 1763-1982* (Montréal, Éditions du Méridien, 1992); *Les Constitutions du Canada et du Québec* (Montréal, Éditions Thémis, 1992); *Actes de l'Amérique du Nord britannique et statuts connexes, 1867-1962* (Ottawa, Imprimeur de la Reine, 1962).

Sources des illustrations

Illustration 10.1: La Nouvelle-France de 1713 à 1760
   Ladouceur, J. P., « Évolution du territoire du Québec », *Annuaire du Québec*, Montréal, Fides, 1972.
Illustration 10.2: Le Québec de 1764 à 1774
   Hayes, Derek, *Historical Atlas of Canada*, Washington, The University of Washington Press, 2002.
Illustration 10.3: Le Québec de 1774 à 1783
   Ladouceur, J. P., « Évolution du territoire du Québec », *Annuaire du Québec*, Montréal, Fides, 1972.
Illustration 10.4: Le Québec de 1783 à 1791
   Vaugeois, Denis, *Québec 1792: les acteurs, les institutions et les frontières*, Montréal, Fides, 1992.
Illustration 10.5: Le Québec (dit Bas-Canada) de 1791 à 1809
   Ladouceur, J. P., « Évolution du territoire du Québec », *Annuaire du Québec*, Montréal, Fides, 1972.
Illustration 10.6: Le Québec de 1809 à 1840
   Ladouceur, J. P., « Évolution du territoire du Québec », *Annuaire du Québec*, Montréal, Fides, 1972.
Illustration 10.7: Le Québec de 1840 à 1867
   Ladouceur, J. P., « Évolution du territoire du Québec », *Annuaire du Québec*, Montréal, Fides, 1972.
Illustration 10.8: Le Québec de 1867 à 1898
   Hayes, Derek, *Historical Atlas of Canada*, Washington, The University of Washington Press, 2002.
Illustration 10.9: Le Québec de 1898 à 1912
   Ladouceur, J. P., « Évolution du territoire du Québec », *Annuaire du Québec*, Montréal, Fides, 1972.
Illustration 10.10: Le Québec de 1912 à 1927
   Ladouceur, J. P., « Évolution du territoire du Québec », *Annuaire du Québec*, Montréal, Fides, 1972.
Illustration 10.11: Le Québec depuis 1927
   Ladouceur, J. P., « Évolution du territoire du Québec », *Annuaire du Québec*, Montréal, Fides, 1972.

XI

À la mode de Voltaire :
notre « historien national » Garneau

« Un peuple sans histoire et sans littérature », écrivait des Canadiens de 1839 le gouverneur Durham. Comme nous l'avons rappelé dans un chapitre précédent, ce lord de grande culture qui connaissait bien le passé dramatique du pays voulait signifier par là que les Canadiens n'avaient pas encore produit d'historien digne de ce nom : ce qui était vrai en 1839. Il voulait également dire qu'une littérature écrite, propre à ces Canadiens, se faisait attendre : c'était aussi vrai.

Cette littérature allait bientôt apparaître sous le régime de l'Union des deux Canada (1840-1867), qu'on a eu tort de peindre sous des couleurs tellement sombres ; et François-Xavier Garneau allait publier en 1845, six ans après ce *Rapport Durham,* une grande œuvre, son *Histoire du Canada.*

Parce que le Canada est à cette époque en retard d'une génération, il en est encore à l'influence du siècle des Lumières, plus particulièrement celle de Voltaire, auteur toujours à la mode pour l'agrément de son style et, chez les adversaires de l'Église, pour son radicalisme. En cette première moitié du XIXe siècle, la hiérarchie religieuse exerce un contrôle rigoureux sur ce qui se publie et se lit. Il eût été alors un bien mauvais risque de s'afficher élève de Voltaire.

Or, c'est aussi, à cette époque, l'heureux temps où l'écrivain pouvait se dispenser de rendre à César ce qui appartenait à César, ne pas se soucier de références en bas de page, évitant ainsi d'identifier ses fournisseurs.

Les exemples de cette abusive discrétion ne manquent pas dans les débuts de notre littérature, publiée dans les livres ou dans les gazettes. Dans bien des cas où l'on évite d'indiquer ses sources, la paternité de Voltaire est facile à dépister. Pour ne rappeler que des affirmations comme celles-ci dans la *Gazette*: «Les fêtes que l'Église impose sont accompagnées d'un repos qui dégénère en débauche; il faut les supprimer pour rivaliser avec les protestants dans le commerce et l'industrie.» (6 mai 1790) Voltaire avait écrit dans son *Dictionnaire philosophique* (art. *Fertilisation*): «Ces jours qu'on croit consacrés à la religion et qui ne le sont qu'aux cabarets.» On sait, soutenait encore Voltaire, «quelle supériorité le retranchement de ces jours dangereux a donnée aux protestants sur nous».

Les premiers auteurs de notre littérature vont aussi cacher la culture qu'ils tirent de Voltaire. Un poète de Québec publie dans la *Gazette,* le 13 avril 1815, des vers à la gloire du gouverneur Prévost, dont nous retenons ceci:

C'est en vain que l'envie au regard sombre et louche
Verse sur tes lauriers le venin de sa bouche...
Tu fus de ce pays le père et le héros.

Ce chant poétique sort directement de la trompette de Voltaire; écoutez ces vers de la *Henriade* (chant I) qui célèbrent Henri IV:

Qui régna sur la France
Et fut de ses sujets le vainqueur et le père.

Voltaire, dans sa *Henriade*, parlait aussi de l'envie, en mêmes termes :

Là gît la sombre Envie à l'œil timide et louche,
Versant sur des lauriers les poisons de sa bouche.

Cette image mise à la mode par Voltaire se retrouve chez Michel Bibaud, dans la *Satire sur l'envie,* et lui non plus n'avoue pas son emprunt :

L'homme envieux ressemble au reptile, à l'insecte,
Car tout ce qu'il atteint de sa bouche, il l'infecte.

À lire ces poètes ou ces articles des gazettes, on ne s'étonne pas que l'écrivain François-Xavier Garneau puise une large part de sa culture dans les écrits de Voltaire et se dispense lui aussi de citer son maître, soit par négligence, soit surtout, pour ne pas s'attirer de reproches.

Le *Discours préliminaire* de l'*Encyclopédie* devait résumer les principes des Philosophes. Il servait de manifeste. Celui de Garneau, intitulé aussi *Discours préliminaire* et placé en tête de son *Histoire*, doit de la même façon indiquer à quelles lumières recourt l'auteur pour parcourir le champ de son œuvre. Or, il écrit : «La critique moderne rejette tout ce qui ne porte pas en soi le sceau de la vérité. Ce qui se présente sans avoir été accepté par elle, sans avoir été discuté et approuvé au tribunal de la raison, est traité de fable et relégué parmi les créations imaginaires» (p. 9). Voltaire avait depuis longtemps proposé ce principe, presque dans les mêmes termes en son *Essai sur les mœurs* : «Le fondement unique de l'histoire est la raison, ce que la raison n'admet pas doit être classé dans le catalogue des fables.» Dès l'ouverture du livre de Garneau, nous savons à qui il se rattache.

La suite de son *Discours préliminaire* est du même esprit: «À ce double flambeau [de la raison et de la vérité] s'évanouissent le merveilleux, les prodiges et toute cette fantasmagorie devant laquelle les nations à leur enfance demeurent frappées d'une secrète crainte ou d'une prétendue admiration. [...] Le chimiste passait pour un devin ou un sorcier et souvent il finissait par se croire lui-même inspiré par les sorciers» (p. 11). Garneau avait lu dans l'*Essai* de Voltaire (introduction): «Tous ces siècles de barbarie sont des siècles d'horreurs et de miracles. [...] Vous auriez vu des milliers de misérables assez insensés pour se croire sorciers.»

Certaines citations qui apparaissent dans le *Discours* de Garneau nous aident à établir que la plupart de ses idées radicales lui viennent de Voltaire plutôt que de Raynal ou de Michelet. *Le siècle de Louis XIV* et le *Précis du siècle de Louis XV* lui ont fourni la matière de bien des paragraphes de son *Histoire*: crise du quiétisme, deuils répétés de Louis XIV, faiblesses du système Law, caractère du duc d'Anville, forces navales des Anglais, guerres d'Acadie. Emprunts de matières qui se rapportent à des sujets bien variés, ce qui nous prouve que Garneau connaissait bien et consultait sans cesse les œuvres historiques de Voltaire.

Pigeant ainsi par-ci par-là, il écrit, par exemple, des Bénédictins: «Cet ordre célèbre servait d'asile à ceux qui fuyaient la tyrannie du gouvernement goth et vandale. Ce sont les Bénédictins qui ont perpétué dans les cloîtres le peu de connaissances qui restaient chez les

Barbares» (tome 1, p. 16). Tiens, tiens! La formation religieuse de Garneau reprendrait-elle le dessus? Non, c'est du Voltaire à peine retouché: «Ces asiles ouverts à tous ceux qui voulaient fuir les oppressions du gouvernement goth et vandale [...] le peu de connaissance qui restait chez les Barbares fut perpétué dans les cloîtres» (*Essai*, ch. 139).

Dans au moins trois autres cas, nous assistons chez Garneau au même butinage clandestin du texte de Voltaire à peine modifié. Au tome 2, livre 6, chapitre 2, lorsqu'il parle de la reconnaissance de Jacques III comme roi d'Angleterre par Louis XIV, texte qu'on retrouve à peu près chez Voltaire dans son *Siècle de Louis XIV* (chapitre 17); de même lorsque Garneau parle du Cap-Breton et de la pêche de la morue (tome 2, p. 462), la description vient à peu près mot à mot de chez Voltaire dans son *Précis du siècle de Louis XV* (chapitre 28); quand Garneau raconte (tome 2, p. 488) la démarche du plénipotentiaire Saint-Séverin, ce qu'il écrit est le texte du même ouvrage de Voltaire (chapitre 30).

Ceux qui doutent toujours que Garneau ait rédigé son *Histoire* en démarquant les œuvres historiques de Voltaire peuvent comparer ce qu'écrit Voltaire au sujet de Louisbourg: l'un et l'autre, en plus d'un même titre pour le chapitre, insistent sur l'importance de la pêche, de la forteresse, du transfert de la population, de l'expédition du duc d'Anville, des forces de la marine anglaise et de la faiblesse de la marine française; et l'ordre des idées, chez Garneau, est à peu près celui de Voltaire (voir Garneau au chapitre 2 du livre 8 et Voltaire dans *Précis* cité, chapitre 28).

Garneau n'a pas retenu de Voltaire que des citations. Des idées lui viennent de toute évidence du philosophe de Ferney.

Par exemple, Voltaire a soutenu que les Amérindiens ne descendent point d'Adam, mais sont nés en Amérique comme les mouches (*Essais sur les mœurs*, chapitre 146). Garneau n'ose pas être aussi direct, ce qui eût été une attaque contre l'enseignement de l'Église, mais risque au moins un rappel de cette idée d'une autogenèse en écrivant (tome I, livre II, p. 195) : « D'après ces huit divisions radicales d'une partie des hommes de la race rouge, qui sembleraient militer contre l'hypothèse d'une seule voie d'immigration asiatique par le nord-ouest de l'Amérique, ou peut-être même contre l'hypothèse de toute immigration quelconque. »

Garneau porte sur le rôle de la religion et la place qu'elle doit occuper dans l'économie humaine des jugements qui nous surprennent sous la plume d'un catholique. Selon lui, on a sacrifié à la religion l'intérêt du pays ; on aurait dû consolider les colonies avant d'évangéliser, et puisqu'il fallait en expulser une religion, « il aurait mieux fallu dans l'intérêt de la colonie faire tomber cette exclusion sur les catholiques qui émigraient peu ». Qu'est-il arrivé ? « Tandis que nous érigions des monastères, le Massachusetts se faisait des vaisseaux pour commercer avec toutes les nations » ; pendant que les Français sont à se battre pour la religion, les Normands, les Basques et les Bretons s'occupent utilement à pêcher la morue et la baleine (tome I, livre I, p. i ; 1, 3 : p. 157 ; 2 : p. 145 ; introduction : p. 91).

Ces jugements ne sont pas de son cru, ils lui viennent de Voltaire. L'intérêt du pays passe avant toute religion, soutient ce dernier, quand il parle des affaires ecclésiastiques de France, quand il juge les Croisades et qu'il affirme: «Le bien public doit être préféré à toute société particulière et l'État aux moines» (*Le siècle de Louis XIV*, chapitre 35; *Essai sur les mœurs*, 11e et 12e remarques). Les monastères et les disputes religieuses appauvrissent les nations catholiques, écrit Garneau; il avait lu dans Voltaire: «Tandis que de misérables théologiens de la communion romaine disputent pour savoir si les Américains sont enfants de leur Adam, les Anglais s'occupent à fertiliser, à peupler et enrichir deux mille lieues de terrain» (*Fragments des instructions pour le prince royal*, II).

Soumettre la religion à l'État, c'est pratiquer la tolérance. Garneau en est un apôtre, donnant en exemple le Maryland: «C'est [la première province] qui ait eu l'honneur de proclamer dans le Nouveau Monde, le grand principe de la tolérance universelle et de reconnaître la sainteté et les droits imprescriptibles de la conscience» (*Histoire du Canada*, tome II, livre V, I, p. 15). Et voici la leçon de son maître: «Le droit d'examiner ce qu'on doit croire et de professer ce qu'on croit, est un droit naturel que personne ne peut attaquer sans violer les premières lois de la conscience» (*Essai sur les mœurs*, ch. 130).

L'intolérance, poursuit Garneau, engendre le scepticisme: «Jamais l'Indien n'était persécuté pour avoir méprisé des croyances regardées comme sacrées. C'est cette liberté qui empêcha de naître parmi eux le scepticisme et l'incrédulité...» (tome I, livre III: p. 223). Or, Voltaire soutenait que «la théologie seule fait des athées... Plus les superstitions sont méprisées, plus la véritable religion s'établit dans les esprits» (art.

«Athéisme» dans *Dictionnaire philosophique*; *Politique et législation*, XII).

Le protestantisme, écrit Garneau (tome I, livre I, p. 101), a été un dur coup pour l'intolérance, puisqu'en donnant «plus d'étendue à l'esprit humain», il permettait de détruire les préjugés. C'est toujours suivre Voltaire de près, qui clame que le protestantisme s'opposait à la terrible puissance du pape, basée sur l'ignorance et le préjugé (*Essai*, chapitre 127, art. «Gouvernement» dans *Dictionnaire philosophique*).

Quand donc, selon Garneau, l'intolérance s'est-elle manifestée dans notre histoire? Elle a commencé dès les débuts, dans le cas des huguenots. Il en parle longuement. Toutefois, ce n'est pas dans son plaidoyer en leur faveur qu'il est disciple de Voltaire, mais dans sa manière de juger les faits: «À cette époque de haineuses passions, écrit-il, l'on sacrifiait avec délices les plus chers intérêts du pays aux fureurs du fanatisme... Le reste des Français travaillait à s'entre-détruire avec un acharnement qu'on a peine à concevoir aujourd'hui, pour des croyances dont ces massacres mêmes prouvaient que Dieu seul pouvait en être le juge» (tome I, introduction, livre III, p. 82, 91). Or, il avait lu dans Voltaire: «Ce grand principe, si longtemps méconnu, s'établit alors en Angleterre dans les esprits, que c'est à Dieu seul à juger les cœurs qui peuvent lui déplaire» (*Essai* cité, chapitre 136).

L'intolérance au Canada, toujours selon l'historien, fut personnifiée par l'évêque Laval: «En montant sur son siège épiscopal, il travailla à faire de tout son clergé une milice passive, obéissant à son chef comme les Jésuites à leur général» (tome I, livre I, III, 4, p. 339). Bien avant Garneau, Voltaire avait parlé de cette soumission aveugle des Jésuites, «tous soumis à un général perpétuel et absolu, liés tous ensemble uniquement par l'obéissance qu'ils vouent à un seul» (*Essai* cité, chapitre 139).

Laval n'exigea pas moins rigoureusement l'abolition du commerce des spiritueux. Les autorités civiles s'opposèrent et, raconte Garneau, «le prélat se vit obligé de saisir les foudres de l'Église, qui faisaient tomber autrefois le front des peuples et des rois dans la poussière» (tome I, livre III, I, p. 288). Voltaire fait le même retour sur ce passé où l'Église était si puissante :

> Je parlais et soudain les rois humiliés
> Du trône, en frémissant, descendaient à mes pieds...
> Du haut du Vatican, je lançais les tonnerres.
>
> (La Henriade, chant IV)

Le gouverneur Buade de Frontenac refuse de punir ceux qui ne veulent pas obéir aux ordres de l'évêque. Refuser de prêter le bras séculier à l'autorité ecclésiastique, c'est, pour Garneau, la décision la plus sage. Qu'est devenu le gouvernement fondé par les Jésuites au Paraguay? évoque-t-il à titre d'exemple. À cette question qu'il posait volontiers, Voltaire avait répondu que les pays théocratiques ont subi l'inquisition qui les a tenus dans l'ignorance. Au Paraguay, «les padres y ont tout et le peuple rien ; c'est le chef-d'œuvre de la raison et de la justice» (*Essai* cité, chapitre 140; *Le siècle de Louis XIV*, chapitre 31; *Dialogues philosophiques*, entretien V; *Candide*, chapitre XIV).

Garneau se faisant juge de la spiritualité, il écrit de la supérieure de l'Hôtel-Dieu de Québec et de l'ursuline Mère de l'Incarnation qu'elles partageaient le «délire de la dévotion. Mais [que] la dernière est celle qui donna le plus d'éclat dans ce pays, au culte de la spiritualité, pieuse chimère qui affecta pendant longtemps plusieurs intelligences tendres et romanesques, surtout parmi les personnes du sexe» (tome I, livre III, 4, p. 370). Garneau ici apprécie Mère de l'Incarnation comme Voltaire madame Guyon, «qui n'avait qu'une imagination échauffée... [et qui] s'entêta de ce qu'on appelle spiritualité... Les imaginations tendres et flexibles, surtout celles des femmes, aisément touchées... [Fénelon] avait je ne sais quoi de romanesque qui lui inspira, non pas les rêveries de madame Guyon, mais un goût de spiritualité qui ne s'éloignait pas des idées de cette dame» (*Le siècle de Louis XIV,* chapitre 38).

Comme l'écrivait lui-même Garneau, la première édition de son *Histoire* lui avait fait «une terrible réputation chez les marguilliers et les sacristains» (Gustave Lanctôt, *F.-X. Garneau,* p. 33). C'est dans sa troisième édition, nous dit-on, qu'il fit dans son œuvre un remaniement substantiel au point de vue orthodoxie. L'abbé Casgrain dira de l'historien : «Il a donné une preuve éclatante de sa piété filiale envers l'Église en soumettant cette édition de son *Histoire* à un ecclésiastique compétent» (Abbé Georges Robitaille, *Études sur Garneau,* p. 81).

Il semble pourtant que le prêtre Casgrain se soit emballé à tort, car le juriste Lareau, son contemporain, parle bien autrement : «Afin d'avoir la paix, Garneau consentit à corriger certaines parties de son ouvrage... Il est facile de comprendre que l'historien a subi cette influence sans l'accepter volontairement. C'est afin de rendre son livre plus acceptable à la majorité des lecteurs canadiens qu'il a dû accepter les conseils, les avis et les remontrances du clergé canadien» (Edmond Lareau, *Histoire de la littérature canadienne*, p. 160).

Pour sa part, Garneau confie à O'Callaghan: «Nos écrivains religieux ont continué de critiquer mon ouvrage; mais leurs critiques, toutes nombreuses qu'elles ont été et le sont encore, n'ont pas dépassé en général les bornes de la modération, surtout depuis l'apparition du troisième volume, où j'ai dit que les Canadiens devaient se rallier autour de leur religion... Il n'y a pas jusqu'aux Jésuites que nous avons ici, qui n'aient cité mon livre à l'appui de la religion... Ainsi ne désespérez pas de mon salut» (Lettre du 8 mai 1850 citée par Lanctôt, *op. cit.,* p. 37).

Ni Casgrain, ni «l'ecclésiastique compétent», ni les autres critiques qui ont parlé de remaniement dans la première édition de l'*Histoire* de Garneau, ne paraissent avoir assez bien connu les écrits de Voltaire pour s'apercevoir que les phrases et les paragraphes qu'en utilisait Garneau sans indiquer leur provenance étaient toujours là, dans la troisième édition.

Ouvrez cette édition prétendument expurgée. Examinez d'abord son *Discours préliminaire,* en reprenant les citations que nous avons extraites de la première édition et confrontées avec des textes de Voltaire. Vous les retrouvez telles quelles ou avec à peine un mot de changé ici et là, et, évidemment, toujours sans référence à Voltaire. Les corrections de Garneau semblent plutôt se limiter au style.

Dans les chapitres qui suivent le *Discours,* les nombreux emprunts que Garneau avait faits à Voltaire pour sa première édition se retrouvent également dans la troisième. Et notre historien n'a guère gagné en précision. C'est ainsi qu'une citation de Voltaire séparée du texte par des guillemets est seulement attribuée à «un auteur» (tome II, livre VIII, 2, p. 187). Garneau n'est pas devenu plus scrupuleux : les plagiats au sujet du Cap-Breton, du marquis de Saint-Séverin et de Jacques III ne sont point réparés (tome II, livre VI, 2 ; livre VIII, 2, p. 175, 189) ; le chapitre sur Louisbourg suit encore minutieusement celui de Voltaire, sans que celui-ci en soit présenté comme l'auteur (tome II, livre VIII, 2).

Mais les idées, la critique des faits ont dû subir une modification, puisqu'on a pu dire que l'*Histoire* de Garneau était devenue acceptable pour le clergé canadien. En effet, lorsqu'il étudie l'origine des Amérindiens, Garneau ne parle plus de rejeter «l'hypothèse de toute immigration quelconque» : il essaie de rattacher les Amérindiens aux peuples d'Asie. On ne voit plus qu'il reproche aux Français d'avoir sacrifié l'intérêt du pays à la religion, d'avoir commencé l'évangélisation avant de consolider les colonies ; nulle part il ne se plaint qu'on ait préféré les catholiques aux huguenots : au sujet de ces derniers, il n'est plus question de fanatisme, de luttes pour des croyances dont Dieu seul doit être juge. Il ne dit plus que la tolérance a sauvé les Amérindiens du scepticisme, que le protestantisme a donné «plus d'étendue à l'esprit humain». Prenons note aussi de l'absence des commentaires qu'il avait faits sur les foudres de l'Église et sur les théocraties.

Cela fait bien des corrections. Il restait toutefois nombre de manifestations d'esprit voltairien. Le ton de Garneau à l'égard de l'évêque Laval n'a guère changé. Le texte qui traite de pieuse chimère la spiritualité et classe Mère Marie de l'Incarnation parmi les personnes tendres et romanesques, est toujours en place. De toute évidence, les ecclésiastiques qui donnaient l'absolution à Garneau connaissaient mal leur Voltaire.

Une fois son œuvre historique publiée, Garneau n'en a tout de même pas fini de manifester sa culture voltairienne : on en constate encore des apparitions dans un autre ouvrage paru d'abord dans une gazette en 1854-1855 et en volume en 1855, *Voyage en Angleterre et en France dans les années 1831-1833*. S'agit-il d'un récit rédigé dans ces années 1830, au cours desquelles il sert de secrétaire et de compagnon de route à Denis-Benjamin Viger, ou écrit comme des mémoires long-temps après ? On ne sait. Il serait important de le savoir, puisqu'il publie son *Voyage* à l'époque même où, pour rendre son *Histoire* plus acceptable à l'opposition, il y retranche certains paragraphes qui sentent l'hérésie et quelques bouts de phrases écrits à la Voltaire.

Quoi qu'il en soit, selon son récit, il retrouve en France son ami Isidore Lebrun qui s'apprête à publier son *Tableau des deux Canadas,* œuvre aussi marquée de voltairianisme (mais quel ouvrage ne l'était pas à cette époque ?) et il se lie d'amitié à Paris avec Amable Berthelot, autre Canadien qui, comme nombre de ses contemporains, est de l'école de Voltaire.

Il tempère dans son *Voyage* la fidélité qu'il avait manifestée jusque-là pour l'esprit voltairien ; du moins, selon justement cet ami Berthelot qui en écrit : « Il était revenu de beaucoup d'erreurs courantes dans son bas âge, de ces erreurs que l'esprit inépuisable de Voltaire avait fait agréer partout au milieu du rire inextinguible dont il avait accablé l'hypocrisie et la corruption de son temps » (chapitre V). Berthelot, on s'y attendait, ne manifeste pas un rejet violent ; on a ici plutôt un com-pliment à l'adresse de Voltaire, puisqu'il le présente comme l'adversaire de l'hypocrisie et de la corruption, rôle bienfaisant que d'ailleurs Voltaire s'attribuait dans l'*Épître XCVII*.

Que Garneau débarquant à Paris aille loger au quai Voltaire, Hôtel Voltaire, ne tire pas tellement à conséquence, tant de gens pouvant y vivre ou y passer, mais qu'il prenne soin de le noter, «Hôtel Voltaire, quai Voltaire», serait peut-être de sa part un malicieux clin d'œil à ses compatriotes... Dans la tournée qu'il fait en France, il ne manque pas, à propos d'un célèbre voltairien, de remarquer «en passant à Sarcelles la maison entourée d'arbres qu'avait occupée Volney» (chapitre III). Les souvenirs qu'il tient à noter sont probablement les plus importants à ses yeux.

Ses jugements portent aussi l'empreinte de ses goûts. À qui va-t-il comparer Byron, le romantique en révolte contre Dieu et la société? «Byron est à plus d'un titre le Voltaire romanisé du dix-neuvième siècle. Il ne démolit pas en faisant rire, mais en enivrant d'héroïsme et de liberté» (chapitre I). Faisant ici et là des commentaires historiques, Garneau décrit dans les mots de Voltaire la politique malheureuse de Charles Ier: «Il voulut restreindre les libertés de la nation et dominer le parlement... Il fait emprisonner deux représentants du peuple... La guerre civile éclate en Écosse» (chapitre I). Garneau écrit encore ici à la suite de Voltaire, qui nous présente un Charles Ier imposant sa volonté au parlement, mettant en prison deux membres de la Chambre et donnant les mêmes causes à une «guerre civile en Écosse» (*Essai sur les mœurs*, chapitre 179).

Ajoutons ce que pense Garneau des pompes royales et nous aurons une autre manifestation de son voltai-

rianisme : « Si tout cela, écrit-il, est absolument nécessaire pour tenir la société en paix, si les hommes ont
besoin d'entourer de tant de prestige un de leurs semblables pour conserver le fruit de leur travail, il faut
avouer que, pris en masse, ils sont peu raisonnables,
car cette espèce d'adoration d'un principe, me semblait les rabaisser énormément en prouvant d'une
manière si solennelle leur peu de raison. » Il faut manquer de raison, ajoute-t-il, pour s'en laisser imposer
par le faste, mais le faste est néanmoins nécessaire
pour commander à la foule (chapitre I).

Celui qui a fréquenté Voltaire reconnaît tout de suite
dans ces phrases de Garneau le style du philosophe ;
et, pour les idées, il suffit de rappeler ce qu'écrivait
Voltaire : « Toutes ces choses, qui seraient inutiles et
même fort impertinentes dans l'état de pure nature,
sont fort utiles dans l'état de notre nature corrompue
et ridicule… Plus un peuple est libre, moins il a de
cérémonies… À mesure que les pays sont barbares ou
que les cours sont faibles, le cérémonial est plus en
vogue » (*Dictionnaire philosophique*, art. « Cérémonies »).

Garneau fut aussi poète à ses heures et, comme
d'autres poètes qui honorent les Muses à la façon de
Voltaire, il n'a pas le souci, plus que dans son *Histoire,*
de déclarer ce qu'il doit à son maître en lettres. D'ailleurs,
a-t-on jamais vu un poète indiquer ses sources en bas
de page ? C'est en lisant avec attention et à condition
d'être un lecteur habitué de Voltaire, qu'on découvre
qu'il y a copie.

Quand on lit ce poème de Garneau, *Le voyageur*, on
admire l'allant du style :

J'ai vu de l'Océan les vagues agitées…
Puis, j'ai vu de Paris les palais somptueux…
J'ai vu de vieux guerriers relire leurs exploits ;
J'ai vu le lieu funèbre où repose des rois
La cendre sépulcrale.
Mais rien du Canada n'éteint le souvenir.

On trouve à ces vers un petit air romantique. Illusion ! Garneau ne fait ici que pasticher une pièce, *La Bastille*, qu'on attribue à Voltaire :

J'ai vu la Bastille et Vincennes…
J'ai vu le lieu saint avili.
J'ai vu Port-Royal démoli…
J'ai vu l'hypocrite honoré,
J'ai vu, c'est dire tout, le jésuite adoré…
J'ai vu ces maux et je n'ai pas vingt ans.

Plus encore, dans ses poèmes *L'an 1834* et *La presse*, Garneau compare au passé l'avenir ou le présent et conclut que la vérité et la liberté viennent seulement d'apparaître.

Pour Voltaire aussi, dans *Discours en vers* et dans *Odes*, la vérité et la liberté font « enfin » leur apparition.

Malheureusement, Garneau devra faire face à une nouvelle déception dans son combat pour ce qu'il estimait être liberté et vérité. Membre de l'Institut canadien de Montréal, il faisait partie d'un groupe solidement constitué, disposant d'une bibliothèque abondante, exerçant par conférences publiques (dites alors du mot anglais « lectures ») et par certaines gazettes, une influence considérable sur la société ; cet Institut projetait, en outre, d'établir un réseau de bibliothèques publiques à la campagne comme en ville, pour que le plus de gens possible accèdent aux livres. Le clergé se vit menacé de perdre son contrôle ; l'Institut eut à faire face à l'évêque, le combatif Ignace Bourget. Celui-ci, prétextant que l'Institut mettait à l'usage de ses membres des ouvrages à l'Index, brandit la menace d'excommunication. La lutte connaîtra un sommet, après le décès de l'un des membres, l'imprimeur Guibord, la bataille se déroulant jusque devant le Conseil privé de Londres.

Dans ces circonstances, pour échapper à cette «foudre» de l'Église, si souvent matière à ironie chez le maître de Ferney, Garneau préféra comme plusieurs autres se retirer. Le disciple littéraire et historique de Voltaire assistait, en même temps qu'à la dissolution de l'Institut canadien, à la victoire des défenseurs traditionnels de l'Église et du pape.

Note bibliographique

Sur l'influence exercée par Voltaire sur notre littérature au xıxe siècle, on aura de plus nombreux exemples dans mon livre *L'influence de Voltaire au Canada* (Montréal, Fides, 1945, 2 vol.), d'où ces pages, remaniées, sont extraites.

XII

Cette génération (la mienne)
élevée dans le racisme

Fɪᴇʀ, ʟᴇ Cᴀɴᴀᴅɪᴇɴ ꜰʀᴀɴçᴀɪꜱ, très fier! Et il le chante dans un hymne national que lui ont composé deux compatriotes, le poète Routhier et le musicien Lavallée :

Ton front est ceint de fleurons glorieux [...]

Ton histoire est une épopée
Des plus brillants exploits.

Dans le second couplet, il pousse plus loin l'exaltation :

Il est né d'une race fière,
Béni fut son berceau.
Le ciel a marqué sa carrière [...]

Dans un troisième, le Ciel intervient de nouveau pour désigner en lui, comme jadis le peuple d'Israël, un être à part :

De son patron, précurseur du vrai Dieu.
Il porte au front l'auréole de feu [...]

Mais il peut se faire que cette fierté, associée d'une façon très étroite à sa nation, le mène à se placer au-dessus de la voisine, qu'elle soit anglo-canadienne ou états-unienne. À plus forte raison, lorsqu'il s'attribue une qualité exclusive, attachée à lui seul et qui lui est comme naturelle : alors, c'est pratiquer le racisme.

Vous préférez une définition plus dogmatique ? Ce serait s'attribuer d'une façon exclusive une supériorité profane ou religieuse, liée au groupe humain dont on fait partie. En plus bref : une supériorité qui nous serait congénitale.

Par ailleurs, il arrive souvent que pour désigner le groupe ethnique, on utilise indifféremment les mots race, nation et peuple, de sorte que tel auteur qui fait l'éloge de ce qu'il appelle sa race, ne donne pas nécessairement dans le racisme ; il faut voir à chaque usage s'il fait acte de raciste ou s'il commet la faute de tenir un langage équivoque.

Le racisme, nous l'avons pratiqué au moins à partir du mitan du XIXe siècle et ma génération en a été nourrie dans la première moitié du XXe. Je reconnais trois sources qui ont entretenu ce racisme ou, si l'on veut, trois pôles autour desquels il s'est ordonné : l'*Histoire du Canada* de François-Xavier Garneau, publiée pour la première fois en 1845 et qui a valu à l'auteur le titre d'historien national ; un sermon prononcé en 1902 par le théologien Mgr Louis-Adolphe Pâquet et l'œuvre de l'historien prêtre Lionel Groulx. Trois personnages que le Canada français a considérés comme ses maîtres et dont l'enseignement a eu valeur de *magister dixit*.

L'HISTORIEN FRANÇOIS-XAVIER GARNEAU

Pourtant, de ces maîtres, premier dans l'ordre du temps, Garneau était un esprit libéral qui osa dans son *Histoire* s'en prendre à la dictature ecclésiastique, ce qui l'a conduit à retirer certaines affirmations. On s'attendrait peu à relever du racisme dans son œuvre.

Or, voici que dès le «Discours préliminaire», on dresse l'oreille, lorsqu'il s'arrête à rappeler que le type français s'est maintenu, lui, en Amérique, alors que les autres types, dénués du caractère de permanence, se sont fondus les uns dans les autres. Il en fait la matière d'un long paragraphe:

> Tout démontre que les Français établis en Amérique ont conservé ce trait caractéristique de leurs pères, cette puissance énergique et insaisissable qui réside en eux-mêmes et qui, comme le génie, échappe à l'astuce de la politique aussi bien qu'au tranchant de l'épée. Ils se conservent comme type, même quand tout semble annoncer leur destruction. Un noyau s'en forme-t-il au milieu de races étrangères, il se développe, en restant isolé, pour ainsi dire, au sein de ces populations avec lesquelles il peut vivre, mais avec lesquelles il ne peut s'amalgamer. Des Allemands, des Hollandais, des Suédois se sont établis par groupes dans les États-Unis, et se sont insensiblement fondus dans la masse, sans résistance, sans qu'une parole même révélât leur existence au monde. Au contraire, aux deux bouts de cette moitié du continent, deux groupes français ont pareillement pris place, et non seulement ils s'y maintiennent comme race, mais on dirait qu'un esprit d'énergie indépendant d'eux repousse les attaques dirigées contre leur nationalité.

Il revient sur la même idée dans la conclusion de son *Histoire*:

> [Ces Français] n'auraient pu être autrement sans démentir leur origine. Normands, Bretons, Tourangeaux, Poitevins, ils descendent de cette forte race qui marchait à la suite de Guillaume le Conquérant, et dont l'esprit, enraciné ensuite en Angleterre, a fait des habitants de cette petite île une des premières nations du monde; ils

viennent de cette France qui se tient à la tête de la civilisation européenne depuis la chute de l'Empire romain.

Il y a donc bien chez Garneau la conception d'une race française, d'une race qui a telle ou telle qualité que n'ont pas les autres groupes humains. Il l'affirme sans équivoque dans son «Discours préliminaire»:

> Ce qui caractérise la race française, par-dessus toutes les autres, c'est cette force secrète de cohésion et de résistance qui maintient l'unité nationale à travers les plus cruelles vicissitudes et la relève triomphante de tous les obstacles.

Et se fondant sur un article de la *Revue des Deux Mondes*, il écrit de la nationalité (qu'il assimile ici à la race):

> La nationalité d'ailleurs n'est pas un fruit artificiel: c'est le don de Dieu; personne ne peut l'acquérir, et il est impossible de la perdre.

C'est pourquoi, au xviie siècle, le colon français comparé au colon anglais offre un contraste racial, selon Garneau, au chapitre 1 du livre 5:

> Le colon anglais était principalement dominé par l'amour de la liberté et la passion du commerce et des richesses. Tous les sacrifices en vue de ces objets, auxquels ses pensées allaient sans cesse, étaient peu de chose pour lui, car en dehors il ne voyait que ruine et abjection. [...] Les Canadiens, peuple de laboureurs, de chasseurs et de soldats, les Canadiens, qui eussent triomphé à la fin, quoique plus pauvres, s'ils avaient été seulement la moitié aussi nombreux que leurs adversaires, leur vie, à la fois insouciante et agitée, soumise et indépendante, avait une teinte plus chevaleresque, plus poétique que la vie calculatrice de ces derniers [les colons anglais]. [Ceux-ci] étaient des soldats qui avaient vu fléchir sous le génie de

Luxembourg le lion britannique et l'aigle d'Autriche. La gloire militaire était leur idole. C'est ce qui faisait dire à un ancien militaire : « Je ne suis pas surpris si les Canadiens ont tant de valeur, puisque la plupart descendent d'officiers et de soldats qui sortaient d'un des plus beaux régiments de France. »

Un trait raciste bien particulier est la pureté ethnique. Garneau l'applique au groupe humain dont il est, quand il félicite le gouvernement français d'avoir eu pour objectif d'éviter le mélange des races en excluant du Canada la pratique de l'esclavage ; félicitations toutefois qui tombent à faux puisqu'il y a eu bel et bien au Québec, pendant deux siècles, esclavage des Noirs et des Amérindiens et, par conséquent, mélange de races. En tout cas, l'objectif de la pureté de la race reçoit ici l'approbation claire de Garneau, au livre 8, chapitre premier de son *Histoire* :

> Nous ne croyons pas devoir omettre de mentionner ici une décision du gouvernement français qui lui fait le plus grand honneur. C'est celle relative à l'exclusion des esclaves du Canada, cette colonie que Louis XIV aimait par-dessus toutes les autres à cause du caractère belliqueux de ses habitants, cette colonie qu'il voulait former à l'image de la France, couvrir d'une brave noblesse et d'une population vraiment nationale, catholique, française, sans mélange de race.

Déjà quand il écrit « population vraiment nationale, catholique, française », on se doute qu'il veut parler d'une grande unicité, d'une pureté ethnique, et l'on en est sûr lorsqu'on lit tout de suite après, « sans mélange de race ».

Donc, pureté ethnique que Louis XIV aurait mise à son programme pour peupler la Nouvelle-France, et pour laquelle on envoie des colons qui, à la différence de ces colons anglais, dévoués à l'acquisition des richesses, cultivent la gloire militaire, ont une «teinte plus chevaleresque, plus poétique».

LE THÉOLOGIEN LOUIS-ADOLPHE PÂQUET

Cet intérêt prétendu du Canadien pour des objectifs spirituels et son désintéressement, aussi prétendu, à l'égard de la richesse, que notre «historien national» attribue en exclusivité aux colons français comme qualités raciales, vont perdurer dans l'idéologie québécoise et jouir d'une réaffirmation solennelle au début du XXe siècle, grâce au plus officiel de nos théologiens, Mgr Louis-Adolphe Pâquet.

Dans un sermon du 23 juin 1902 (veille de la Saint-Jean-Baptiste), sermon qui porte sur la «vocation de la race française en Amérique», ce théologien manifeste clairement son racisme en religion. Il déclare d'abord que parmi les peuples, certains ont une vocation supérieure à celle des autres :

> Tous les peuples sont appelés à la vraie religion, mais tous n'ont pas reçu une mission religieuse. L'histoire tant ancienne que moderne le démontre : il y a des peuples voués à la glèbe, il y a des peuples industriels, des peuples marchands, des peuples conquérants, il y a des peuples versés dans les arts et les sciences, il y a aussi des peuples apôtres.

Or, le peuple canadien-français, déclare le théologien Pâquet, est de ceux-là :

> Ce sacerdoce social, réservé aux peuples d'élite, nous avons le privilège d'en être investi : cette vocation religieuse et civilisatrice, c'est, je n'en puis douter, la vocation

propre, la vocation spéciale de la race française en Amérique. [...] Nous ne sommes pas seulement un peuple religieux, nous sommes des messagers de l'idée religieuse. [...] Notre mission est moins de manier des capitaux que de remuer des idées ; elle consiste moins à allumer le feu des usines qu'à entretenir et à faire rayonner au loin le foyer lumineux de la religion et de la pensée.

L'HISTORIEN LIONEL GROULX

Ce même « sacerdoce social, réservé aux peuples d'élite », et qui est le privilège des Canadiens français ou plus exactement des Québécois, nous en retrouvons la thèse dans l'œuvre d'une carrière qui s'étend sur les deux premiers tiers du xxe siècle, celle du chanoine Lionel Groulx. Son impact sur ses contemporains a été d'une telle influence qu'on en a fait « le phare du Canada français ».

Comme son maître Garneau, que Groulx ait donné au mot race un sens absolu ou seulement celui de peuple ou de groupe, n'est pas le problème qui nous retient, mais c'est chez Groulx l'affirmation sans cesse répétée d'une vocation privilégiée qui est celle du groupe canadien-français en Amérique, d'un destin hors du commun, au-dessus d'autres nations qui en sont exclues. Les affirmations de cette thèse sont tellement fréquentes dans l'œuvre très variée de Groulx (histoire exposée en cours, en conférences, en livres, en articles et préfaces ; discours, sermons, entrevues, lettres et même roman), que se perdrait probablement celui qui tenterait d'établir une évolution dans tous ces témoignages de racisme. Contentons-nous ici de tirer de cette œuvre les textes qui nous paraissent représentatifs.

Tout d'abord, un point important que nous devons retenir est ce que la France a voulu en Amérique et ce qu'elle y laisse au moment de la Conquête de 1760 :

> Un peuplement de population blanche, française ; rien comme ailleurs en Amérique, d'une population mixte, demi-indigène […] un seul type de colonie s'avère donc possible : une colonie de race blanche. (*Histoire du Canada français*, I : 29)

Quand Groulx nomme ce groupe humain, qui est (précise-t-il) un groupe blanc, il recourt au mot « race ». Dans une œuvre des débuts de sa carrière, le roman *L'appel de la race*, le mot race est pris dans son sens absolu, son sens biologique. Témoin ce passage où le héros principal, Lantagnac, vit le drame du mélange des races. Voyons ce que Groulx en écrit :

> Dans le temps, Lantagnac s'en souvenait, sa découverte sur la complexion mentale de ses enfants l'avait atterré. Involontairement, il s'était rappelé un mot de Barrès : « Le sang des races reste identique à travers les siècles ! » Et le malheureux père se surprenait à ruminer souvent cette pénible réflexion : Mais il serait donc vrai le désordre cérébral, le dédoublement psychologique des races mêlées ! (*Ibid.*, p. 130)

Lantagnac se rappelle aussi ce que son confesseur, le père Fabien, lui avait dit des mariages mixtes :

> Il se rappelait aussi une parole terrible du père Fabien, un jour que tous deux discutaient le problème des mariages mixtes : Qui sait, avait dit le père, avec une franchise plutôt rude, qui sait si notre ancienne noblesse canadienne n'a pas dû sa déchéance au mélange des sangs qu'elle a trop facilement accepté, trop souvent recherché. (*Ibid.*, p. 130)

Groulx fait même lire à son héros ce passage d'un livre de Gustave Le Bon, *Lois psychologiques de l'évolution des peuples* et, comme dans la rédaction d'une thèse, l'auteur du roman indique de quelles pages est extraite la citation et il ajoute :

> Les croisements peuvent être un élément de progrès entre des races supérieures, assez voisines telles que les Anglais et les Allemands d'Amérique. Ils constituent toujours un élément de dégénérescence quand ces races, même supérieures, sont trop différentes. […] C'est donc avec raison que tous les peuples arrivés à un haut degré de civilisation ont soigneusement évité de se mêler à des étrangers. (*Ibid.*, p. 131)

Enfin, dans le grand discours que l'auteur fait prononcer par Lantagnac à la Chambre des communes, revient une affirmation de la pureté de notre race :

> Nul, parmi les groupements humains établis au-dessus de la ligne quarante-cinquième, nul ne possède une homogénéité plus parfaite que la nôtre. (*Ibid.*, p. 235)

On pourrait toutefois prétendre que ce que Groulx fait dire à ses héros dans ce roman n'est pas nécessairement ce dont il est convaincu. L'argument ne tient plus, quand on reproduit ses cours et discours. C'est bien Groulx qui exprime sa pensée. Par exemple, dans *Lendemains de Conquête* où le mot race est pris dans son sens absolu :

> Nous n'avons pas à démontrer cette vérité ; la vie des peuples l'atteste : la race est, de tous les éléments historiques, le plus actif, le plus irréductible. Quand on croyait l'avoir noyée, étouffée, elle surgit après des siècles pour revendiquer son droit immortel. Elle transforme sans être transformée ; plus que toutes les influences réunies,

sauf l'influence religieuse, elle détermine la vie politique, économique, sociale, intellectuelle d'une nation.

Par exemple encore, dans *Notre maître, le passé* (publié de 1924 à 1944), sur la pureté de notre race :

> Ce petit peuple de la Nouvelle-France possède l'homogénéité ethnique et linguistique. De France nous vinrent des migrations mélangées ; mais, sur la terre canadienne, les hasards de la colonisation les dispersèrent. Par les mariages, les types provinciaux se fondirent très vite dans un type unique. (2 : 276s.)

À ceux qui soutiennent que nous avons du sang d'Amérindiens dans nos veines, même s'il n'y a pas là déshonneur, Groulx répond : «Non, il suffit à notre fierté d'avoir dans les veines le sang de France et de n'avoir que celui-là.» (2 : 258)

Pourtant, un auteur a relevé 94 mariages entre Français et Amérindiens, mais Groulx balaie vite tout cela en niant (en quoi il a tort) toute survivance de descendants : «Ces métis n'avaient laissé parmi nous aucune descendance, leurs familles s'étant éteintes avec la fin du xviiie siècle.» (*Ibid.*)

Pureté ethnique donc, et pureté morale aussi, ajoute Groulx : «Huguenots et gibiers de prison [on remarque ici l'odieuse association d'une religion avec les "gibiers de prisons"] furent écartés d'une terre où l'on voulait fonder un peuple apôtre.» (1 : 272)

Et le beau tableau d'honneur qu'il affiche : «Nous sommes pourtant la race qui n'a jamais violé le droit d'autrui.» (1 : 11)

Voyez, nous dit Groulx, comment nous avons traité les Amérindiens :

Pendant que d'autres [colonisateurs européens] condamnaient trop souvent aux durs travaux des mines ou des plantations les pauvres indigènes sans défense, qu'ils les stimulaient au travail en les gorgeant d'alcools frelatés, ou que, plus sommairement, on les refoulait à coup de fusil pour prendre leurs terres, au Canada, Richelieu, d'un geste de grand seigneur catholique, faisait ce que n'a jamais fait, je pense, aucun des princes colonisateurs; il accordait tous les droits de la citoyenneté française à l'Indien baptisé. (2 : 273)

Pas un mot, évidemment, des 2500 Amérindiens au moins que nous avons gardés chez nous comme esclaves, Amérindiens dûment identifiés qu'on a par-devant notaire achetés et vendus. Il est facile, avec cette méthode de Groulx, de se décerner un brevet de moralité. Brevet qui nous autorise ensuite à nous situer au-dessus des autres nations :

Il est assez naturel à tout peuple de tenir à la propreté morale de ses pères. Et nous, Français d'Amérique, vivant au milieu de nations plus puissantes que la nôtre par la richesse et par le nombre et devant lesquelles notre meilleur avoir reste le sentiment de notre dignité morale, il nous plaît que la fierté qui nous attache à nos origines et à notre sang n'évoque point le sceau d'or prétentieux du parchemin souillé et usurpé. (2 : 262)

Et quelles vertus admirables que les nôtres, encore selon Groulx : «La passion de l'aventure héroïque, la volonté d'aller toujours en avant de n'être devancées par personne, de voir grand et de bâtir grand, ces passions superbes furent un jour de simples vertus de notre race.» (2 : 18)

Tout était grand chez nous, dont la famille. Pour en faire l'éloge, Groulx recourt d'abord à un bénédictin, biographe d'un évêque :

« Une des plus grandes merveilles de l'Église catholique en ces derniers siècles, nous n'hésitons pas à la dire, a écrit l'historien de Mgr Taché, c'est la famille canadienne-française. » Et parce qu'aux yeux des hommes de foi, la beauté morale passe la beauté esthétique, le même historien n'a pas reculé devant cette autre formule quelque peu solennelle : « C'est une merveille que nous admirons plus que les cathédrales gothiques, pourtant si magnifiques de la vieille France. » (1 : 115)

Bien évidemment, dans cette merveille extraordinaire, exclusive à notre race : « C'est les larmes dans les yeux qu'il faut saluer l'aïeule canadienne-française, la première femme et la première épouse du monde. » (1 : 137)

Et Groulx qui fait sienne toute cette affirmation du bénédictin, malgré l'exagération manifeste, se propose de chercher avec ses auditeurs : « Quelles influences, quelles conditions morales, historiques ou autres, ont rendu possible ce chef-d'œuvre merveilleux. » (1 : 115)

Il faut s'attendre en fin d'article sur un tel chef-d'œuvre, à une péroraison qui en soit digne :

Notre impérissable gloire, et demain si nous le voulons, notre force victorieuse, ce sera de savoir néanmoins qu'aucun foyer de notre race n'existe où ne survive la présence morale de quelques aïeux aux genoux desquels il soit noble de tomber comme devant des saints avec des larmes dans les yeux et une prière aux lèvres ; c'est de penser que, dans notre pays français, ne se trouve peut-être aucun seuil familial derrière lequel, sous l'image du crucifix, ne puisse apparaître, avec des sourires d'élus, un couple de vieillards sublimes, personnification d'une histoire et d'une lignée [qui tiennent les mains hautes] pour atteindre les générations les plus lointaines, d'une immortelle bénédiction. (1 : 151)

Cette haute qualité de la vie morale ne doit pas étonner parce que :

> [De France et de Rome] nous viennent toute notre vie intellectuelle, les meilleurs éléments de notre vie morale et chrétienne [...] en face d'une autre civilisation qui tente de nous séduire, l'âme française, l'intelligence française représente à nos yeux l'humanité la plus haute, la plus fine, la plus ordonnée ; et nous avons appris qu'au commencement de tout ce qui se fait de grand dans l'Église et dans le monde, il y a souvent une pensée française. (2 : 299)

Parce que, aussi, selon Groulx, nous sommes un peuple choisi par Dieu : « Nos origines portent le sceau d'une prédilection. Les hommes qui furent nos pères appartenaient à la race où s'est le mieux réalisée la civilisation du Christ. » (1 : 115)

Notre peuple, écrit Groulx dans son *Histoire du Canada français*, a été éduqué en ce qu'il y a de plus élevé pour l'esprit humain :

> Le rare bonheur du petit peuple canadien, à son berceau, fut de recevoir de l'Église, sur Dieu, sur l'homme, sur son origine et son destin, sur la nature de la société humaine, sur le droit, la justice, la liberté, la plus haute métaphysique jamais atteinte par le génie humain, haussé lui-même par la vraie foi. (1 : 317)

Groulx développe la même idée dans *Dix ans d'Action française* :

> Héritiers de la plus haute civilisation qu'ait connue l'époque moderne, fils de la nation la plus apostolique qu'ait enfantée l'Église, restés dignes nous-mêmes par notre expansion religieuse, de ces descendances augustes, c'est par un dessein de Dieu, il semble bien, que nous avons été placés à tous les points du continent, pour y

constituer des foyers d'apostolat catholique, pour y défendre, contre la barbarie nouvelle, le plus beau patrimoine de l'humanité.

Ce peuple, nous rappelle encore Groulx dans *Notre maître, le passé*, est appelé à une haute mission de par le monde : «Je ne sais s'il est un pays qui, grâce à ses missionnaires, ait pris, devant les pauvres peuplades sans foi une attitude plus noble que la France, quand en 1627 elle décide que tout Amérindien baptisé devient citoyen français.» (2 : 273)

D'ailleurs, tout explorateur, selon Groulx, agit comme missionnaire (1 : 86). Groulx fait même de Cartier le «premier missionnaire de la Nouvelle-France», ce Cartier qui fait entendre à Hochelaga plus qu'une voix d'homme : la voix d'un peuple prédestiné par Dieu à une insigne vocation de missionnaire. (2 : 18)

> Et que trouvons-nous au travail dans les missions du Grand Nord ? «Allez aujourd'hui sous les latitudes du pôle, sur les rives de la baie d'Hudson, ou du Labrador, dans les territoires de l'Athabaska-Mackenzie, dans l'Alaska, partout vous ne trouverez qu'un seul missionnaire : le missionnaire de race française.» (2 : 297)

Trois maîtres donc, Garneau, Pâquet et Groulx (ce dernier plus que les autres), dont la doctrine largement exprimée par le livre ou par le discours a diffusé les éléments du racisme dans la société du Québec. Aux Canadiens francophones, on a inculqué des thèses exaltantes qui les plaçaient au-dessus des autres nations : vous avez été choisis, leur a-t-on répété, pour répandre la civilisation du Christ ; à la différence de vos voisins, vous êtes animés par la spiritualité et non par la passion des richesses matérielles ; vous formez un groupe humain sans mélange, vous êtes de population blanche, la famille chez vous est ce qu'il y a de plus beau au monde ; société hautement morale, vous avez respecté le droit d'autrui et vous avez accompli des actions extraordinaires.

Ce qui revient à dire : cherche-t-on la perfection dans un groupe humain, on le trouve chez vous, Français d'Amérique, et on l'y trouve parce que vous êtes de race française. Dans les manifestations contemporaines de ce racisme, il n'est pas facile de déterminer ce qui est le fait de telle influence ou de telle autre.

Quoi qu'il en soit, ceux de ma génération, nés à l'époque de la Grande Guerre, ont reçu dans les collèges, sans alors s'en rendre compte, une éducation raciste. Nos professeurs n'avaient à la bouche que Garneau, Pâquet et Groulx ; nous les lisions comme une Bible (plus même que la Bible, puisque nous n'en avions pas au collège), et mon adolescence s'est déroulée au temps où la propagande de Groulx a été la plus forte. Nos manuels étaient manifestement issus de la pensée de ces maîtres.

Le nôtre, *Précis d'histoire du Canada*, datant de 1932, était l'œuvre de deux hommes d'Église : Joseph Rutché, de la Congrégation du Saint-Esprit, et Anastase Forget, qui avait été premier évêque de Saint-Jean-de-Québec ; et parce qu'ils étaient d'Église, leur manuel portait obligatoirement le *nihil obstat* d'un censeur ecclésiastique et l'*imprimatur* épiscopal. L'âme des élèves se trouvait en toute sécurité.

L'un des deux auteurs étant ancien évêque, ce manuel occupait une position excellente pour obtenir l'approbation du Conseil de l'instruction publique : aucun manuel ne pouvait être diffusé dans les maisons d'enseignement public, s'il n'avait d'abord été approuvé par ce Conseil ; or, celui-ci était composé des évêques du Québec... le seul laïc à en faire partie leur servait de secrétaire.

Chez les évêques, on pouvait donc suivre de près ce qui s'enseignait en histoire du Canada. Le Conseil de l'instruction publique n'était d'ailleurs pas le seul point d'observation. Dans mes souvenirs sur la recherche au début de ma carrière, j'ai raconté l'intervention personnelle que j'ai subie de l'évêque des Trois-Rivières, Georges-Léon Pelletier. Occupé à consulter les archives du séminaire de cette ville et sans y avoir moi-même signalé ma présence à qui que ce soit, un message m'annonce que l'évêque m'invite à une entrevue ; ce n'était pas pour discuter de météo ; Mgr Pelletier m'avait alors communiqué sur l'histoire des sentiments qui ne coïncidaient guère avec ce que j'enseignais à l'Université Laval.

En tout cas, du temps que j'étais élève au séminaire des Trois-Rivières, j'avais étudié dans ce manuel Rutché-Forget et je m'y étais nourri de racisme.

À la fin de la période française, un épilogue intitulé « La nouvelle patrie – La nouvelle race », présentait un tableau idyllique, à forte saveur religieuse et, en même temps, raciste :

[Le peuple] avait jalousement conservé du vieil apanage des vertus françaises *la foi profonde et pratique, la générosité spontanée et sans calcul, le sens de la charité chrétienne et de l'hospitalité cordiale, la gaieté franche et sereine, la vaillance au labeur et devant le danger.* Le prêtre est le père et le conseiller, la paroisse est la grande famille ; les mains sont toujours ouvertes pour les bonnes causes et les nobles entreprises ; le foyer accueille avec bonté le pauvre et l'étranger ; on aime le rire joyeux, les contes qui égayent et les belles chansons ; face à l'ennemi, on est brave, et sous le fardeau des besognes, on marche sans murmure et sans lâcheté. Mais si le Canadien est resté français, il a, cependant, sous les influences diverses du climat, des conditions de vie et de milieu, pris un caractère original, des traits moraux et même physiques qui le distinguent de ses frères de la mère patrie. (p. 122 de la 7ᵉ édition)

Racisme donc que ces vertus héritées de nos ancêtres français et ces caractères physiques acquis par le mode de vie en Amérique.

Ailleurs que dans le « cours classique », à peu près au même niveau, l'enseignement public utilisait en 11ᵉ année un livre de Gérard Filteau, *La civilisation catholique et française au Canada. Histoire générale.* L'auteur était encore un homme d'Église et le manuel portait la marque du double contrôle : la censure ecclésiastique et l'*imprimatur* épiscopal. Dans le titre, le mot le plus important est catholique. Filteau n'était pas évêque, mais pour son zèle religieux son manuel le rendait digne de l'épiscopat. Sur les 195 illustrations qui visent à en rendre l'enseignement vivant, 85 présentent des thèmes religieux, soit 44 %. Et si vous voulez savoir pourquoi les colons français sont venus s'établir en ce pays, ouvrez ce manuel avec le même respect que pour votre livre de messe et lisez :

Les motifs qui amenaient la plupart des colons au pays ne s'apparentaient que très peu à la cupidité ou au simple esprit d'aventure. Les uns y venaient dans l'espoir de gagner honnêtement leur vie au service des compagnies de commerce ou en s'établissant sur des terres. Un bon nombre y étaient entraînés par les Jésuites comme auxiliaires laïques à l'œuvre d'évangélisation. [...] Un grand nombre répondaient à l'appel mystique lancé par la

Société de Notre-Dame de Montréal, qui voulait fonder une colonie n'ayant «pour but que la gloire de Dieu et le salut des sauvages, espérant établir une nouvelle Église qui imiterait la pureté et la charité de la primitive».

Thème qui réapparaît comme un incessant leitmotiv à presque toutes les pages et qu'appuie une abondante imagerie. Rien d'étonnant donc que ce manuel prêche un racisme religieux, comme lorsqu'il affirme la mission apostolique des Canadiens français :

L'idée apostolique qui a présidé à la naissance de notre peuple, sa persistance tout au cours de notre histoire, son développement surtout depuis un siècle, semblent démontrer hors de tout doute que nous avons la vocation d'être les témoins et les hérauts de l'Évangile. Notre origine française, les luttes que nous avons menées pour la survivance de notre caractère national et le maintien de notre culture, nous appellent aussi à nous faire les représentants et les propagateurs en Amérique, d'une forme de civilisation hautement spirituelle, dans un monde qui s'attache de plus en plus au matérialisme. (*Ibid.*, p. 471)

Affirmation qu'il renforce par une longue citation de Lionel Groulx sur cette même mission apostolique qui serait la nôtre (*Ibid.*, p. 479). Or nous avons dans notre voisinage le «matérialisme américain» :

Le plus idéaliste des peuples peut-être, dans les motifs de son inspiration, l'Américain est probablement le plus matérialiste dans son appréciation des valeurs. Le pragmatisme, la religion de l'action, élaborée par Emerson et William James, a pénétré les esprits et les a amenés à tout évaluer en termes de rendement. (*Ibid.*, p. 413)

Contre la puissante influence de ce matérialisme, nous devons lutter en nous convainquant de notre mission particulière en Amérique (*Ibid.*, p. 413-416).

Mais cette mission n'est pas seulement ce qui fait de nous un peuple à part des autres, tout y concourt, écrit Filteau :

> Nous possédons des traits de caractère, des façons de penser, des attitudes qui nous ont été conférés par notre origine et par le milieu dans lequel nous avons vécu. L'histoire a été le facteur déterminant de plusieurs de nos traits de caractère et de nos attitudes, et c'est là qu'il nous faut en chercher l'explication. (*Ibid.*, p. 448)

Notre type humain, écrit encore Filteau, est le résultat d'une sélection non seulement morale, mais aussi physique :

> Les éléments venus des diverses provinces de France se sont fondus au Canada en un tout homogène pour donner un type humain particulier. Une véritable sélection s'était opérée dans le choix des colons, sélection qui ne s'était pas bornée à la valeur morale, mais qui avait aussi tenu compte des qualités physiques. Le climat était venu opérer une seconde sélection en affermissant les constitutions ou en éliminant les faibles. (*Ibid.*, p. 125)

Et, selon Filteau, alors que Louis XIV offrait aux Amérindiens les facilités pour se mêler à notre peuple, nous avons pu nous préserver de tout mélange et demeurer un type humain pur : « Les indigènes ne se soucièrent aucunement de se prévaloir de ces avantages et se montrèrent réfractaires à la vie civilisée. Il ne résulta ainsi ni fusion ni métissage, mais simplement des relations d'amitié entre les deux races. » (*Ibid.*, p. 19)

Pour les plus jeunes, ceux de 5ᵉ année, le langage raciste se met au niveau de l'écolier, et nous pouvons citer d'un manuel pour 5ᵉ année par Guy Laviolette (Frère de l'instruction chrétienne), cette phrase d'un racisme qui essaie d'être charmant, comme nos mères ont donné naissance à 10, 12 et même 20 enfants : « L'histoire proclame que nos mamans ont mieux rempli leur devoir que toutes les autres mamans de la terre, et que ce sont elles qui ont accompli ce qu'on appelle le *miracle canadien* de la revanche des berceaux. » (*Ibid.*, édition 1952, p. 267)

Afin d'observer l'influence raciste que Garneau, Pâquet et Groulx peuvent avoir exercée sur la formation des écoliers et collégiens de diverses générations, nous nous limitons à ces manuels de Rutché-Forget, Filteau et Laviolette, mais il s'agit de manuels à gros tirages et à multiples éditions. Si l'on voulait une recherche plus poussée sur le racisme, il faudrait soumettre à l'examen plusieurs autres manuels, car chaque institution de frères enseignants et plusieurs collèges ont tenu à produire leurs propres manuels, eux aussi à gros tirages. Toutefois, les manuels que nous citons nous paraissent suffisamment représentatifs de la formation imposée de mon temps aux jeunes du Québec.

Racisme qui ne se manifeste d'ailleurs pas aux seules classes d'histoire ; il se révèle en dehors des heures de cours, en diverses circonstances et à divers niveaux de la société, sans qu'on puisse toujours préciser sous quelle influence. Ainsi, la même prétention de l'orateur Pâquet à un « sacerdoce social, réservé aux peuples d'élite » et dont le peuple canadien-français a le privilège d'être investi, ne pouvait se perdre dans les voûtes d'une cathédrale et tomber dans l'oubli. Ce texte fut recueilli par le chanoine Émile Chartier, doyen de la faculté des lettres de l'Université de Montréal et ami très proche de Groulx ; il le publie en 1925 en lui donnant pour titre *Bréviaire du patriote canadien-français* et en confirmant sans aucune restriction la thèse de Pâquet, celle de « la sublime vocation de la race française en Amérique ». Le discours de Pâquet ne couvre que 10 pages, le chanoine Chartier le fait précéder d'une introduction louangeuse de 48 pages. Le racisme religieux avait désormais son orateur, son éditeur et son manuel.

Un autre personnage de la génération de Groulx, celui qui deviendra le cardinal Villeneuve et exerce dès le début de sa carrière un rôle important, reprend les mêmes thèses de Pâquet et de Groulx, quand il parle de « la vocation surnaturelle de la race française en Amérique », du « rôle auguste auquel la dispose comme de longue haleine la divine Providence »; et il s'attend à ce que cette race devienne « l'Israël des temps nouveaux », la « nation-lumière et la nation apôtre » (cité dans Guy Frégault, *Lionel Groulx tel qu'en lui-même*, 88).

Un jésuite, Alexandre Dugré, qui enseigne alors au collège de Sudbury, publie en 1951 *Notre histoire en cinq actes*. Il y évoque lui aussi, pour notre peuple classé au-dessus des autres peuples, une mission spirituelle quand il voit en nos voisins américains des « adorateurs du veau d'or ». Il évoque encore la pureté physique de nos origines en l'exprimant d'un style recherché : « or sans alliage et froment sans mélange »; et il veut que nous nous montrions « à notre plus beau » « pour faire prévaloir une civilisation plus chrétienne »; mais, en bon raciste, quand il parle d'une « civilisation plus chrétienne », il ne manque pas d'ajouter « et plus blanche » (p. 33).

Il me revient à l'esprit ce jésuite de Québec, Adrien Pouliot, qui nous soutenait que, pour écrire correctement l'histoire du Canada français, il fallait être Canadien français et catholique pratiquant. Racisme qui éliminait tout de suite ces sympathiques historiens qu'ont été Cornelius Jaenem, William Eccles, Hilda Neatby, Mason Wade, le jésuite Jean Delanglez et combien d'autres historiens. S'il faut appliquer cette exigence du P. Pouliot, faudra-t-il en plus mettre au rancart tous ces historiens canadiens-français qui n'ont pas fait leurs pâques?

Je retiens d'autres manifestations de ce racisme. Ce curé d'une paroisse de campagne, dont je désirais consulter les registres d'état civil, quand j'étais à la recherche d'Amérindiens qui auraient vécu parmi nous; il m'avait répondu d'un ton plein de mépris: «Y a pas eu de sauvages icitte!» Ou dans ce collège de Lachine tenu par les Sœurs de Sainte-Anne; selon la tradition, les élèves finissantes élisaient l'une d'elles pour parler dans les grandes occasions au nom de toutes les étudiantes; or, cette année-là (1957), leurs votes se portèrent tous sur une Noire, la seule d'ailleurs du collège; Noire fort intelligente et belle (*nigra sum sed formosa*, disait l'Écriture, suis noire mais belle). Stupéfaction chez les religieuses: une Noire qui paraîtrait en public comme la représentante de la maison! La supérieure crut à un coup monté par un mauvais esprit, elle fit enquête pour découvrir la coupable; vaine enquête d'où ne sortit aucune dénonciation. Puis, survint ce qu'on avait bien prévu: s'amène un conférencier. Va-t-on le faire remercier par une Noire? Que va penser le grand public? La supérieure désigne une autre étudiante à cette fonction: solidaire de ses compagnes, elle refuse; désignation d'une autre, nouveau refus. Elles sont toutes solidaires derrière la présidente. Les sœurs durent à la dernière minute accepter qu'en ce couvent de Blanches, le mot de remerciement soit l'œuvre d'une Noire.

C'était il y a 50 ans. Les Québécois sont-ils encore racistes? Leurs trois maîtres en idéologie, ou du moins trois de leurs maîtres, Garneau, Pâquet et Groulx ne font plus entendre leurs voix; on ne jure plus comme naguère par Garneau, sait-on encore dans le grand public qui était ce Pâquet? Pour la jeune génération, le nom de Groulx (selon une enquête) n'évoque plus qu'une station de métro. Des courroies de transmission ont disparu, dont ce Conseil de l'instruction publique formé des seuls évêques, où se décidait le sort des manuels, ces derniers ne pouvant être qu'à parfum religieux et prêcheurs de notre prétendue mission spirituelle.

Puis, y a-t-il encore des manuels pour imposer une pensée commune? D'ailleurs, il n'est plus possible de présenter notre groupe ethnique comme un corps homogène qui pût prêter l'oreille à ces maîtres, car ce qu'on a appelé «Québécois pure laine» pour nous qualifier, a été pour de bon rangé dans la collection de nos mythes. Comment oser se dire chargé d'une mission de Dieu, quand la société s'est laïcisée? «Peuple d'élite», quand aujourd'hui le mot élite renvoie à élitisme qui a bien mauvaise réputation? Du racisme? Peut-être survit-il encore un racisme inconscient; le plus dangereux, hélas! Comment se guérir d'un mal qu'on ignore? Mais il était si agréable de se faire appeler «peuple choisi de Dieu»...

Notes bibliographiques

Le lecteur qui souhaite en connaître davantage sur la question aurait intérêt à lire ou relire les œuvres de Groulx, de Mgr Pâquet et de Garneau. Rappelons aussi ici qu'il y a quelques années, à la suite d'un volume publié par Esther Delisle, *Le traître et le juif. Lionel Groulx,* Le Devoir *et le délire du nationalisme d'extrême droite dans la province de Québec, 1929-1939* (Montréal, L'Étincelle, 1992), le racisme a fait l'objet de bien des discussions dans la société.

XIII

Rivalité Québec-Montréal

Un matin de Québec en 1953, les membres du clergé, c'est-à-dire les messieurs du séminaire, affichaient un visage devenu vert. Ils avaient appris que le chapeau cardinalice, l'emblème historique de leur ville depuis que le Canada avait sa part à la pourpre des princes de l'Église, allait désormais coiffer la tête de l'évêque de Montréal. L'année suivante, seconde catastrophe : Jean Béliveau, célèbre hockeyeur des As de Québec, passait au Canadien de Montréal ; les cyniques ont voulu y voir un nouveau coup du Vatican. On a là sur la rivalité culturelle entre ces deux villes l'essentiel de mon propos.

À l'origine, on aurait plutôt pensé que la concurrence viendrait des Trois-Rivières, cet autre point d'ancrage mis en place en amont du Saint-Laurent en 1634, en un lieu qui avait retenu l'attention de Champlain bien avant celui de Québec, lorsqu'en 1603, pour la première fois il désigne dans le Saint-Laurent un endroit où fonder un établissement. C'est plutôt de Montréal, autre ville située encore plus en amont et fondée en 1642 qu'allait venir une harassante concurrence.

On peut même dire que cette rivalité vient gâcher les relations de bon voisinage entre Québec et Montréal, avant qu'il y ait fondations européennes. Elle remonterait à l'époque où deux établissements y étaient tenus par les Amérindiens dits Iroquoiens : Stadaconé à Québec, Hochelaga à Montréal. Lorsque Cartier en arrivant à Stadaconé en 1535 projette de se rendre à Hochelaga, les Amérindiens pour l'en détourner lui jouent une comédie de sorciers venus, disent-ils, de Hochelaga, qui annoncent tant de neige et de glace que tout le monde périra ; Cartier s'en moque bien et monte rendre visite à Hochelaga ; au retour, il se rend compte que ceux de Stadaconé ne sont pas du tout contents et les relations entre eux et les Français vont rapidement se détériorer.

Rivalité tout aussi dérangeante quand en 1642 s'amène dans le Saint-Laurent le groupe fondateur de Montréal.

Alors que Québec relevait directement de la Compagnie des Cent-Associés de qui dépendait le gouverneur du Canada, voici que les Montréalistes[1] sont envoyés ici par la Société de Notre-Dame qui a désigné elle-même leur gouverneur et vont occuper d'une façon indépendante de Québec une grande île que cette Société détient en fief et seigneurie. À Québec, on a fait son possible pour les détourner de leur projet ; on les a prévenus du péril iroquois, on leur a offert l'île d'Orléans, mais Chomedey de Maisonneuve a tenu

---

1. Les Montréalistes étaient ces gens qui venaient s'établir à Montréal au XVIIᵉ siècle. Tout comme le nom de Ville-Marie, qui a duré peu de temps, le terme *Montréaliste* est vite disparu et a laissé place au nom de Montréalais.

bon : j'irai à Montréal, aurait-il répondu, même si tous les arbres de l'île devaient se changer en Iroquois.

Ces dévots (il s'agit bien d'une entreprise dévote) veulent établir dans cet endroit de mission, « un délicieux séjour des anges », comme on l'écrivait, mais ces « anges » s'en allaient occuper l'endroit où va dès lors s'arrêter au détriment de Québec l'arrivage de l'abondante fourrure qui vient de l'ouest. C'est l'endroit où se pratiquera ce grand commerce en Nouvelle-France, ce sera son centre économique ; vous voulez brasser des affaires, installez-vous à Montréal.

Et Montréal a failli, dès ses débuts, supplanter Québec comme capitale religieuse. Peu après sa fondation, lorsque Rome juge nécessaire d'établir un évêché en la colonie laurentienne, Montréal vient bien près de recevoir le siège épiscopal de la Nouvelle-France. À la suite d'un premier projet de 1631, la Sacrée Congrégation propose en 1634 un récollet pour évêque et il est évident que le siège épiscopal sera à Québec où les Récollets, premiers missionnaires, avaient eu leur monastère. Cette candidature écartée par Richelieu et une autre en 1641 laissée de côté, voilà qu'en 1645 la Compagnie de Notre-Dame, fondatrice de Montréal, fait agréer un de ses membres, Thomas Le Gauffre, et ce dernier affecte même 30 000 livres à cet évêché ; en outre, le projet avait l'appui de Mazarin et des Jésuites. Tout était décidé et mis au point quand survient le décès de Le Gauffre. Le projet d'évêché ne refera surface qu'en 1659, avec un nouveau candidat de la Société de Notre-Dame, le sulpicien Thubières de Queylus, mais celui des Jésuites, Laval, l'emporte. Québec devient le siège épiscopal de la Nouvelle-France. Mais c'est à Montréal, avec la Société de Notre-Dame, seigneuresse de l'île, qu'ont failli s'écrire les premières pages de notre histoire épiscopale.

Le premier évêque de la Nouvelle-France s'installe donc à Québec plutôt qu'à Montréal, mais le poste de gouverneur que détient Chomedey de Maisonneuve ne dépend toujours pas du gouverneur de Québec. Indépendance à laquelle met fin la réforme de 1663. Lorsque la Société de Notre-Dame s'était démise de son fief en faveur des Sulpiciens, on avait convenu que Chomedey de Maisonneuve, nommé gouverneur par la Société, demeurerait gouverneur à vie de l'île de Montréal, ce qui du point de vue financier était à l'avantage du budget du Canada, le gouverneur de Montréal recevant du seigneur salaire et logement, plus les revenus de la moitié de la métairie et des moulins.

Or, le gouverneur général, en résidence à Québec, était, lui, nommé par le roi et pour un mandat limité ; il en était de même du gouverneur des Trois-Rivières. Comment admettre qu'un autre gouverneur, celui de Montréal, ne dépende pas directement de l'autorité royale et jouisse d'un mandat illimité ? C'est pourquoi, en 1663, le gouverneur général fait délivrer à Chomedey de Maisonneuve une commission royale avec mandat limité. Protestations des Sulpiciens qui veulent récuser cette intrusion dans leur fief, protestations inutiles ; on a décidé de mettre Montréal sur le même pied que les autres établissements ; on passe outre, prévoyant sans doute qu'un jour, un peuplement se fera dans la même région, mais en dehors de l'île, et qui par conséquent devra relever de quelqu'un d'autre que le détenteur du fief insulaire. Chomedey de Maisonneuve préféra se retirer en France, tout de même muni d'un titre honorifique de gouverneur. Contre Québec, Montréal avait encore perdu une manche ; après l'échec des espoirs épiscopaux, disparaissait le régime d'indépendance face aux autorités de Québec.

Défaite tout de même compensée au XVIIIᵉ siècle en vivant de temps à autre, pendant quelques mois, la vie de grande capitale. C'est que, chaque année, le gouverneur général et l'intendant doivent quitter Québec et aller séjourner à Montréal deux ou trois mois. Ils ont à y organiser les convois de canots qui, le printemps venu, iront ravitailler les forts de l'arrière-pays et surtout conduire dans les pays d'en haut marchands et « voyageurs » de la traite des fourrures.

De Québec donc, en janvier, le gouverneur général se met en route avec sa cour, c'est-à-dire les hauts officiers militaires et leurs épouses ; un autre jour, a lieu le départ de l'intendant avec sa suite civile, qui comprend les hauts fonctionnaires aussi accompagnés des dames. Dans l'un et l'autre cas, c'est sur les chemins d'hiver, le long défilé des carrioles aux passagers bien emmitouflés sous d'épaisses « robes » de castor : le gouvernement déménage à Montréal, avec les bagages du personnel, les archives d'affaires, la vaisselle requise pour tout ce beau monde et, bien entendu, les abondantes provisions de bouche et les boissons.

Les relais ont été prévus en cours de route par les capitaines de milice des paroisses à traverser, ainsi que le logement pour la nuit chez les habitants selon les étapes. Une première a lieu à Neuville ; le lendemain, très tôt, si le temps le permet, on reprend la route avec arrêt le soir aux Trois-Rivières ; ici, gouverneur général et intendant logent chez le gouverneur particulier. Troisième arrêt, à Berthier. Un quatrième, peut-être, en arrivant près de Montréal pour se remettre en état de faire une entrée solennelle dans la ville, après ce voyage de quatre jours. Quatre, si une tempête de neige n'est pas venue bloquer quelque part la procession des voitures.

Le long défilé reprendra en sens inverse vers la fin de l'hiver, après des semaines de travail et, aussi au programme, des réceptions et des bals, le gouvernement quittant sa capitale provisoire de Montréal, ce qui laisse en abondance à la population éblouie, de quoi se raconter pendant des mois, après l'illusion d'avoir vécu la vie de capitale.

Située à l'extrémité occidentale de la colonie et n'ayant, à cause de l'éloignement que peu de relations avec Québec, on constate à cette époque des différences marquées entre les deux villes. Ce que fait un visiteur étranger de 1749, le ministre luthérien Pehr Kalm, originaire de la Finlande. Parcourant le pays en voyage de recherche sur les sciences naturelles, il fait en particulier une distinction très nette entre les Québécoises et les Montréalaises. La femme de Québec, écrit-il, est «une vraie dame française par l'éducation et les manières ; elle a l'avantage de pouvoir souvent causer avec les personnes appartenant à la noblesse, qui viennent chaque année de France, à bord des vaisseaux du roi, passer plusieurs semaines à Québec. À Montréal, au contraire, on ne reçoit que rarement la visite d'hôtes distingués. Les Français eux-mêmes reprochent aux dames de cette dernière ville d'avoir beaucoup trop de l'orgueil des Sauvages et de manquer d'éducation.»

Autre avantage des femmes de Québec, selon Kalm : comme c'est là que s'arrêtent d'abord les messieurs de la bonne société qui viennent au pays, elles ont plus de facilités à épouser des gens de la noblesse. En revanche, admet Kalm, les femmes de Montréal sont généralement «plus jolies»; mais, homme d'Église, il s'empresse d'ajouter: «bien que je ne sois pas très compétent en ce domaine». Il les juge moins frivoles, moins superficielles, plus appliquées «à tout ce qui relève de la tenue du foyer, de la couture, de la préparation des repas».

Puis, la guerre vient bouleverser le rythme de cette rivalité. Des deux villes, Québec, la plus impressionnante au point de vue militaire, en sortira la plus malmenée. Avec une citadelle d'une centaine de mètres et les fortes murailles qui l'entourent en grande partie, elle est alors considérée comme la forteresse la plus importante en Amérique du Nord, ce qui en fait aussi la première cible importante pour une flotte ennemie qui remonte le fleuve; elle sera donc durement endommagée pendant le siège de 1759: château du gouverneur général, évêché, cathédrale, séminaire, monastère des Ursulines, collège des Jésuites subiront donc l'effet des bombes anglaises. Ce qui incitera le gouvernement (gouverneur général, intendant et évêque en tête) à se réfugier à Montréal, qui devient donc la capitale pour quelques mois, au détriment de Québec. Situé bien en amont de Québec, à l'autre extrémité de la colonie, Montréal n'a qu'une petite citadelle de 15 mètres et des murs fragiles, mal entretenus; il ne recevra même pas un seul coup de canon lorsque, en 1760, une flotte anglaise et deux corps d'armée convergeront vers lui. Triste victoire sur Québec, Montréal aura été la dernière capitale de la Nouvelle-France.

Le spectacle change de nouveau, lorsque s'instaure en 1760 un régime de quatre ans d'occupation, dit Régime militaire. Régime qui bouscule tout ce qu'on a connu jusque-là. Il n'y a plus un gouverneur général dans le Saint-Laurent; ce qui s'appelait gouvernement sous le Régime français s'appelle toujours gouvernement, mais chacun des trois gouvernements (Québec, les Trois-Rivières, Montréal) est autonome, ils sont tous trois sur un pied d'égalité, ce qui veut dire que Montréal n'a aucune soumission ni infériorité vis-à-vis de Québec; de même que Québec a son gouverneur qui n'a rien à voir aux Trois-Rivières ni à Montréal, qu'il a sa propre monnaie (fondée sur le cours de Halifax) et que ses autorités ecclésiastiques sont aussi limitées à la région de Québec (d'ailleurs, l'évêque est décédé), Montréal a son gouverneur indépendant de Québec, sa propre monnaie (selon le cours de New York), et le Québécois qui voudra venir à Montréal devra pour entrer en ce «pays» présenter un passeport.

Montréal est pour quatre ans libéré de Québec, mais dès le 10 août 1764, début d'un nouveau régime, Montréal retombe sous la suprématie de Québec et n'est plus pour longtemps qu'un district de ce qu'on appelle désormais province de Québec. Puis, à compter de 1791, quand cette province de Québec est divisée en Haut-Canada et Bas-Canada, la ville de Québec demeure capitale, celle du Bas-Canada. Montréal, dont la région (comme le reste de la colonie) est fractionnée en circonscriptions électorales, doit se contenter d'envoyer ses députés délibérer à un parlement qui est à Québec, siège du gouvernement.

Le cadre politique se modifie de nouveau en 1841: Haut-Canada et Bas-Canada se réunissent pour former le Canada-Uni. L'union n'est cependant pas aussi concrète qu'elle l'affiche : l'une et l'autre parties conservent ses ministères, sous un gouvernement à deux têtes. Ce qui toutefois est à retenir pour notre propos, ce Canada-Uni a désormais une capitale ambulante : Québec (jusque-là capitale du Bas-Canada) cède la place en 1841 à Kingston (dans l'ancien Haut-Canada) promu capitale ; puis, en 1844, voilà que Montréal (et non Québec) devient capitale du pays jusqu'en 1849 ; Toronto lui succède jusqu'en 1853, et c'est alors que nous retrouvons enfin Québec qui sert de capitale jusqu'en 1857. Les deux vieilles concurrentes ont donc eu chacune son tour d'être à la tête du Canada-Uni. La mise en place d'une toute nouvelle capitale, Ottawa, met un terme à la traditionnelle rivalité en ce domaine entre Québec et Montréal. Quand même, dans le nouveau cadre politique de la fédération canadienne, Québec l'emporte toujours sur Montréal, en demeurant capitale à un niveau moins éminent, celui d'une province.

Cette rivalité entre les deux villes, dans la course à la capitale, n'était toutefois pas la seule. Depuis la Conquête, se jouait aussi dans le milieu ecclésiastique la concurrence sur le privilège du siège épiscopal, concurrence à laquelle l'installation de l'évêque Laval à Québec en 1659 semblait avoir mis fin. Un siècle s'était écoulé depuis et voici que le bombardement de Québec en 1759 force l'évêque Pontbriand à transporter son siège à Montréal, le temps que l'on sache qui l'emportera, des Français ou des Anglais. Or, l'évêque décède dans la pire des conjonctures : le Canada capitule devant les forces britanniques et avant d'espérer un successeur au siège épiscopal, il faut attendre de savoir ce qu'un traité de paix décidera de la Nouvelle-France. En cette période d'attente, le siège épiscopal étant vacant, aucune intervention de Québec dans les affaires de Montréal n'est tolérée : sous le Régime militaire, de 1760 à 1764, Montréal est gouverné d'une façon tout à fait autonome.

Que devient le Canada ? On le sait en 1763 : il est cédé à l'Angleterre. Coupé de la France (donc sans le soutien financier essentiel) et coupé aussi du Vatican, dont le roi d'Angleterre est un ennemi juré, qu'en sera-t-il du catholicisme dans une colonie désormais soumise à un roi anglican et surtout, qu'en sera-t-il d'un évêque, dont la présence est absolument nécessaire pour assurer la survie de l'Église ?

Les chanoines du diocèse prennent sur eux de procéder à l'élection d'un évêque. En septembre 1763, ils se réunissent à Québec dans le plus grand secret, car on veut empêcher celui qui vient d'être désigné pour gouverneur général de la colonie, James Murray, d'intervenir dans le choix d'un futur évêque.

Après délibérations, les chanoines désignent pour futur évêque non pas Briand qui agissait comme vicaire général à Québec sous le Régime militaire, mais Montgolfier, supérieur des Sulpiciens à Montréal. Briand, homme timide et dépourvu de ressources financières, avait maintes fois fait preuve de faiblesse devant Murray ; Montgolfier, au contraire, titulaire au nom des Sulpiciens du fief prospère de Montréal, est un aristocrate en mesure de parler ferme devant Murray. Ce choix promettait une autorité épiscopale indépendante du pouvoir politique et, pour les Montréalais (qui n'étaient pas encore dans le secret), avait l'avantage de ramener chez eux un siège épiscopal qui leur avait échappé en 1645. Montréal sera donc une cité épiscopale ?

Le secret de cette élection finit par atteindre l'oreille de Murray : le futur gouverneur général qui en tenait pour Briand, manifesta son opposition. Montgolfier jugea préférable, pour assurer de bonnes relations dans l'avenir, de se retirer. Nouvelles élections donc par les chanoines en septembre 1764 ; après avoir invoqué l'Esprit-Saint... ils optent cette fois pour Briand. Muni d'une pension du gouvernement anglais et logé au séminaire de Québec, Briand peut à partir de 1766 remplir ses fonctions épiscopales. L'évêque demeure à Québec.

Pas pour bien longtemps. Il commence à s'en éloigner en 1784, lorsque l'évêque Desglis, successeur de Briand, reste dans l'île d'Orléans où il était jusque-là curé. L'évêque suivant, Hubert, demeure bien à Québec, mais Denaut qui lui succède est curé à Longueuil, en face de Montréal, et il n'en bouge pas ; de plus, il est Montréalais de naissance et d'éducation. Mais c'est la dernière fois qu'un évêque de Québec réside dans la région de Montréal.

Or, cette ville de Montréal, qui est la capitale économique du Bas-Canada et dont la population est presque le triple de celle de Québec, devrait finir par avoir son propre évêque. C'est à quoi on s'applique dans le premier tiers du XIXe siècle. Rome lui assigne d'abord en 1821 un évêque qui n'est qu'un coadjuteur et dépendant de celui de Québec. En 1836, ce coadjuteur devient évêque titulaire et indépendant de Québec. Montréal a enfin son siège épiscopal sans en priver l'évêque de Québec. Cependant, celui de Québec demeure au-dessus, grâce au titre d'archevêque que

Rome lui confère en 1844, et encore bien au-dessus lorsqu'en 1886 Rome ajoute à cette dignité le chapeau cardinalice, chapeau que reçoit chacun des successeurs sur le siège épiscopal de Québec.

Le bonheur des Québécois ne pouvait être éternel. En 1953, au lieu de retomber sur la tête de l'archevêque de Québec, coup de tonnerre sur la province, voilà que le chapeau cardinalice retombe sur la tête de l'évêque de Montréal. Dans le Saint-Laurent, un évêque à Québec, un cardinal à Montréal! Déshonneur pour Québec et triomphe pour Montréal! Le cardinal Léger avait bien raison de s'écrier en faisant son entrée solennelle: «Montréal, ô ma ville, tu as voulu te faire belle pour recevoir ton Prince!» Toutefois, Rome répare bientôt son geste: tout en laissant désormais à Montréal son chapeau cardinalice, elle redonne le sien à l'évêque de Québec. Montréal et Québec ont chacune son évêque en titre, à chacun son cardinal: tout le monde est content. Or, la rivalité entre les deux villes en était une aussi au point de vue des études supérieures. Tout le long du Régime français, la Nouvelle-France n'avait eu qu'un seul collège, le collège des Jésuites, établi à Québec depuis 1635. On aurait pu s'attendre à ce qu'au XVIIIe siècle un collège se mette en place sous la conduite des Sulpiciens à Montréal, l'autre ville aussi importante par sa population. Les jeunes Montréalais qui voudront s'élever au-dessus du niveau primaire devront se transporter à Québec jusqu'en 1773, année où débute à Montréal, grâce aux Sulpiciens, le collège Saint-Raphaël.

On n'en était pas encore au niveau des études universitaires ni dans ce collège de Montréal ni au séminaire de Québec qui, de maison de formation pour le clergé, s'était transformé depuis 1766 en collège classique. Le Bas-Canada disposait bien à Montréal depuis 1843 d'une École de médecine, affiliée en tant que faculté à une université d'Ontario, mais lorsque les évêques catholiques décidèrent en 1852 d'établir une université, c'est au séminaire de Québec, en mesure d'en assurer le soutien financier, et non aux Sulpiciens de Montréal, qu'ils en confièrent le soin. On eut ainsi l'Université Laval sous charte royale et bientôt sous charte papale, avec quatre facultés : théologie, médecine, droit et arts.

Le séminaire de Québec, institution proprement québécoise, se donna par son Conseil les moyens de la conserver exactement sous son contrôle, à l'exclusion de tout ce qui n'était pas de Québec. Le supérieur du séminaire en était *ex officio*, le recteur, les 12 directeurs de ce séminaire y siégeaient avec voix délibérative, ainsi que les 4 doyens de facultés, dont 2 (en théologie et en arts) se trouvaient et allaient toujours se trouver prêtres du séminaire. Quand d'autres facultés viendront s'établir, leurs doyens n'auront point droit de vote, puisqu'on n'avait rien prévu pour eux en 1852. On aura ainsi, de mon temps de professeur (et jusque vers 1970 !), cette situation ridicule où des prêtres du séminaire peu ou pas habilités à ce rôle, trancheront, par exemple, sur des questions forestières, alors que le doyen de la faculté impliquée n'avait que voix consultative.

Quand un doyen d'une faculté autre que les quatre originelles avait une proposition à soumettre, il devait la faire présenter par un autre doyen membre de plein droit ou par... un prêtre du séminaire.

Et qu'en est-il de Montréal, dont le poids social, politique et économique dans la province prenait une importance de plus en plus grande que celle de Québec ? Les Montréalais devront travailler longtemps pour s'affranchir de ce monopole universitaire. Ce sont les autorités ecclésiastiques de la ville, en particulier le dynamique évêque Bourget, qui organisent la lutte, en centrant leurs énergies sur l'obtention d'une décision papale.

Il faudrait ici raconter cet affrontement de longues années entre l'évêque de Montréal, appuyé de l'évêque Laflèche des Trois-Rivières, et l'archevêque Taschereau de Québec ; énumérer ces voyages annuels des évêques ou de leurs représentants auprès du pape : dès qu'on apprend qu'un tel a pris la route de Rome, l'adversaire se hâte d'en faire autant pour aller le contrer là-bas. On empile au Vatican mémoires sur mémoires. Laval doit faire face à ce qu'on appelle dans un langage bien ecclésiastique « la fureur mitrée ». Un magnifique choc de crosses épiscopales.

Ce qui aboutit à une décision de Rome en 1876 : Montréal ne pourra avoir qu'une succursale universitaire. Elle portera un nom qui marque bien le triomphe de Québec : Université Laval à Montréal. Par conséquent, la lutte se poursuit. Lutte au cours de laquelle les Montréalais, entre autres manifestations de mauvaise volonté, tentent d'empêcher le séminaire de Québec de bâtir quoi que ce soit à Montréal. Au cours de cet échange de politesses, l'archevêque de Québec, qui trouve que l'École de médecine à Montréal s'écarte de l'orthodoxie, brandit la menace du pire châtiment religieux de l'époque, l'excommunication. Heureusement, Rome suspend le bras justicier qui de Québec allait s'abattre sur l'ennemi. Enfin, après des années d'amertume, mais seulement en 1911, disparurent l'odieuse solution et son oriflamme Université Laval à Montréal : la succursale fut jugée digne de dispenser un enseignement indépendant. On put enfin afficher Université de Montréal.

De ces luttes féroces (l'épithète n'a rien d'excessif), il est resté longtemps des séquelles. Encore vers 1950, lors d'un banquet d'historiens à Montréal, où je m'apprêtais à parler, je glissai à mon voisin, prêtre aux cheveux blancs, que j'allais m'amuser à rappeler cet épisode de l'Université ; devenu tout de suite nerveux, il me défendit en me serrant l'avant-bras, de m'aventurer sur ce domaine, car tous ces vieux dignitaires de la table d'honneur allaient se sentir directement attaqués.

À ce long conflit universitaire, s'en ajoutait un autre, celui qui opposait les Montréalais nationalistes et les Québécois qui passaient tous, bien à tort pourtant, pour anglophiles et fédéralistes.

Opposition particulière entre l'abbé montréalais Lionel Groulx et les messieurs du séminaire de Québec. Le Canada français entendait alors deux postes émetteurs inconciliables : les abbés Lionel Groulx et Arthur Maheux. Lors du grand congrès de la langue française à Québec en 1938, Groulx déclare dans une assemblée solennelle au séminaire de Québec, en faisant l'éloge de ses amis de Montréal : «Nous sommes la génération des vivants» ; et il ajoute, en regardant droit dans les yeux ces messieurs du séminaire : «Et vous êtes la dernière génération des morts.» Ce qui évidemment jeta un froid.

Son adversaire, Arthur Maheux, voulut un jour rappeler que le Régime anglais n'avait tout de même pas été aussi méchant que le disaient les nationalistes et, faisant appel à la «bonne entente» entre Anglais et Canadiens français, il avait intitulé son livre *Pourquoi sommes-nous divisés ?* Groulx lui répondit par un autre livre, intitulé *Pourquoi nous sommes divisés !* On savait se parler clairement.

Lors des débuts de l'Institut d'histoire de l'Amérique française, fondé par Groulx à Montréal et qui marquait chez son fondateur un souci de revenir à une pratique plus sereine de l'histoire, je trouvais insensé qu'à l'Université Laval (où je commençais ma carrière de professeur d'histoire, tout en collaborant avec Toronto) on se montrât si distant à l'égard de ce qui se faisait en histoire à l'Université de Montréal. Je voulus corriger la situation et poser un geste tout à fait insolite: inviter Groulx à rencontrer mes étudiants. Je sentis bientôt autour de moi beaucoup de frémissements; l'abbé Maheux, alors mon patron, n'était pas contre, en principe, car il me disait: «Quand nous nous rencontrons, l'abbé Groulx et moi, nous nous saluons.» On n'allait pas jusqu'à causer; se saluer passait pour une bien charitable concession de politesse entre adversaires.

En tout cas, les «sages» à qui j'étais soumis me firent comprendre qu'il fallait être discret, ne point faire là-dessus de battage publicitaire et surtout ne pas tenir la réunion à l'intérieur de l'université, mais quelque part en ville. La rencontre eut lieu hors les murs. Ce qui nous valut, à moi et à mes étudiants, un après-midi fort intéressant avec Groulx en toute clandestinité.

Opposition donc de longue durée entre Québec et Montréal, mais sans qu'on puisse toujours y voir une lutte entre deux idéologies qui fussent bien propres à l'une ou à l'autre ville. Selon les époques et les problèmes en jeu, tantôt (comme dans la première moitié du XIXe siècle) Montréal représente le libéralisme et Québec l'esprit conservateur; tantôt (comme à la fin de ce même siècle) c'est Québec qui prône le libéralisme contre Montréal qui donne dans le conservatisme.

Au XVIIe siècle, Marguerite Bourgeoys fonde à Montréal une communauté religieuse d'avant-garde, c'est-à-dire de sœurs non cloîtrées (ce qui était alors impensable), qui se proposaient d'aller dans les campagnes deux à deux (tout aussi impensable) pour faire l'école; l'évêque de Québec a voulu enfermer entre quatre murs ces sœurs d'une espèce étrange; heureusement, la fondatrice montréalaise lui tint tête et les campagnes purent avoir des écoles primaires.

Alors qu'à Québec s'établit une solide tradition de conservatisme dans les journaux, même dans le journal *Le Soleil*, pourtant organe du parti politique dit libéral, Montréal entretint une presse «rouge», ce qui veut dire «radicale»: qu'on se rappelle *L'Avenir, Le Pays, La Patrie, Canada-Revue*, sans oublier *La Lanterne* d'Arthur Buies. C'est de Montréal que nous vinrent les «journaux jaunes», ainsi appelés parce que, dans leurs feuilles à teinte jaune, ils faisaient paraître des potins fort croustillants. L'évêque Cloutier, des Trois-Rivières, les dénonça solennellement dans une cérémonie de confirmation de mon enfance; ma mère adoptive en avait été tellement secouée qu'elle m'interdit de mettre le nez même dans le journal *Le Nouvelliste*, le quotidien le plus inoffensif du monde.

Mis à l'index par le cardinal de Québec pour un livre tout à fait innocent, *Les demi-civilisés*, Jean-Charles

Harvey, journaliste à ce même *Soleil*, dut en la circonstance abandonner son poste et aller poursuivre sa carrière à Montréal. En cette même ville, au milieu du XXᵉ siècle, apparut le Mouvement laïque de langue française; comme son nom l'indique, il avait pour objectif de laïciser les institutions du Québec. La ville de Québec se croyait à l'abri de cette autre innovation montréalaise. J'ai connu à mes dépens (parce que j'avais accepté d'en être le président à Québec) l'effet de stupeur que produisit dans la bonne société de la capitale et à l'Université Laval la fondation d'une succursale de ce mouvement. Pourtant, en cette année 1962 (où la Révolution tranquille n'avait pas encore touché la capitale), nous ne réclamions rien de bien révolutionnaire: le mariage civil pour ceux qu'il pouvait accommoder, déconfessionnaliser les institutions publiques, dont celle des écoles. Or, les changements sont survenus plus tôt qu'on les attendait, sans qu'on eût le temps de crier holà. Ils ont été plus drastiques que ce qu'on souhaitait: frères et sœurs devenus d'une visibilité nulle dans les écoles, fermés les séminaires-cours classiques tenus en monopole par des prêtres, soutanes et cornettes disparues du paysage.

N'empêche qu'à Québec, le journal *Le Soleil* qui s'évertuait à faire du zèle religieux pour maintenir sa cote face à *L'Action*, journal sous la gouverne de l'évêché, annonça en manchette que, selon un certain abbé, non moins zélé (et par la suite, défroqué), notre mouvement laïque était composé de francs-maçons. À l'Université Laval, que des appels téléphoniques accusaient de pactiser avec les ennemis de l'Église, on fit en sorte que les chefs du mouvement quittent les lieux. Québec retrouva pureté et tranquillité.

Ceux de la génération actuelle doivent trouver tout cela bien désuet, ces comportements de rivalité entre habitants de deux villes d'une époque ancienne. Ancienne, certes, comme nous sommes d'un autre temps, nous les plus de 70 ans, les survivants de ce temps où l'on pouvait dire, en les écoutant parler : « Celui-ci est de Québec ; cet autre, de Montréal. » Québécois et Montréalais avaient été si longtemps éloignés les uns des autres : aux XVIIe et XVIIIe siècles, par quatre jours de charrette, puis au XIXe, par deux jours de bateau à vapeur ; les uns et les autres avaient eu le temps de se créer un vocabulaire distinct et de prendre des habitudes propres de prononciation. J'ai pu m'amuser à entendre des Québécois dire « élonger » pour allonger, « chaudronne » pour chaudron, « fontaine » pour puits ; faire l'i bref dans chemise ou église ; m'a tant de fois charmé ce joli grasseyement qui leur est particulier. On pouvait encore reconnaître celui qui de père en fils était de Montréal ou de Québec.

Mais aujourd'hui qu'ils ne sont plus séparés que par deux heures de voiture ou une demi-heure d'avion, qu'ils sont sans cesse les uns chez les autres, et à cause de ce va-et-vient constant entre les villes, de ce mélange de population et de cette globalisation que complètent radio et télévision, sur quoi pourrait se fonder telle ou telle différence entre Québécois et Montréalais ? D'ailleurs, en ce début du XXIe siècle, en est-il encore qui puissent se dire Québécois ou Montréalais de père en fils ?

Mais où sont les neiges d'antan ? que reste-t-il de ces rivalités à l'ancienne entre les deux villes ? Peut-être faut-il plutôt ici réciter le célèbre alexandrin de Corneille : « Et le combat cessa, faute de combattants. »

Notes bibliographiques

Alors qu'aucun document important n'attribue des fins élevées à la fondation de Québec, deux textes des débuts de Montréal nous paraissent déterminants dans l'évolution de cette rivalité. L'un revendique pour Montréal des origines moralement supérieures à celles de Québec : « Les Véritables Motifs de la Société Notre-Dame de Montréal » (texte de 127 pages publié avec étude historique dans *La Société Notre-Dame de Montréal* (Montréal, Fides, 1965) ; le second, *L'Histoire du Montréal* du sulpicien François Dollier de Casson (réédité en 1992 par les éditions Hurtubise HMH, Montréal), qui présente cet établissement comme le sauveur du Canada.

XIV

Les survivances de la Nouvelle-France en ce XXIᵉ siècle

UNE NOUVELLE-FRANCE
ENCORE TOUTE PROCHE

La Nouvelle-France, on en parle comme d'une époque fort lointaine. Parce qu'elle nous renvoie aux règnes de Louis XIV et de Louis XV, nous l'imaginons en des temps bien reculés. Pourtant, sa disparition officielle, le 10 août 1764, n'est pas tellement éloignée. Pour le constater, recourons à quelques repères. Je suis arrière-grand-père : le laps de temps qui me sépare, à 87 ans, de mon arrière-petite-fille âgée de 14 ans, ne recouvre pas un espace considérable ; pas plus considérable, j'imagine, que celui qui me séparait de mon arrière-grand-père ; or, l'arrière-grand-père de ce dernier était né en 1761, au temps où finissait la Nouvelle-France ; bref, peut-on dire, mes aïeuls ont connu les petits-fils de ceux qui ont vécu les dernières années du Régime français. Autre repère qui nous fait paraître bien près non seulement cette Nouvelle-France finissante, mais même la Nouvelle-France en ses débuts au XVIIᵉ siècle : quand j'étais étudiant à l'Université Laval, les religieuses de l'Hôtel-Dieu de Québec célébraient encore chaque année un service funèbre pour les

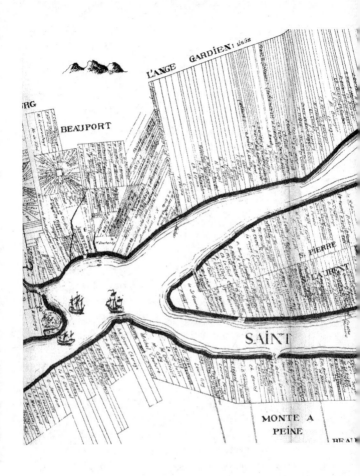

Géométrie des terres du Régime français dans une carte de 1709 et qu'on peut encore observer en se plaçant sur un point élevé de l'île d'Orléans (carte de Gédéon de Catalogne, dans Marcel Trudel, *Atlas de la Nouvelle-France*, Presses de l'Université Laval, 1973).

Cent-Associés, ces premiers administrateurs du pays, de 1627 à 1663...

Bien des témoignages attestent que cette Nouvelle-France survit parmi nous ; nous y sommes tellement habitués que nous n'y prêtons plus attention. À commencer par les artefacts humains, les traits de notre physionomie. Pour revoir de quoi ils avaient l'air, inutile de rouvrir les tombeaux des évêques Laval ou Saint-Vallier ou de Mère Marguerite d'Youville, vous trouverez des fac-similés de nos aïeux du XVIIe siècle en allant outre-Atlantique, d'où ils sont venus et où leurs descendants n'ont point subi l'évolution qu'a pu être la nôtre : on y retrouve en chair et en os le moule ancien qui continue en France, depuis l'époque de Louis XIV, de mettre sur le marché des Trudel, des Drouin ou des Tremblay. J'en ai revu de ma lignée demeurée en France et j'ai réentendu le «a» largement ouvert qui nous a été transmis. En 1957, à mon arrivée dans l'ancienne province du Perche, je me suis retrouvé en face d'un Drouin que je croyais pourtant avoir quitté la veille dans mon patelin québécois : même gabarit, même faciès, même effet de la prononciation ; et, autre hasard, même barbe au menton.

Il arrive que le même produit souffre des mêmes défauts. Une famille du Perche était atteinte de myopathie oculaire, ce qui signifie que les paupières ne tiennent pas relevées, que les yeux ne restent pas ouverts tout seuls ; cette famille s'est établie au Canada au XVIIe siècle, le mal s'est transmis de père en fils, et nous rencontrons aujourd'hui de leurs descendants qui doivent porter des «lunettes à béquilles», c'est-à-dire qu'ils ont aux yeux des supports propres à tenir les paupières relevées ; j'ai vu l'un d'eux, à Kamouraska, qui recourait à une technique toute simple : il se collait un pansement de la paupière au sourcil ; la paupière ne pouvant ainsi se rabattre, le regard demeurait fixe, comme cet œil de Dieu qui, dans le poème de Victor Hugo, ne cessait de fixer Caïn.

LA PRÉSENCE DE L'ANCIENNE GÉOGRAPHIE

Une bonne partie du cadre géographique de la Nouvelle-France est encore en place. À qui voudrait le revisiter dans la vallée du Saint-Laurent, on pourrait remettre pour guide la carte de Bellin, de la première moitié du XVIIe siècle. Notre touriste en retrouverait l'essentiel, depuis l'île d'Anticosti, les Sept-Îles et la Gaspésie jusqu'à Montréal. Avec, sur les deux rives, les mêmes toponymes utiles à la route ; par exemple, dans la région de Charlevoix : Tadoussac, Pointe-aux-Alouettes, Baie-des-Rochers, Port-au-Persil, Port-au-Saumon, Cap-à-l'Aigle, la Malbaie. Grâce à cette carte, il peut remonter la rivière Richelieu, se rendre à l'île aux Noix, visiter dans le lac Champlain l'île Lamothe, la Grande-Isle et même cette petite rivière au Sable, devenue Ausable Chasm. S'il remonte le haut Saint-Laurent, la carte pourra le conduire dans la région des Taronteaux (aujourd'hui la ville de Toronto) ; s'il préfère la rivière des Outaouais (autre toponyme de la Nouvelle-France), la carte lui montrera où débouche la rivière du Rideau, près de l'actuelle Ottawa.

Ancienne toponymie donc, et aussi anciens alignements des terres. Les Cent-Associés ont marqué les régions centrales du Québec par leurs divisions seigneuriales. Ces terres concédées par les seigneurs en la forme d'un rectangle allongé et orientées d'ordinaire vers le nord-ouest, comme l'étaient les seigneuries, vous en retrouvez beaucoup sur les deux rives du Saint-Laurent. Placez-vous un instant sur un lieu élevé du versant nord de l'île d'Orléans, vous aurez sous les yeux, le long de la côte de Beaupré, la même géométrie qu'observaient nos aïeux de la Nouvelle-France et que Gédéon de Catalogne a tracée sur une carte de 1709. De ces anciennes limites seigneuriales, on en retrouve encore en une foule d'endroits. En une terre de Charlevoix où j'ai habité, une clôture est toujours appelée trécarré, séparant ce qui était le domaine personnel du seigneur et les terres en censive. Par contre, sur la rive sud du fleuve, même s'il y a toujours ainsi une limite entre les anciennes terres seigneuriales et les cantons du Régime anglais, elle se dit toujours, comme autrefois, fronteau.

Je suis né dans un rang de Saint-Narcisse-de-Champlain, qui a pour nom Grand'Ligne ; c'était la grande ligne tirée du fleuve jusque dans l'arrière-pays, pour marquer la limite nord-ouest de la seigneurie jésuite de Batiscan. Voyez une carte des circonscriptions électorales du Québec : dans la région, entre autres, de l'Assomption-Joliette, ces subdivisions ont encore l'orientation nord-ouest sud-est, et il en est de même dans le Bas-du-Fleuve, les limites des premières circonscriptions ayant été tirées à même celles des seigneuries et selon la même orientation. Nous sommes peut-être les derniers à voir ce spectacle : l'urbanisation rapide multiplie les subdivisions de la campagne selon un autre plan et le tracé seigneurial des anciennes terres s'efface peu à peu.

Nous sommes peut-être la dernière génération à subir la rente seigneuriale, que l'habitant devait payer chaque année pour la terre qu'on lui avait concédée au temps de la Nouvelle-France. La loi d'abolition du régime seigneurial en 1854 obligeait le titulaire à racheter cette rente, ce qu'on appelait racheter sa terre. Or, les habitants n'étant pas tous en mesure d'affronter cette dépense, ils avaient continué de la payer d'abord aux descendants des ex-seigneurs puis, par une autre loi, à la municipalité. Un mien collègue, le folkloriste Luc Lacourcière, acquit à Beaumont une terre que grevait toujours cette servitude. Il avait les moyens financiers de s'en libérer, mais il trouva charmant de demeurer dans la situation des tenanciers du Régime français et il alla chaque année s'acquitter auprès du trésorier municipal; on lui remettait un reçu pour rente seigneuriale. La présence de la Nouvelle-France chez lui pouvait-elle se faire plus évidente?

CES MOTS QUI VIENNENT DE SI LOIN

Pour retrouver la Nouvelle-France, écoutons-nous parler dans ce vieux français qui amuse tant les Français de France d'aujourd'hui. Je viens d'employer le mot habitant au lieu de paysan qui n'a pas cours ici pour désigner le cultivateur. C'est que, du temps de la Nouvelle-France, par opposition au mot «engagé», homme lié au pays d'une façon temporaire, l'«habitant» était le tenancier d'une terre, donc établi d'une façon permanente. Le nom en est resté à l'agriculteur; par la suite, parce qu'on lui reprochait son conservatisme ou son manque de raffinement, le mot a perdu son ancienne dignité et pris un sens péjoratif: ne dîtes jamais à quelqu'un qu'il est habitant.

Quand j'étais écolier, pour désigner un seau, je disais siau comme tout le monde, mouillage (c'est bien le cas) d'une syllabe que j'ai retracé dans une famille du Perche en France, les Vaux, dont des membres ont émigré chez nous à une époque où l'on mouillait encore la syllabe ; et c'est ainsi que nous avons au Canada la famille Viau.

Pour poil, je prononçais poël comme dans le dicton du 29 septembre : «C'est aujourd'hui la Saint-Michel que tous les ânes changent de poël» ou dans cet autre : «À Noël, les jours allongent d'un poël». Jusqu'à mon entrée à l'université, je disais moé, toé, ce qui avait été la façon élégante de s'exprimer au XVIIe siècle, mais ne l'était plus depuis longtemps, même si, au séminaire des Trois-Rivières, notre préfet des études, en lutte contre la propagande de la Société du bon parler français, nous affirmait en public : «Nos péres disaient moé pi toé, on va continuer à dire moé pi toé.»

AUTRES PHÉNOMÈNES PARTICULIERS
DE PRONONCIATION

Un vieil usage laissait plusieurs consonnes muettes. J'ai souvent entendu dans ma jeunesse «le mois de mar» pour «le mois de mars». R muet aussi dans le verbe quérir, ce qui donnait cri comme dans «aller cri ses vaches» pour «aller les ramener». On entendait encore siner pour signer et, par conséquent, sinet pour signet. La consonne finale *l* subissait de même la muettisation, ce qui donnait filleu pour filleul et avri pour avril. Même le *f* y passe, d'où beu pour bœuf. J'ai cherché longtemps avant de savoir comment s'écrivait ce par, section de l'écurie où l'on mettait le cheval, la vache ou le cochon : il s'écrit tout simplement parc, mais devenu presque méconnaissable parce que son c demeurait muet. Prononcé aussi por chez nous, il me rappelle for qui dans ma jeunesse désignait le fard (dit aujourd'hui farce), accompagnement obligé de la dinde : je mangeais alors du « fort de dinde ».

Si vous entendez un monsieur dire « je vas partir », ne concluez pas trop hâtivement qu'il ne sait pas conjuguer son verbe aller ; il le sait peut-être, mais il le conjugue comme du temps de la Nouvelle-France : « je vas, tu vas, il va. »

On vous dit « une pomme varte » : ne vous scandalisez pas ; c'est qu'il y a trois siècles la prononciation régulière de vert était vart comme dans boulevard, ainsi appelé parce qu'on y jouait aux boules sur le vart ; d'où le féminin, alors régulier, varte.

Dans la maison, à l'étage, entre le plafond et le toit en pignon, on appelle grenier l'espace libre où l'on rejette aujourd'hui, comme dans une chambre de débarras, ce qui ne sert plus et qu'on n'ose pas détruire. Mais pourquoi ce mot grenier qui évoque la moisson de grains ? C'est que sous le Régime français, on y étendait sur le plancher les grains, surtout le blé, qu'il fallait faire longuement sécher et remuer de temps à autre avant de le mettre dans des sacs.

Quelqu'un vous dit en riant : « J'ai vu deux grosses légumes », pour parler de personnes importantes. Légume employé au féminin ? Emploi correct, du temps de la Nouvelle-France où l'on disait tantôt un légume, tantôt une légume, le genre n'en étant pas encore fixé, de même pour le mot navire, masculin ou féminin.

Nous avons conservé de la Nouvelle-France de vieux mots qui n'ont plus cours dans la France d'aujourd'hui.

Lors d'un examen oral en Sorbonne, un étudiant québécois avait à commenter un texte de Montaigne. Il omit de s'arrêter aux expressions *mais que*, de sens temporel pour *lorsque*, et *quand et* qui équivaut à *en même temps*. L'examinateur lui reprochant d'éluder ce qui passait pour des difficultés, le candidat s'étonna : «Ce sont là, monsieur le professeur, des façons de parler tout à fait courantes en mon pays, je n'ai pas vu l'utilité de les expliquer.» Il avait bien raison s'il pensait au langage du Québec, où tout le monde comprend une phrase comme la suivante : «Mais qu'il viendra, je partirai quand et lui.» C'est parler comme Montaigne au XVIe siècle.

Ou comme son contemporain Rabelais car, dans la région de Saint-Jean-Port-Joly, j'ai entendu une mère dire à sa fille : «Trempe la soupe, les hommes reviennent des champs.» Tremper la soupe ? Elle est déjà liquide ! Or, du temps de Rabelais, la soupe était un croûton qu'on trempait dans un bouillon ; un de ses personnages ordonne à sa femme : «Taille ces soupes», et la femme n'avait plus qu'à les mettre à tremper. Notre soupe n'est plus un quignon qu'on trempe dans un bouillon, mais le langage culinaire du XVIe siècle s'entend encore dans nos cuisines.

Nous viennent d'un temps peut-être encore plus ancien les expressions «mettre la table» et «ôter la table». Comment pouvons-nous dire mettre la table et l'ôter après le repas, quand elle demeure toujours en place dans la salle à manger ? Explication du mystère : la table, il y a de cela bien longtemps, au XVe siècle ou au XIVe, était un assemblage de planches qu'on mettait sur des tréteaux avant le repas et qu'on enlevait ensuite pour dégager les lieux. Sans rien changer à l'ameublement, nous persistons, trois fois par jour, à mettre et à ôter la table.

Trois fois par jour encore, et sous des appellations de la Nouvelle-France, nous déjeunons le matin, dînons le midi, soupons le soir, selon un ordre que nous ont transmis nos aïeux et que nous respectons toujours au Québec.

Continuons sur ce sujet de la table. On vous offre une sagamité. Vous demeurez perplexe, on le comprend. C'est un potage fait de maïs et de lait, potage à l'amérindienne qui nous vient de la Nouvelle-France ; excellent, ma mère en servait de temps à autre. Elle servait aussi des tourtières, à l'origine pâtés de tourtes, volatiles qui abondaient en Nouvelle-France ; les tourtes ayant disparu à la suite d'une chasse intensive, on fait maintenant des pâtés avec perdrix, lièvres et chevreuil, ou bien plus simplement de lard haché (en ce cas, bien déchus de leur ancienne grandeur), et l'on continue de les appeler tourtières.

Avec ça, pour breuvage ? Breuvage ? Quel langage grandiloquent ! C'est un parler XVIIe siècle, mais c'est le mot que nous employons d'une façon courante, nous le disons sans faire de manières.

NOUS PARLONS ENCORE XVIIe SIÈCLE
EN POLITIQUE

Dans certaines périodes où nous faisons le choix de nos députés, le mot comté qui, dans l'Ancien Régime, désignait une terre dont le titulaire était un comte, revient sans cesse dans nos conversations. Ne confondons pas avec le vocabulaire de la noblesse, car les candidats à la députation ne sont pas des comtes à la recherche d'une terre pour asseoir leur titre. Le comté dont il est question a une origine toute roturière : pour désigner l'aire géographique qui relève du député, nous avons traduit le *county* anglais par le rutilant comté ; le terme officiel est l'encombrante circonscription.

Au lieu de dire que nos portes sont verrouillées, bien qu'elles soient munies d'un verrou, nous disons que nous les barrons, comme si, à la manière de jadis, elles étaient bloquées par une barre transversale, insérée de l'intérieur entre de solides crampons.

Et je continue de vider mon sac. Les Noëls d'aujourd'hui déversent les cadeaux dans nos salons, ces cadeaux que dans ma jeunesse on appelait étrennes comme en Nouvelle-France, avec toutefois cette différence que ces étrennes nous étaient remises non pas à la Noël, fête strictement religieuse, mais au jour de l'An, comme c'était la pratique en Nouvelle-France. De ces étrennes, on a fait étrenner qui veut dire, d'un vêtement par exemple, le porter pour la première fois.

NOUS PARLONS SI SOUVENT COMME DES MATELOTS

Dans les débuts du peuplement, il n'y eut longtemps qu'une seule voie de communication : la route d'eau. En outre, pour venir au Canada, on avait dû naviguer sur l'Atlantique quelque trois mois ; la seule montée du Saint-Laurent prenait environ un mois. De ces longues expériences, on avait gardé un langage marin. À cheval, en traîneau, en boghei, en automobile, en chemin de fer ou à bicyclette, nous embarquons, nous débarquons, nous virons, nous changeons de bord, comme si nous étions toujours sur l'eau. Nous prenons notre gréement, nous nous greyons ; si quelqu'un nous fait de l'opposition, nous nous mâtons ; au lieu d'attacher les bagages, nous disons arrimer les bagages ; nous confondons drapeau et pavillon ; la couchette du bébé est dite ber ; s'il nous vient une parentèle en visite, nous gémissons : « La tante s'amène avec sa flotte. » En vue de l'hiver, nous calfatons ou calfeutrons nos fenêtres ; quand la neige s'amoncelle, nous parlons de bancs de neige, et nous marquons le chemin par des balises, comme si nous allions sur un fleuve ; nos poêles à deux ou à trois étages, nous les appelons à deux ponts, à trois ponts, en les assimilant à des bateaux.

À la façon des marins, nous nous orientons selon l'amont et l'aval d'un cours d'eau déterminé, qu'il soit ou non à notre vue : de Montréal, nous descendons à Québec, parce que nous descendons le cours du fleuve ; et par conséquent, de Québec à Montréal, nous montons, bien que ce soit toujours sur terre, en plat pays. J'ai entendu une dame du Bas-du-Fleuve dire à ses enfants qui prenaient l'autobus pour Québec : « Bonne montée » ; ils n'étaient pourtant pas au pied d'une montagne. De même pour l'arrière-pays : nous montons au Témiscamingue, puisque ses eaux se déversent du côté du Saint-Laurent. Marin, on l'est même dans la maison, puisqu'on vous dira : « Je vous installe dans la chambre du nordet » ; ou l'on vous explique que le salon est au suroît. À vous de ne pas perdre le nord.

Qu'avons-nous retenu des vêtements de la Nouvelle-France? La robe à panier ou crinoline s'est maintenue chez nous, beaucoup moins ample toutefois, jusqu'au début du XXᵉ siècle: une vieille tante conservait précieusement la sienne, qu'elle avait portée à ses noces. En fouillant ma mémoire de tout jeune enfant, je trouve dans ma famille le bonnet de nuit, porté autant par les hommes que par les femmes; ce bonnet de nuit pour hommes que nous avons vu dans le théâtre de Molière, était encore porté les nuits d'hiver dans des maisons rurales où l'on ne rallumait le poêle qu'aux petites heures du matin.

Nous chaussons encore les mocassins, ces souliers sauvages sans talons, qui nous servent dans le sport de la raquette, mais qu'on chaussait jadis pour les voyages en canot, au lieu des souliers français, car ceux-ci, munis de talons hauts (même pour les hommes) auraient crevé l'écorce de l'embarcation.

Dans les grands froids de l'hiver, certains revêtent encore comme en Nouvelle-France un capot de chat, fourrure de chat sauvage; ils ont aux pieds des bottes sauvages, dont on porte le poil en dedans, ce qui conserve mieux la chaleur. Quand on voyage en carriole, on emploie comme en Nouvelle-France une robe de carriole. «Vous dîtes bien une robe pour faire de la voiture en hiver?» Oui, une robe, et relevez-la jusqu'au cou, vous serez plus au chaud. Rassurez-vous, la robe en question est une large fourrure: les Amérindiens du XVIIᵉ siècle cousaient ensemble des peaux de castor pour en obtenir une forme quadrangulaire dont ils s'enveloppaient à la manière d'un vêtement; les Français ont adopté cette couverture pour le voyage en traîneau et l'ont appelée robe de carriole.

Je trouve un reste de Nouvelle-France dans l'uniforme de mon collège : un veston très long, dont les pans devaient obligatoirement descendre jusqu'au bas des genoux; il était serré à la taille par une ceinture de laine nouée sur le côté gauche du corps et dont les bouts retombaient le long de la hanche. Par sa longueur et avec cette ceinture, notre uniforme faisait tout de suite penser à une soutane de curé; c'était ce qui restait de la soutane que portaient jadis, du temps de Mgr de Laval, les élèves du séminaire de Québec.

Le costume religieux a contribué à prolonger chez nous le paysage de l'Ancien Régime. La soutane des prêtres du XVIIe siècle, avec son rabat porté à l'extérieur de l'encolure (rabat que nous appelions bavette), nous l'avons vue longtemps sur le dos des frères. Chez les religieuses de fondation ancienne (Ursulines et Hospitalières), c'était, il y a quelques années encore, le même costume du XVIIe siècle qui cachait avec soin tout ce qui était cheveu et poil, ne laissant du visage à découvert que la surface nécessaire pour voir, respirer et manger. Toutefois, était survenue une modification au XIXe siècle : la coquetterie avait amené Ursulines et Dames de la Congrégation à utiliser l'empois pour rendre rigides guimpes et voiles, ce qui donna pour les Dames de la Congrégation le petit clocher au-dessus du crâne; on allait, semble-t-il, ramener à l'original ces monuments historiques, quand ils ont soudainement disparu.

Nous sommes les tout derniers à dire les poids et mesures comme en Nouvelle-France, ces poids et mesures que le système métrique vient de remplacer. Nous avions appris à coups de règle sur les doigts: 8 lignes font 1 pouce, 12 pouces font 1 pied; il nous faut désormais faire connaissance avec les millimètres, centimètres, mètres, kilomètres. À la campagne, les distances vous sont encore données en arpents et en lieues. Sans toujours y porter attention, certains comptent encore parfois en livres de 16 onces, en quintal de 100 livres, en pieds, en perches (on dit aussi: «Cet homme est grand comme une perche»). Pour les contenus, nous parlons par habitude de roquille, demiard, chopine, pinte, minot, corde de bois.

Pour mesurer le temps, j'ai vu, quand je servais la messe chez les Ursulines des Trois-Rivières, des religieuses réciter leur office avec un sablier bien en place sur leur prie-dieu: elles utilisaient le sablier, non par coquetterie d'antiquaire amateur, mais bien pour évaluer la durée du temps, comme on le faisait en Nouvelle-France.

En fait de monnaie, nous avons gardé dans notre vocabulaire le mot piastre, de cette piastre espagnole qui avait cours chez nos aïeux, parce que, puristes, nous avons peur du mot dollar, venu de l'anglais et pourtant nom officiel. Par un même scrupule linguistique, pour éviter le mot anglais cent (autre nom officiel), nous recourons au mot sou qui nous vient aussi, comme la piastre, du Régime français; or, ni la piastre ni le sou n'ont de cours officiel depuis 1851.

De l'institution militaire de la Nouvelle-France, il nous est venu un barême pour mesurer le mérite. J'ai entendu d'une vieille tante qui n'avait fréquenté que la «petite école du rang» et non les savants cours d'histoire de l'université : «Celui-là, c'est pas une croix de Saint-Louis.» Terme d'arrivée d'une longue tradition orale, ma tante ignorait que la croix de Saint-Louis, la plus haute décoration militaire du Régime français, n'avait plus cours chez nous depuis la Conquête de 1760.

De la même origine, le capitaine de milice me paraît une autre survivance. Comme sous le Régime français, le capitaine de ma paroisse organisait, le dimanche, des exercices sur une base volontaire : on s'entraînait à défiler, au maniement du fusil, à présenter les armes, à tirer sur une cible en plein champ. Depuis quand avions-nous ce capitaine de milice ? Toujours est-il que le titre en était de longtemps dans la même famille, celle d'un cousin germain de ma mère et ce titre était devenu un nom de famille : on ne parlait pas du capitaine Cossette, mais de Monsieur Capitaine ; de sa femme, on disait Madame Capitaine ; et des filles, les petites Capitaine. À la différence du capitaine de milice du Régime français, Monsieur Capitaine ne jouissait pas, à l'église, d'un banc gratuit situé à l'endroit le plus honorable après celui du seigneur, mais il touchait une solde.

EN CONFORMITÉ AVEC LA COUTUME DE PARIS

La coutume de Paris, ce corps traditionnel de lois (en fait, un ensemble de précédents) qui gérait la vie de nos ancêtres depuis le berceau jusqu'à la tombe, n'a pas survécu sous son nom habituel, l'autorité britannique en remplaçant l'appellation par lois du Canada, appellation devenue improprement code Napoléon, puis ce qui est aujourd'hui le code civil du Québec. Toutefois, bon nombre de ses dispositions se sont maintenues jusqu'à nous.

C'est le cas de ce que nous avons appelé se donner ou donation. Les parents, devenus vieux et incapables de poursuivre eux-mêmes l'exploitation de la ferme, se voyaient réduits à « se donner » à un de leurs enfants ; en retour, ce dernier s'engageait par-devant notaire à leur assurer subsistance et bien-être jusqu'à leur décès. Contrat qui, comme du temps de la Nouvelle-France, pouvait traîner sa suite de chicanes, l'épouse du donataire menant contre la belle-mère une lutte de pouvoir à l'intérieur de la maison, ou même des procès quand le donataire se révélait infidèle à ses engagements.

C'est encore le cas de la propriété en indivis. En 1662, un groupe de frères et sœurs héritent d'une maison. Elle est évidemment en indivis, chacun des héritiers s'en trouvant également propriétaire. Chacun pouvait donc en occuper une partie aussi égale que possible à celle des autres, ce qui revint en somme à lui attribuer une fraction de grenier, une fraction de cuisine, une fraction de cave, une fraction de cour. Or, vers les années 1940, un cas semblable de répartition est survenu dans ma parenté, une mienne cousine devant épouser son prétendant, on en était chez le notaire à préciser les conditions du contrat de mariage. Selon la déclaration de la belle-mère, les futurs époux allaient vivre dans une maison possédée en indivis par les membres de la famille : ils auraient, bien entendu, leur chambre conjugale mais, dans cette chambre, la moitié de la garde-robe appartenait à une belle-sœur qui, par conséquent, y avait libre accès… Ma cousine refusa cette combinaison qui l'installait sur la place publique ; il fallut renoncer à la noce.

Du testament pratiqué en Nouvelle-France, il nous est resté le caractère religieux qui marquait encore dans ma jeunesse le premier paragraphe du nôtre. Lorsque mon notaire eut mis au propre les volontés que je désirais exprimer, je l'entendis me lire un premier article dont je n'avais pas parlé : « Premièrement, je donne mon âme à Dieu et mon corps à la terre. » C'est exactement ce que l'évêque Saint-Vallier recommande en 1703 pour la rédaction du testament : donner son âme à Dieu et son corps à la terre. Au lieu de l'inhumer, vous pouvez laisser ce corps à une faculté de médecine qui en fera du matériel à dissection pour ses étudiants ou bien, depuis quelques années, le faire incinérer, mais mon notaire n'avait prévu pour le mien qu'une remise à la terre et, comme du temps de la Nouvelle-France, Dieu héritait de mon âme.

En m'engageant dans la carrière d'historien, je ne pouvais m'imaginer que je serais amené un jour à intervenir dans des procès du xxe siècle qui exigeaient de connaître les lois de la Nouvelle-France. À ma grande surprise, j'ai constaté qu'on pouvait encore, devant des cours de justice, recourir à la coutume de Paris. Ce qui m'est arrivé à partir des années 1980, devant les tribunaux de Québec, de Montmagny, de Montréal et de Longueuil, quand on m'a appelé à témoigner comme spécialiste de la Nouvelle-France. Il s'agissait d'établir quelle était en droit la politique de l'État à l'égard de l'occupation des grèves, le long des rivières navigables. Je sus ainsi que bien des dispositions anciennes demeuraient en vigueur : par exemple, la prescription qui était toujours de 30 ans ; et que d'autres encore ! Je découvrais que la coutume de Paris comptait encore parmi nos lois ; si, sous le Régime français, le mort saisit le vif, la feue Nouvelle-France pesait encore de son droit sur nous à la fin du XXe siècle.

Dans ce système juridique qui a encadré la vie de nos aïeux, un point particulier, l'âge de la majorité, a amené dans notre vocabulaire la création du terme « vieille fille ». Pas très vieille, tout de même, la fille ! En Nouvelle-France, on ne devenait majeur qu'à 25 ans. Or, comme les filles s'y mariaient d'ordinaire très tôt, le plus souvent adolescente, une fille qui n'était pas mariée quand elle atteignait ses 25 ans, était dite « coiffer sainte Catherine » et on la qualifiait de vieille fille. Ce terme avait sa contrepartie dans vieux garçon, mais l'homme destiné à devenir soutien de famille se mariant généralement tard, on n'était sacré vieux garçon que vers la quarantaine.

ÊTRE SOUMISES EN TOUT À LEURS MARIS

La situation de la femme sous l'Ancien Régime est simple et claire : par la coutume de Paris, la femme est une mineure, surprotégée certes, mais confirmée dans son état de minorité, inapte même à servir de témoin chez un notaire. Avant le mariage, le père l'assure d'une dot et l'époux lui garantit un douaire ; une fois mariée, elle est sous la tutelle du mari ; si elle devient veuve avant ses 25 ans accomplis, elle retombe sous la tutelle du père. Dans le *Catéchisme* et dans le *Rituel* de l'évêque Saint-Vallier, tout ce qu'on demande du mari à l'égard de sa femme, c'est de l'aimer (ce n'est quand même pas si mal). Quant aux femmes, et je cite : « C'est d'être soumises en tout à leurs maris, comme au Seigneur. Parce que le mari étant le chef de la femme comme Jésus-Christ est le chef de l'Église, elle doit le craindre et le respecter. »

Cette situation est demeurée inchangée jusqu'à notre temps. Assurée d'une dot par son père et d'un douaire par son époux, la femme, mariée en communauté de biens (c'était la règle habituelle), demeurait sous la tutelle du mari : un enfant devait-il subir une opération, ce n'était pas le consentement de la mère qui importait, mais celui du mari. Et j'ai lu dans mon livre de messe : « La femme doit être soumise à son mari comme l'Église au Christ. » Pour l'époux, c'était le bon temps : une loi récente de l'Assemblée nationale est venue obliger le mari merveilleux à partager quelques-uns de ses privilèges.

Malgré la puissance juridique traditionnelle du mari, nous avons subi chez nous le matriarcat. Cela commence ou se poursuit lorsque l'évêque Laval, en 1665, assigne à la mère qui fait partie de la Confrérie de la Sainte-Famille, un rôle religieux : gagner son mari à Dieu, élever les enfants dans la piété, leur montrer leurs prières et les faire dire tous les jours. Ces tâches finirent par établir un matriarcat spirituel : l'éducation religieuse des enfants est demeurée jusqu'à ma génération le rôle de la mère. Je vous renvoie là-dessus à notre littérature et, en particulier, à ce trait de mentalité qui élève au-dessus de tout la mère d'un prêtre : vous vous rappelez ces banquets d'ordination sacerdotale où tout le mérite de la vocation du nouveau prêtre était attribué en exclusivité à la mère, cependant que les orateurs en oubliaient d'adresser leur éloquence à ce pauvre père, qui avait tout de même eu son rôle dans l'éducation de son fils.

Matriarcat matériel aussi, qui débute également sous le Régime français. L'économie de la traite des fourrures a éloigné l'homme de son foyer ; la femme, aussi instruite que l'homme dans notre XVIIe siècle, en a pris la relève. Pendant une bonne partie de l'année, elle avait la conduite des travaux agricoles. Quand l'économie du bois remplace celle de la fourrure, la femme garde son rôle de chef suppléant. J'ai vu de ces fermes où l'homme ne venait, à vrai dire, que de temps à autre, plutôt ennuyé de quitter les chantiers ou la «drave» pour une occupation qui ne payait pas. Le maître, en fait, était la femme, elle a régné pendant trois siècles sur la famille rurale.

L'ESSENTIELLE SIGNATURE DU PRÊTRE

À cette survivance dans nos lois, il faut ajouter celle bien plus importante de notre vie religieuse.

Du temps de mon adolescence, on n'existait juridiquement que si l'on avait été baptisé : la porte d'entrée dans la société civile était la cérémonie du baptême, que seul le ministre de ce sacrement pouvait attester par l'inscription dans le registre des baptêmes, mariages et sépultures ; unique façon pour nous, nés de Québécois, de nous faire reconnaître comme citoyens.

Comme l'entrée dans la société civile, le mariage n'était reconnu qu'à la condition de la cérémonie religieuse : encore là, c'est la signature d'un prêtre dans ce même registre qui en demeurait la sanction officielle.

Le mariage ne pouvait être dissous que par le décès de l'un des deux conjoints.

Puis, entré dans la société civile par la cérémonie du baptême, on ne pouvait en sortir que par l'une des deux voies religieuses : la voie habituelle était l'acte d'inhumation signé par un prêtre (le seul habilité à le faire) et qui tenait lieu d'acte de décès. L'autre voie était la profession religieuse dans une communauté à vœux solennels. Jusqu'à notre Révolution tranquille, elle équivalait véritablement à une mort civile (on disait mourir au monde : c'était chaque fois pour le roi un sujet en moins, d'où, en Nouvelle-France, la limite rigoureuse que le roi imposait aux communautés à vœux solennels). Et pour bien marquer cette mort au monde, le nouveau religieux perdait son nom de famille et même le prénom que lui avait déterminé le sacrement de baptême ; homme ou femme, on l'affublait d'un autre prénom. Usage qui s'est prolongé jusqu'au XXᵉ siècle et que l'on appelait, dans ma jeunesse, « dire adieu au monde » : que de fois on lisait dans les journaux qu'une telle qui entrait en communauté avait dit adieu au monde ; elle allait pourtant, comme presque tous les autres qui se consacraient à la vie religieuse, continuer à vivre dans la même société, à s'adonner aux mêmes activités humaines.

« QUI NOUS A CRÉÉS ET MIS AU MONDE ? »

Pour guider la vie religieuse, le *Catéchisme* de l'évêque Saint-Vallier, publié en 1702 : il a été remplacé au XIXᵉ siècle, mais le contenu est demeuré le même. Les questions et les réponses que nous avons appris étaient souvent mot pour mot ceux de 1702 : « Qui nous a créés et mis au monde? C'est Dieu. Pourquoi vous a-t-il mis au monde? Pour le connaître, l'aimer et le servir, et acquérir par ce moyen la vie éternelle. Qu'est-ce que Dieu? C'est le Créateur du Ciel et de la Terre, et le Seigneur souverain de toutes choses.» Avec en main l'édition de 1702, je pourrais ainsi vous poser d'autres questions, vous faire réciter les actes de foi, d'espérance et de charité: vous répondriez dans les mêmes termes qu'un élève de 1702, à supposer que vous ayez retenu votre leçon.

Comme sous le Régime français, vers l'âge de 12 ans, mes parents ont «marché au catéchisme» en vue de la première communion: elle se faisait à «l'âge de discrétion» qui, selon Saint-Vallier, «ne commence pas ordinairement plus tôt que dix ans, ni plus tard que quatorze». Après quoi, examen de catéchisme réussi, le cycle scolaire était terminé pour mes parents: on les attendait sur le marché du travail.

Le *Catéchisme* de mon enfance traînait certaines données qui ne valaient plus depuis longtemps. Je songe en particulier à un commandement de l'Église. Celle-ci, sous l'Ancien Régime, interdisait de consommer de la viande non seulement le vendredi de chaque semaine, mais aussi le samedi: manger une omelette avec bacon eût été le samedi un bien grand péché. Un changement survint en 1844, lorsque l'archevêque de Québec, pressé par l'opinion publique, permit «à regret» de faire gras le samedi. Or, les lois sont toujours lourdes, il n'est pas facile de les déplacer, d'évacuer les textes désuets, et je répétais encore dans mon enfance: «Vendredi chair ne mangeras, ni le samedi mêmement.» Personne ne m'expliqua cette défense du samedi, alors que chez moi ce samedi était le jour de la saucisse.

LE BILLET DE CONFESSION

L'autorité religieuse exerçait sa surveillance par le billet de confession. Le Régime français en avait pratiqué le système : la confession annuelle, celle qui se rattachait au devoir pascal, devait se faire auprès du curé de sa paroisse ; si, pour une raison importante, on la faisait dans une autre paroisse, il fallait en rapporter un billet signé du confesseur, attestant du devoir qu'on avait rempli.

Ce billet de confession était, de mon temps, demeuré dans les collèges une survivance de la Nouvelle-France. Il en était exigé non pas un par année, mais deux par mois, sinon on se voyait infliger une mauvaise note de piété, ce qui risquait de nous priver de sortie lors du grand congé mensuel. Donc, lorsqu'on se présentait au confessionnal, on apportait une petite feuille de papier, sur laquelle on avait inscrit son nom, on en faisait un tout petit rouleau qu'on glissait dans un des trous du guichet, le confesseur la cueillait de son côté et quelqu'un était ensuite chargé d'en tenir compte dans la rédaction du bulletin du mois. Toutefois, à mon époque, cet article du règlement connaissait déjà ses échappatoires : avec la complicité de certains confesseurs eux-mêmes, on pouvait remettre un billet sans se confesser. Et puis, l'élève que le directeur chargeait de faire le compte des billets n'était pas à l'abri de toute corruption.

Un autre devoir qui venait de la Nouvelle-France et dont mes parents ont subi la pratique était la dîme. Mise en force au pays par l'Église en 1663 et sanctionnée par l'État en 1667 qui la fixe au vingt-sixième des grains, elle devait être acquittée encore de nos jours par tout cultivateur catholique. C'était un devoir de conscience et le tribunal séculier pouvait contraindre le paroissien récalcitrant. L'automne, j'ai vu passer mes oncles, leurs charrettes chargées de grains qu'ils allaient décharger dans la grange du curé. C'était déjà l'époque où cette institution s'insérait mal dans la société : les gens du village ne récoltant pas, la dîme était pour eux remplacée par une capitation (l'équivalent d'une journée de salaire), ce qui créait une situation d'injustice, mon père ne versant qu'une journée de salaire et mes oncles la vingt-sixième partie de leurs récoltes de grains. Autre situation embarrassante : la dîme lui tenant lieu de salaire, le curé devait se faire vendeur de grains, comme autrefois les Jésuites devaient mettre dans le commerce les fourrures que des fidèles laissaient à leurs missions.

PROFESSIONS NOBLES
ET PROFESSIONS « IGNOBLES »

De la Nouvelle-France nous avons conservé, du moins chez ceux de ma génération, des critères qui plaçaient certaines professions au-dessus des autres. Dans l'Ancien Régime, en effet, ce qui requérait le travail des mains était le fait d'une profession non noble, ce qu'on rendait proprement par le mot ignoble. Le chirurgien était classé homme de métier, un noble ne pouvait donc en être, alors que le médecin, qui ne gagnait pas sa vie par la force de ses bras, ne dérogeait pas par sa profession. Nous était ainsi restée dans la liste des professions une échelle de valeurs qui les groupait en dignes et en moins dignes.

Pourquoi les historiens francophones qui nous ont précédés au Québec ont-ils si peu étudié le commerce ou, lorsqu'ils l'ont fait, ont-ils marqué pour cette activité si peu d'estime? C'est que, pour les hommes d'Ancien Régime, un marchand consacre sa vie à une opération vile, surtout s'il se livre au commerce de détail.

Je ne puis donc oublier cette cérémonie de fin d'année où les finissants du baccalauréat devaient en public aller inscrire à un tableau la profession qu'ils avaient choisie. Celui qui optait pour la vie religieuse ou la prêtrise recueillait bien entendu de vifs applaudissements; davantage s'il annonçait jésuite, car les Jésuites jouissaient d'une cote élevée. Applaudissements moins enthousiastes, mais encore importants, si le finissant optait pour la médecine, car elle nous était présentée comme un sacerdoce social (vous pouvez le constater dans notre littérature). Le futur avocat recevait aussi son ovation: il était le «défenseur de la veuve et de l'orphelin», ainsi que le pilier de nos institutions parlementaires.

Les applaudissements n'étaient que polis pour d'autres carrières: le notariat, par exemple, et pour certaines autres qui débutaient tels l'agronomie et le génie forestier. Personne n'osait se déclarer journaliste ni traducteur, car ces carrières étaient le lot de ceux qui ne pouvaient se permettre des études universitaires ou n'arrivaient pas à compléter leurs études classiques. Quant à la carrière d'enseignant dans les collèges, elle n'était pas encore ouverte aux laïcs : lorsque j'annonçai professeur de lettres, on le prit pour une bonne blague. Ni dans mon groupe de finissants ni dans tous ceux qui avaient précédé, personne au grand jamais ne déclara une carrière dans le commerce, dans les affaires. Devenir marchand, entrepreneur ? Un finissant du cours classique eût cru se déclasser en annonçant un choix aussi terre à terre. Quant à celui, rarissime exception, qui n'avait pas d'autre issue que prendre la succession de son père à la ferme familiale, il n'est jamais arrivé qu'il inscrive au tableau cultivateur, encore moins habitant ; il écrivait (et c'était devenu une convention, une tradition) *gentleman farmer*...

L'AUTORITÉ NE VIENT QUE D'EN HAUT

Autre trait de mentalité qui est une survivance de la Nouvelle-France : l'autorité ne peut venir que d'en haut. Au sommet de la société, par la grâce de Dieu, le roi ; de haut en bas, par degrés, il délègue son autorité et on n'exerce une part de cette autorité que par lui. C'est pourquoi, en 1791, la mise en place du régime parlementaire au Québec subit d'abord l'opposition de nos supérieurs traditionnels : on ne pouvait concevoir ici que l'autorité vînt d'en bas, c'est-à-dire du peuple, ni que ce peuple déléguât de l'autorité à un député choisi dans sa classe. En outre, toute personne à qui l'autorité venue d'en haut est déléguée, jouit automatiquement de la « grâce d'État », ce qui la rend digne du pouvoir et la place au-dessus de toute critique : contester une décision de l'autorité ne peut venir que de «mauvaises têtes» et devient au collège (j'en ai fait l'expérience) une cause d'exclusion.

Autorité non partagée: les subalternes, dont la fonction est d'obéir, n'ont point de part à la décision. Ainsi, prendre la tête d'un groupe, sans avoir obtenu la permission d'en haut, était considéré sous l'Ancien Régime comme une mutinerie: il arrive au gouverneur Vaudreuil d'envoyer la troupe contre des gens qui, sans autorisation préalable, se sont réunis dans le but de présenter une pétition; avant de s'assembler, il faut d'abord une permission. Le ministre Colbert le rappelle au gouverneur Buade de Frontenac: «Que chacun parle pour soi et que personne ne parle pour tous.» C'est la loi qu'on appliquait au collège, et c'était aussi la loi à l'université. Professeur à Laval, j'étais dans les années 1950 du groupe de ceux qui voulaient y former, non pas une loge maçonnique ni même un syndicat, mais une simple association de professeurs. Effrayés de notre audace et pour prévenir les coups, nous avons eu la précaution de joindre à notre groupe un thomiste de réputation internationale et conseiller personnel du cardinal; forts de sa compagnie, nous sommes allés bravement et bêtement demander à Mgr le recteur la permission de nous constituer en association; nous l'avons obtenue et nous sommes repartis heureux comme de sages gamins.

EXERCER L'AUTORITÉ
EN «BON PÈRE DE FAMILLE»

Autorité absolue, donc, mais tempérée par le paternalisme. Sous l'Ancien Régime et encore de mon temps, celui qui détient l'autorité est un père, il lui revient, comme la loi le lui rappelle, d'agir «en bon père de famille». Et conformément au mythe que l'on s'est fait du «bon père de famille», il est (comme on dit) «sévère mais juste». C'est l'autorité que nous avons connue, non seulement dans la famille où le père «sévère mais juste» ne se prêtait guère à l'épanchement (j'embrassais mes parents seulement une fois par année, lors des vœux du jour de l'An), et il en était de même au collège où les rapports avec l'autorité se faisaient «sévères mais justes»; et ce comportement s'étendait à toute la société. Rappelons-nous le régime autoritaire et arbitraire du premier ministre Duplessis, dont la politique était fondée sur l'attitude «bon père de famille»; régime de longue durée, parce que son paternalisme collait exactement à la mentalité traditionnelle du Québec. La Nouvelle-France nous y avait bien habitués.

Puis, par chocs successifs, sans en avoir été prévenu, l'homme de ma génération, qui vivait encore de nombreux éléments de la Nouvelle-France, s'est trouvé dans un autre mode de société. Son enfance, son adolescence et une partie de son âge mûr avaient été façonnées par cette Nouvelle-France, au point que j'avais pu intituler le récit de mes souvenirs *Mémoires d'un autre siècle*, cet autre siècle désignant l'époque de mes aïeux, époque dont j'étais un authentique produit, comme ceux de ma génération.

En me présentant comme un produit de la Nouvelle-France, point n'est chez moi le désir de la voir revivre, comme certains qui veulent trouver en elle un «paradis perdu». Je suis simplement le touriste épris d'un monde qu'il a appris à mieux connaître. À la façon d'un archéologue, j'aime retrouver certaines traces laissées par le passé et je m'inquiète de savoir combien de temps encore mes successeurs auront ce même plaisir d'observer ces survivances de la Nouvelle-France.

Notes bibliographiques

Cet inventaire des manifestations de la survivance de la Nouvelle-France n'a rien d'exhaustif. Il faudrait poursuivre dans le domaine des contes : voir, par exemple, cette œuvre des Louis Fréchette, Honoré Beaugrand et Paul Stevens, *Contes d'autrefois* (Montréal, Beauchemin, 1946) ; dans le domaine des chansons : Marius Barrbeau, *Alouette!* (Montréal, Éditions Lumen, 1946) et *En roulant ma boule* (Ottawa, Musée national de l'homme, 1982) ; R. S. Young, *Vieilles chansons de Nouvelle-France* (Québec, Presses de l'Université Laval, 1956) ; et dans celui des arts, il faudrait citer les publications de Gérard Morisset. Et quoi encore ?

Table des matières

DU MÊME AUTEUR

L'influence de Voltaire au Canada, Montréal, Fides, 1945.

Vézine (Roman), Montréal, Fides, 1946.

Louis XVI, le congrès américain et le Canada 1774-1789, Québec, Éd. du Quartier latin, 1949.

Histoire du Canada par les textes, Montréal, Fides, 1952. [Avec Guy Frégault et Michel Brunet].

Le Régime militaire dans le Gouvernement des Trois-Rivières, 1760-1764, Trois-Rivières, Éd. du Bien public, 1952.

L'affaire Jumonville, Québec, Les Presses de l'Université Laval, 1953.

Chiniquy, Trois-Rivières, Éd. du Bien public, 1955.

Le Régime seigneurial, Ottawa, Société historique du Canada, 1956.

Champlain, Montréal, Fides, 1956.

L'Église canadienne sous le Régime militaire, 1759-1764.
   Vol. I : *Les problèmes*, Montréal, Les Études de l'Institut d'Histoire de l'Amérique française, 1956.
   Vol. II : *Les institutions*, Québec, Les Presses de l'Université Laval, 1957.

L'esclavage au Canada français. Histoire et conditions de l'esclavage, Québec, Les Presses de l'Université Laval, 1960.

Histoire de la Nouvelle-France
   Vol. I :   *Les vaines tentatives, 1524-1603*, Fides, 1963.
   Vol. II :   *Le Comptoir, 1604-1627*, Fides, 1966.
   Vol. III :   *La Seigneurie des Cent-Associés, 1627-1663*.
      T. 1 : *Les événements*, Fides, 1979.
      T. 2 : *La société*, Fides, 1983.
   Vol. IV : *La Seigneurie de la Compagnie des Indes occidentales, 1663-1674*, Fides, 1997.

Canada: Unity and Diversity, Toronto, Holt, Rinehart & Winston, 1967. [Avec P. G. Cornell, J. Hamelin et F. Ouellet].

Initiation à la Nouvelle-France: histoire et institutions, Montréal, Holt Rinehart & Winston, 1968.

Jacques Cartier, Montréal, Fides, 1968.

Atlas de la Nouvelle-France, Québec, Les Presses de l'Université Laval et Toronto, University of Toronto Press, 1968.

L'histoire du Canada: enquête sur les manuels, Ottawa, 1969. [Avec Geneviève Jain].

The Beginnings of New France, 1524-1663, Toronto, McClelland & Stewart, 1973.

Le Québec de 1663, Québec, Société historique de Québec, 1972.

La population du Canada en 1663, Montréal, Fides, 1973.

Le Terrier du Saint-Laurent en 1663, Ottawa, Éd. de l'Université d'Ottawa, 1973.

Les débuts du régime seigneurial au Canada, Montréal, Fides, 1974.

Montréal: la formation d'une société, 1642-1663, Montréal, Fides, 1976.

La Révolution américaine. Pourquoi la France refuse le Canada? *1775-1789*, Québec, Éd. du Boréal-Express, 1976.

Catalogue des immigrants, 1632-1662, Montréal, Hurtubise HMH, 1983.

Mémoires d'un autre siècle, Montréal, Boréal, 1987.

Dictionnaire des esclaves et de leurs propriétaires au Canada français, Montréal, Hurtubise HMH, 1990.

François Dollier de Casson. Histoire du Montréal, Montréal, Hurtubise HMH, 1992. [Nouv. éd. critique, en collaboration avec Marie Baboyant].

La population du Canada en 1666. Recensement reconstitué, Sillery, Éd. du Septentrion, 1995.

Les écolières des Ursulines de Québec, 1639-1686, Amérindiennes et Canadiennes, Montréal, Hurtubise HMH, 1999.

Mythes et réalités dans l'histoire du Québec, Montréal, Hurtubise HMH, 2001.

La Nouvelle-France par les textes, Montréal, Hurtubise HMH, 2003.

Deux siècles d'esclavage au Québec, suivi de *Dictionnaire des esclaves et leurs propriétaires au Canada français*, Montréal, Hurtubise HMH, 2004.

Mythes et réalités dans l'histoire du Québec, Tome 2, Montréal, Hurtubise HMH, 2004.

Mythes et réalités dans l'histoire du Québec, Tome 3, Montréal, Hurtubise HMH, 2006.

Les auteurs publiés dans la collection

GAUTHIER, Louis
GÉRIN-LAJOIE, Antoine
GILMOUR, David
GIRARD, Rodolphe
GIROUX, André
GODIN, Jean Cléo
GRANDBOIS, Alain
GRAVEL, François
GRAVELINE, Pierre
GRISÉ, Yolande
GROULX, Lionel
HAEFFELY, Claude
HARVEY, Pauline
HÉBERT, Anne
HÉMON, Louis
HOUDE, Nicole
JACOB, Suzanne
JASMIN, Claude
KATTAN, Naïm
LACOMBE, Patrice
LACOMBE, Rina
LATIF-GHATTAS, Mona
LEBLANC, Bertrand B.
LECLERC, Félix
LE MAY, Pamphile
LORANGER, Jean-Aubert
LORD, Michel
MACLENNAN, Hugh
MAILHOT, Laurent
MAILLET, Antonine
MARCEL, Jean
MARCOTTE, Gilles
MARIE-VICTORIN, Frère
MARTIN, Claire
MASSOUTRE, Guylaine
McLUHAN, Marshall
MIRON, Gaston

MONTPETIT, Édouard
NELLIGAN, Émile
NEVERS, Edmond de
NOËL, Francine
OUELLETTE, Fernand
OUELLETTE-MICHALSKA, M.
PÉAN, Stanley
PETITJEAN, Léon
PHELPS, Anthony
POLIQUIN, Daniel
PORTAL, Louise
POULIN, Jacques
POUPART, Jean-Marie
PROVOST, Marie
RICHARD, Jean-Jules
RICHLER, Mordecai
ROLLIN, Henri
ROYER, Jean
SAGARD, Gabriel
SAINT-MARTIN, Fernande
SAVARD, Félix-Antoine
SCOTT, Frank
SHEPPARD, Gordon
SHIELDS, Carol
T., Jacques
TARDIVEL, Jules-Paul
THÉRIAULT, Yves
TREMBLAY, Lise
TREMBLAY, Michel
TRUDEL, Marcel
TURCOTTE, Élise
TURGEON, Pierre
VADEBONCŒUR, Pierre
VIGNEAULT, Gilles
WRIGHT, Ronald
WYCZYNSKI, Paul
YANACOPOULO, Andrée